SPORT:HISTÓRIA

Jogos de identidade:
o esporte em Cabo Verde

VICTOR ANDRADE DE MELO

apicuri
Rio de Janeiro

2011

Copyright © 2011 by Victor Andrade de Melo

Todos os direitos reservados. Nenhuma parte desta edição pode ser utilizada ou reproduzida – em qualquer meio ou fórmula, seja mecânico ou eletrônico, por fotocópia, por gravação e etc. – nem apropriada ou estocada em sistema de bancos de dados sem a expressa autorização da editora.

Este livro está revisado segundo o Acordo Ortográfico da Língua Portuguesa de 1990, que entrou em vigor no Brasil em 2009.

Edição apoiada pelo Conselho Nacional de Desenvolvimento Científico e Tecnológico (CNPq).

Editora Responsável
Rosangela Dias

Revisão e Copidesque
Alvanísio Damasceno

Diagramação
Margareth Bastos

Capa
Fabiana Amaral

CIP-BRASIL. CATALOGAÇÃO-NA-FONTE
SINDICATO NACIONAL DOS EDITORES DE LIVROS, RJ

M485j

Melo, Victor Andrade de, 1971- Jogos de identidade : o esporte em Cabo Verde / Victor Andrade de Melo. - Rio de Janeiro : Apicuri, 2011.
292p.   (Sport : história)

Inclui bibliografia
ISBN 978-85-61022-48-8

1. Esportes - Cabo Verde - História. 2. Futebol - Cabo Verde - História. 3. Esportes - Aspectos sociais. 4. Cultura - Cabo Verde. 5. Cabo Verde - História. 6. Características nacionais cabo-verdense. I. Título. II. Série.

11-2224.   CDD: 796.09665.8
    CDU: 796(665.8)(09)

20.04.11 25.04.11
025904

[2011]
Todos os direitos desta edição reservados à Editora Apicuri.
Telefone/Fax (21)2533-7917
editora@apicuri.com.br
www.apicuri.com.br

Mamá!... btóme bençom.
M'ti ta ba fjide na borde dum carvoêr...
– Fjide?... A bô Jôm?...
Sem avisóme primer?...
– Bocê dêsculpome, ma m'ê fdije de Sanvcênte,
E esse febre d'oiá munde t'atacóne de repente.

(Sérgio Frusoni)

"Eu que não sei quase nada do mar descobri que não sei nada de mim
Clara, noite rara nos levando além da arrebentação
Já não tenho medo de saber quem somos na Escuridão."

(Ana Carolina; Jorge Vercilo)

Ogun a as íle fun osa
Ogun a run kekere má mu omi tó so apadi ro
Ogun alagbede aregu lí agbede írín
Ogun alagbede òrún
Ogun egbokegbo

Ó Ké Kàrà, Ké Kòró
S' Olórò Dí Jínjìnnì
Eléyinjú Iná
Abá Won Jà Mà Jèbi
Iwo Ní Mo Sá Di O
Sango Ona Mogba

O samba não é carioca
O samba não é baiano
O samba não é do terreiro
O samba não é africano
O samba não é da colina
O samba não é do salão
O samba não é da avenida
O samba não é carnaval
O samba não é da tv
O samba não é do quintal
Como reza toda tradição
É tudo uma grande invenção

("Mistério do Samba", Mundo Livre SA)

Para João. Os dois.

Sumário

Prefácio 9

Apresentação - O esporte, a África, Cabo Verde 15
    O esporte e as lutas coloniais 15
    O caso caboverdiano: o desenho do estudo 33
    Por que estudar o esporte no continente africano? 45
    Por que Cabo Verde? 53

ENSAIO 1
    ESTUDOS DO ESPORTE, ESTUDOS AFRICANOS,
    ESTUDOS PÓS-COLONIAIS: PRIMEIROS OLHARES 56

    Estudos do esporte, estudos africanos,
    estudos pós-coloniais 56
    Primeiros olhares sobre o caso caboverdiano 69
    Neocolonialismo? A vinculação ao futebol português 73
    Neocolonialismo? A migração de atletas 79
    As peculiaridades do arquipélago 85

ENSAIO 2
    O NATIVISMO E O ESPORTE
    (TRANSIÇÃO DOS SÉCULOS XIX E XX) 87

    A "civilização" caboverdiana e os impulsos
    para uma sociabilidade pública 87
    O teatro: a primeira novidade 97
    A presença inglesa e o sport: o *cricket* 102
    A ginástica e o escotismo 115
    Caminhando para a consolidação 118

ENSAIO 3
    O NACIONALISMO LUSITANO-CRIOULO
    E O ESPORTE (DÉCADAS DE 1920-1940) 121

    Novos debates identitários 121
    Um novo perfil de clubes 125

Uma cidade efervescente 134
Os Falcões e a ginástica 142
O *cricket* em decadência: a estabilidade do golfe 152
O futebol em ascensão 157
A cordialidade caboverdiana 158
Vinculações sentimentais a Portugal 161
As relações entre São Vicente e Santiago 162
O esporte está em crise, a colônia está em crise 164

ENSAIO 4
NOVOS RUMOS, NOVAS TENSÕES: O ESPORTE NA
ENCRUZILHADA DA NAÇÃO (DÉCADAS DE 1950-1960) 166

Sob suspeita: o império em ebulição 166
Cultivando a discórdia na terra do inimigo 177
Novos rumos, um novo líder: Amílcar Cabral e o esporte 187
Novos rumos? Consolidando o campo 196
Novos rumos? Antigas tensões 204
Novos rumos? Antigos vínculos 208

ENSAIO 5
SOMOS AFRICANOS: O ESPORTE E A CONSTRUÇÃO DA
NAÇÃO NO CENÁRIO PÓS-INDEPENDÊNCIA (1975-1982) 213

A nação está em festa 213
Não mais aquele desporto 216
Que desporto? 220
Por um desporto novo 223
Tensões 228
Reestruturando o campo 232
Taça Amílcar Cabral: a estreia da nação 238
Taça Amílcar Cabral: outra estreia da nação 249

ENSAIO 6
"O CLUBE NÃO SE ENCONTRA À VENDA": O GOLFE E OS
DEBATES SOBRE OS RUMOS DA NAÇÃO 254

Panorama esportivo de uma nação 254
Os fatos e os conflitos 258
A velha tradição: o golfe popular; uma nova leitura:
o golfe como resistência 266
Conflitos de uma nação: estamos à venda? 273
Seguem as tacadas 280

REFERÊNCIAS BIBLIOGRÁFICAS 282

Prefácio

Ousadia e sensibilidade. Duas palavras que ajudam a entender a pesquisa e o texto de Victor Melo sobre o esporte em Cabo Verde. A primeira porque reflete o empenho e a coragem de investir numa área nova, a dos estudos africanos, sobretudo para quem construiu uma sólida carreira no estudo do esporte no Brasil, com ênfase na inter-relação entre o projeto de modernidade e a expansão das práticas esportivas na cidade do Rio de Janeiro.

Vale lembrar, no entanto, que antes de enveredar pelo estudo de Cabo Verde, o autor explorou e analisou as possíveis imbricações entre esporte e política nos casos argentino e colombiano, o que lhe fortaleceu o olhar atento e criterioso na investigação de outras paragens.

Arriscamo-nos em dizer, todavia, que o estudo sobre Cabo Verde é fruto de outra travessia, ou melhor, é consequência do seu aprofundamento nos Estudos Culturais. E é nessa esfera que se explicita sua sensibilidade, sua capacidade de ouvir, de ver e estar atento para as mais diferentes e surpreendentes vozes, transformando-as em fontes para um maior enriquecimento da análise. O livro que temos em mãos é sobre Cabo Verde e ajuda a entender e a pensar Cabo Verde. O interesse do autor pelas contribuições dos estudos pós-coloniais o aproxima, como originalmente se valorizou em tal perspectiva teórica, das particularidades do seu objeto: a sociedade caboverdiana. Sua capacidade de operar com um diversificado instrumental teórico reforçou sua atenção ao objeto, livrando-o, e a nós também, de um enquadramento analítico, possivelmente provocativo, mas descuidado das especificidades históricas, como por vezes encontramos.

Mais do que uma perspectiva histórica do esporte, o autor nos apresenta as tramas estabelecidas entre esporte, identidade, história e política, como podemos observar já a partida, quando, com ares de aviso à navegação, alerta contra possíveis leituras heroicas do passado que tendem a exaltar as participações esportivas como bandeiras destacadamente anticoloniais, ressaltando a possibilidade simples, porém irrefutável e forte, da paixão pelo jogo. Em todo o caso, mais do que opor tais perspectivas, Victor Melo sugere não fechar os olhos para a possível complementaridade entre os objetivos políticos e o prazer do esporte. *Jogos de identidade* é um título azado para um livro que, escorado numa sólida pesquisa empírica, nos expõe o que de multifacetado tem a história, na circunstância, a de Cabo Verde e, mais particularmente, a da ilha de São Vicente ou *Soncente*.

Indiscutivelmente, as suas lentes foram forjadas no estudo sobre esporte no Brasil, mas o autor adaptou proficuamente o seu instrumental metodológico e a sua argúcia a uma microssociedade arquipelágica. Apesar de, em tempos, caboverdianos do Mindelo aludirem à sua terra natal como "um pequeno Brasil", são sociedades muito distantes, nas mais variadas escalas, ainda que se trate de espaços com zonas de contiguidade e porosidade cultural que Victor Melo dissecou com maestria.

Com uma escrita colorida, atraente e acessível, o livro apresenta-nos vários momentos da história do esporte em Cabo Verde, desde os primórdios à atualidade, evolução que o autor captou e expôs com intensidade. É assim, atento a tais particularidades, que seu texto descortina a precocidade das práticas esportivas modernas no arquipélago, sua organização e como eram fruto da ação e dos desejos dos caboverdianos, indo muito além de qualquer pretenso disciplinamento colonial.

O leitor poderá se surpreender por diversas vezes ao longo do livro. Como, por exemplo, quando o golfe e o *cricket* são apresentados como porta-vozes de uma tentativa de diálogo com outros espaços, em especial a Inglaterra, mesmo que a repercussão fosse pequena. Nesse caso, o objetivo recôndito de seus articuladores mantinha-se inalterado: alcançar um patamar diferenciado nas negociações cotidianas exigidas pelo colonialismo.

Como Victor Melo nos elucida, um dos seus objetivos era discutir o papel e a presença do esporte no processo de construção da identidade e da ideia de nação caboverdiana, inegavelmente ligadas ao imaginário do progresso e da modernidade. O autor pressupõe que a disseminação e a organização da prática esportiva, que implica relações de cooperação e conflito entre indivíduos e instituições, é um indicador precioso do desenrolar daqueles processos de construção identitária.

Para além de um capítulo introdutório, no qual o autor nos apresenta uma comparação com o que se passava em outras colônias e baliza teoricamente o seu estudo sobre o esporte em Cabo Verde, nos restantes capítulos, aparentemente soltos, Victor Melo tece o fio que liga o esporte à afirmação identitária da terra, sendo Cabo Verde um caso muito particular entre as colônias portuguesas.

Seus ensaios demonstram o quanto o crescimento do esporte esteve ligado à modernidade e ao cosmopolitismo, um dos traços mais marcantes da Ilha de São Vicente, situação divergente de outras ilhas e, mormente, da de Santiago, onde se localizava a capital, Praia. Evidencia-se ainda, para o período colonial, que a adesão ao esporte conjugou-se com a novidade do fenômeno e, bem assim, com a leitura que dele se fez com base nos ideários que sucessivamente varreram o arquipélago, a saber, o nativista, o nacionalismo lusitano e o ideário anticolonial e independentista. Já no tocante ao pós-independência, o autor situa o esporte no conjunto de opções relativas à construção da nação e de um projeto social de matriz igualitária e desenvolvimentista.

Com enorme capacidade de enraizamento social e de se entranhar na cultura popular, como atraente esteio de afirmação identitária de vários grupos, o esporte aparece, nas palavras de Victor Melo, como um apetecível instrumento político, sendo, por isso, procurado como plasma de uma sociabilidade a justapor-se às determinadas por recortes identitários preexistentes. Daí que tanto a militância anticolonial quanto a política colonial tenham, de formas e em tempos diferentes, apostado na promoção do esporte. Após a independência, e em consonância com a evolução política, parecem destacar-se duas fases, a da nacionalização do esporte e a da sua autonomização da tutela política e ideológica sucedânea à independência.

Como no passado, atualmente o esporte desencadeia paixões focadas na terra, na ilha, na história – o mesmo é dizer, na antiga metrópole – e no mundo, já que Cabo Verde é uma nação *diasporizada*. Como não se fica indiferente à força dessas paixões, desencadeiam-se debates acesos nos quais se interpretam e discutem os (imaginados ou implícitos) significados políticos da identidade de cada qual e de Cabo Verde. Excesso de imputação de significado, dir-se-á, mas que brota não só da exaltação com uma independência recente e com a afirmação de idiossincrasias locais, mas também da força do esporte enquanto parte constitutiva quer das culturas populares quer da relação dos indivíduos com o mundo.

O autor enfatiza que, com vida própria, o esporte, capaz de inspirar criações artísticas e de mobilizar pessoas em escalas consideráveis, não é susceptível de redução plena às intenções políticas prevalecentes nas mais diferentes épocas. A especificidade das manifestações esportivas – passíveis de serem usadas como bandeiras locais e, na circunstância, de ilhas indutoras de identidades próprias, como sucedeu com São Vicente – obriga a complexificar a análise da sua história, de forma, por exemplo, a tornarmos mais esclarecedoras as ligações que aquelas manifestações tiveram com as conduções políticas e, bem assim, com outros traços da vida coletiva.

As análises propostas por Victor Melo e, por que não dizer, seu próprio percurso inspiram-nos a atravessar barreiras disciplinares, a procurar horizontes. Assim o fizeram também os caboverdianos ao longo da sua história, saindo das ilhas ou adotando em seu território as novidades levadas até eles e, também, por eles. Assim se construiu a sua identidade cultural. Hoje, o apego à prática esportiva faz parte da cultura popular caboverdiana, como o leitor que terminar esse livro saberá muito bem.

Marcelo Bittencourt e Augusto Nascimento

Apresentação

O esporte, a África, Cabo Verde[*]

O esporte e as lutas coloniais

O ano era 1954. Segundo Ignátiev (1984),[1] Amílcar Cabral, um dos líderes das lutas pela independência da Guiné portuguesa e de Cabo Verde, um dos mais importantes intelectuais africanos do pós-Segunda Grande Guerra, assim saudara a fundação do Clube Desportivo e Recreativo de Bissau:

> Prezados amigos, [...] nos reunimos aqui para a inauguração de nosso clube desportivo. Este é o primeiro clube da cidade e não é um clube muito vulgar. Vamos formar, sem dúvida, algumas equipes de futebol. Talvez até tenhamos seções de natação e voleibol. Depois darei os pormenores. Vamos jogar futebol de acordo com as regras. Para isso vamos ter algumas aulas teóricas. Uma aula teórica é o mesmo que uma aula na escola, só que nas nossas aulas vou explicar-lhes as regras que existem no mundo inteiro para um jogo de futebol. Nos intervalos entre os jogos, quero contar-lhes diversas coisas interessantes sobre o nosso país e nosso povo (p.90).

---

[*] Sugestão musical: "Cabo Verde", de Cesária Évora.
[1] Os livros de Ignátiev são criticados pela falta de rigor metodológico e por romancear excessivamente a vida de Amílcar Cabral. O que me levou a citá-lo nesse momento é a sua representação acerca da estratégia de uso do esporte como forma de mobilização e conscientização. Perceber-se-á no ensaio 4 que, efetivamente, o Clube Desportivo e Recreativo de Bissau foi uma iniciativa relevante nos momentos que antecederam o início dos conflitos armados na Guiné portuguesa.

Tratava-se de uma antiga ideia de Cabral, ligada a suas experiências e longo envolvimento com a prática esportiva. Filho de caboverdianos,[2] nascido na Guiné portuguesa (em 1924), com oito anos Amílcar chegou a Cabo Verde, acompanhando seu pai, Juvenal Cabral, personagem de certa proeminência na história do arquipélago, que retornava à sua terra natal.[3] Sua mãe, Iva Évora, já tendo desfeito o casamento, somente voltaria dois anos depois, após ter resolvido alguns problemas em Bissau.

Se parece inegável a influência do pensamento paterno na trajetória de Amílcar, é inestimável a contribuição materna: Iva foi a responsável por encaminhá-lo e estimulá-lo a frequentar instituições formais de ensino, nas quais, entre outras coisas, o futuro líder se destacou por sua habilidade com o esporte.[4]

Desde que regressara à Guiné portuguesa, em 1952, na condição de engenheiro agrônomo a serviço do Ministério do Ultramar de Portugal, Amílcar se mobilizara para criar um clube esportivo para os naturais da colônia, vislumbrando que a agremiação deveria investir na elevação do nível cultural dos associados. Na verdade, o intuito era multiplamente político.

O clube fora concebido como uma estratégia para gestar um espaço para a realização de atividades políticas, em um momento em que estava restrita a possibilidade de reunião. Tinha também a intenção de garantir o que Cabral compreendia ser um direito básico de todos: o acesso a práticas esportivas, recreativas e artísticas. Amílcar, enfim, enxergava a iniciativa como uma alternativa para despertar a consciência da população para

---

[2] Optei por assim cunhar os seguintes termos: "caboverdiana", "caboverdiano" e "caboverdianidade". Julgo que esse é o uso mais adequado tendo em vista a recente reforma ortográfica.
[3] Era comum que caboverdianos, por motivos que discutiremos no decorrer do livro, trabalhassem em outras colônias portuguesas, notadamente na Guiné, por vezes mesmo ocupando postos de importância. No caso de Juvenal, ele atuou como professor.
[4] Para mais informações sobre a vida de Cabral, ver Tomás (2008).

sua condição colonial, para conclamá-la a participar mais ativamente de ações de contestação.

De fato, muitos dos futuros líderes das lutas anticoloniais na Guiné portuguesa estiveram envolvidos com a iniciativa de Cabral e/ou com outras agremiações esportivas locais: Bobo Keita, Carlos Correia, Constantino Teixeira e Nino Vieira, entre outros.[5] A experiência do Desportivo e Recreativo de Bissau foi certamente uma das significativas ações que antecederam e contribuíram para a criação do Partido Africano para Independência da Guiné e Cabo Verde (PAIGC).[6]

O envolvimento de líderes e militantes de movimentos políticos de contestação com o esporte também pode ser encontrado em outras colônias portuguesas à época. Marcelo Bittencourt (2003) lembra o Clube Desportivo e Recreativo Botafogo, de Luanda, que reunia gente ligada ao nacionalismo angolano:

> Nos anos 50 do século passado, um dos locais dessa agitação seria o Botafogo. O clube era um local de encontro que permitia fazer algum trabalho clandestino de conscientização política. O nome era devido ao clube carioca e se dedicava, na sua área desportiva, quase integralmente ao futebol (p.119).

No sítio da União de Escritores Angolanos, encontramos uma entrevista de Manuel Pedro Pacavira, literato militante e politicamente ativo, em que afirma: "Forjei-me na escola da vida, começando a escrever num jornal manuscrito do nosso Botafogo, nos anos 1958-1959".[7] A agremiação foi fechada em 1961, momento em que se acirraram os conflitos de natureza étnica e pró-independência.

Fora na transição dos séculos XIX e XX que se estruturaram em Angola as primeiras experiências esportivas modernas, que

---
[5] Vieira e Correia atuaram na União Desportiva Internacional de Bissau (UDIB); Keita jogou no Benfica de Bissau; Teixeira no Sporting de Bissau.
[6] Discutiremos mais profundamente tal assunto no ensaio 4.
[7] Disponível em:<http://www.uea-angola.org/destaque_entrevistas1.cfm?ID=801>. Acessado em 3/2/2010.

tinham forte relação com o quadro de mudanças do momento: um processo de urbanização em marcha, modificações na economia e nos regimes de trabalho, um maior controle político do Estado, a alteração das hierarquias sociais, ocorrências relacionadas ao fato de que a antiga elite crioula local estava sendo substituída por originários de Portugal em postos-chave da administração em função do incremento da expansão colonial.[8] Obviamente não se deve desprezar o fato de que, por todo o mundo, o esporte era uma novidade que se consolidava, articulado com a construção do ideário e imaginário da modernidade, difundido por intermédio dos navios e empresas de bandeira britânica que se instalavam pelo planeta.

Naquele contexto de renovada competição política, acirraram-se os conflitos, mormente de natureza racial, algo que se refletiu também no campo esportivo, com a criação de clubes exclusivos para os brancos que chegavam da metrópole, uma tentativa de recriar os parâmetros europeus ("civilizados") de vida social e de estabelecer elementos de *status* e distinção.

Vemos algumas cenas dessas agremiações no documentário *Para não esquecer Angola*, de Marcelo Luna (2006), que traça um panorama da história recente do país, com ênfase nas lutas anticoloniais. No momento em que se apresentam os privilégios dos colonos, aparecem tomadas dos "clubes dos brancos".[9] As fotos da época também não deixam margem a dúvidas: os negros são retratados em poucas ocasiões; eventualmente um atleta nas equipes esportivas, em cenas de carnaval ou quando são exibidos os "exóticos" tipos africanos.[10]

---

[8] Para mais informações sobre os primeiros momentos do esporte em Angola, ver Marzano (2010).
[9] Um panorama desses privilégios pode ser encontrado em Fonseca (2009).
[10] Algumas dessas fotos podem ser encontradas nos sítios "Moçâmedes: memórias desportivas", disponível em: <http://memoriasdesportivas.blogspot.com>, e "Galeria de Moçâmedes Desporto", disponível em: <http://www.flickr.com/photos/mocamedes_desporto>. Ver também o sítio "Gente de meu tempo", disponível em: <http://princesa-do-namibe.blogspot.com/>. Acessados em 3/2/2010.

No mesmo cenário, inicialmente mais como forma de afirmação, também foram criados os "clubes de pretos", que aglutinaram os nativos negros e mestiços, além de alguns poucos colonos que não concordavam com o processo de distinção, um encontro que gestou uma nova possibilidade de construção de identidade e mesmo selou alianças políticas:

> Não obstante [...] os impedimentos e dificuldades para reuniões que não fossem puramente recreativas ou culturais, os crioulos, utilizando esse espaço precioso, deram início a um lento e tímido processo de contestação (Bittencourt, 1999, p.56).

Segundo o olhar de Marcelino Camões (2005), essas associações esportivas ocuparam lugar de importância nas lutas de libertação, inclusive porque pareciam espaços menos suspeitos:

> Angola comemora nesta sexta-feira 30 anos de Independência, e numa incursão aos caminhos trilhados pelos que se bateram por tão almejado triunfo, é visível o casamento entre a política e o associativismo desportivo durante a luta de libertação nacional. Devido à repressão, o desporto, particularmente o futebol, serviu de trunfo para os angolanos envolvidos na resistência contra a ocupação colonial.

Marcelino lembra o envolvimento de líderes das lutas pela independência com atividades esportivas. Aníbal de Melo, De-mósthenes de Almeida (chamado, nos dias de hoje, de patrono do esporte angolano), Câmara Pires e Saldanha Palhares estiveram entre os que mobilizaram a juventude para agremiações que tinham também objetivos políticos: o Atlético de Luanda, o Unidos e o Estudantes do Bairro Operário, o Benfica do Marçal, o Flu-minense do Bairro Indígena, entre outros.

Outros indicadores interessantes podem ser encontrados no livro de memórias de Sócrates Dáskalos (2000), importante dirigente do MPLA (Movimento Popular de Libertação de Angola). Ao narrar sua juventude, nas décadas de 1930-1940, relembra como o futebol e o ciclismo, entre outros esportes, eram importantes para a população da cidade do Huambo. Até mesmo por isso, as agremiações teriam reunido líderes ligados ao pensa-mento divergente.

Os posicionamentos de Camões e de Dáskalos parecem muito enfáticos, mobilizações de memória marcadas por um olhar heroico sobre o passado. De qualquer forma, vale lembrar que os clubes esportivos, a partir da década de 1950 e mais denotadamente dos anos 1960, passaram a ser mais rigidamente controlados pelo governo colonial e pela Polícia Internacional e de Defesa do Estado (PIDE), por intermédio dos Conselhos Provinciais de Educação Física.[11]

Naquela década de 1960, para escapar da forte repressão e organizar a luta anticolonial, muitos militantes fugiram para Leopoldville, atual Kinshasa, capital do Congo, que recém se tornara independente. Naquele país, os angolanos, entre muitas outras estratégias, criaram uma equipe de futebol chamada de "N'gola Livre",[12] iniciativa similar a que bascos e catalães tomaram na Espanha.[13] Essa "seleção" joga com times africanos por ocasião de datas marcantes ligadas à sua causa, uma forma de divulgar seus intuitos.

Assim, se a prática esportiva pode ter sido, em determinados momentos, encarada pelas estruturas portuguesas de poder como estratégia para reforçar vínculos coloniais, ela também

---

[11] Discutiremos mais profundamente tal assunto no ensaio 4.
[12] Segundo Camões (2005): "Datas festivas como o início da luta armada (4 de fevereiro de 1961), 10 de dezembro (fundação do MPLA em 1956), 4 de janeiro (massacre da baixa de Cassanje-Malanje), entre outras, eram aproveitadas para a realização de jogos amistosos com congêneres do continente entre os anos de 1961 e 1965. [...] N`gola Livre foi treinada pelo primeiro presidente da Federação Angolana de Futebol, Eduardo Macedo dos Santos. As cores da bandeira nacional (vermelha, amarela e preta) eram predominantes nos equipamentos daquela formação político-desportiva". Santos fora jogador de futebol, destacando-se por sua *performance* na Associação Atlética de Coimbra, no período em que estudava medicina. Foi um os fundadores do MPLA e médico pessoal de Agostinho Neto. Para mais informações, ver <http://zas-tras.blogspot.com/2010/04/foi-assim-foi-muito-mais-que-assim.html>. Acessado em: 23/09/2010.
[13] Para mais informações, ver estudo de Agostino (2002).

foi mobilizada em sentido oposto, compondo uma linha de ação política diferenciada, à busca de liberdade.[14]

Nesse processo, vale ressaltar a presença simbólica do Brasil. Bittencourt (2003) afirma que, em Angola, nas últimas décadas do século XIX, esse país foi encarado como uma referência nos primeiros instantes de uma tomada de consciência acerca da condição colonial, um momento inicial de maior identificação de um grupo de angolanos (chamados de crioulos, filhos da terra, angolenses, euro-africanos ou nativistas) com o exemplo brasileiro de libertação dos vínculos coloniais com Portugal.[15]

Na década de 1950, encontramos outro importante marco de estabelecimento de vínculos entre Angola e Brasil: o discurso luso-tropicalista de Gilberto Freyre é utilizado pelo governo português como instrumento para enfraquecer as reivindicações e mobilizações de grupos de contestação anticolonial.[16] Se considerarmos a relação do pensamento de Freyre com o velho esporte bretão[17] e o sucesso mundial do futebol brasileiro no momento (marcado pela organização da Copa do Mundo de 1950, pelo bicampeonato de 1958/1962 e pela conquista definitiva da Taça

---

[14] Para mais informações sobre o esporte em Angola nos momentos anteriores à independência, ver Bittencourt (2010) e Gonçalves (2010).

[15] Não estamos negligenciando os relacionamentos anteriormente estabelecidos em virtude do tráfico negreiro, o que, aliás, traz à baila uma prática da cultura corporal de movimento, a capoeira. Nos dias de hoje, a Capoeira de Angola é por diversas vezes apresentada como a "mais pura" e "legítima", herança direta dos africanos, o oposto da supostamente já "transformada" Capoeira Regional: trata-se de uma clara mobilização identitária. Foge ao objetivo deste estudo discutir esse tema; apenas registramos um indício de laços simbólicos estabelecidos entre Brasil e Angola. Mais informações sobre o assunto em Vassalo (2003) e Fonseca (2009b). Sobre a história da capoeira, ver Soares (2004).

[16] Para uma discussão sobre o uso do luso-tropicalismo de Gilberto Freyre pelo governo português de Salazar, ver Castelo (1999).

[17] As considerações de Gilberto Freyre, acerca de uma possível originalidade brasileira na forma de jogar futebol, inspiraram dois importantes literatos: Mário Rodrigues Filho, que em 1947 escreveu *O negro no futebol brasileiro* (relançado em 2003, pela Editora Mauad), e José Lins do Rego, torcedor fanático do Clube de Regatas do Flamengo, cuja produção literária e jornalística constantemente contemplou a discussão sobre o papel da prática esportiva na formação cultural nacional. Para mais informações sobre o esporte em Freyre, ver Soares (2003) e Maranhão (2006); sobre a obra de Mário Filho, ver Soares (1999); sobre Rego, ver Antunes (2004) e Hollanda (2004).

Jules Rimet com o tricampeonato de 1970), é possível supor que as vinculações esportivas entre os países africanos e o Brasil encontravam terreno fértil para se estabelecer.[18]

De um lado, se um dos argumentos da propaganda do suposto sucesso da colonização portuguesa era a ideia de multirracialidade, nada mais adequado para a metrópole do que exaltar a excelência da sua equipe nacional e a de uma ex-colônia (o Brasil), compostas por jogadores de diferentes colorações de pele, com desempenhos notáveis.

Vale lembrar que na década de 1950 tem início a brilhante trajetória de Eusébio, negro, nascido em Moçambique, jogador da seleção portuguesa de futebol e do Benfica em seus momentos áureos, sempre lembrado e reconhecido como um dos melhores do mundo. Curiosamente, e também um indicador dos vínculos estabelecidos, Eusébio começou sua carreira, em sua terra natal, na equipe "Os Brasileiros", e muitas vezes foi chamado de "Pelé da Europa", rótulo que, aliás, sempre rejeitou.[19]

De outro lado, se o futebol brasileiro era apresentado por Portugal como um dos exemplos do sucesso do luso-tropicalismo, para os militantes das colônias africanas já envolvidos com iniciativas de contestação isso pode ter sido considerado em sentido contrário, ou ao menos diverso: uma demonstração do êxito de quem se libertou do jugo do dominador, uma compreensão que nos parece reforçada se tivermos em conta que o Brasil foi importante referência para os movimentos nacionalistas, uma nação que

---

[18] Uma das marcas constantes desse relacionamento pode ser encontrada nos nomes de clubes locais de futebol. Além do já citado Botafogo de Luanda, merece destaque o Santos Futebol Clube, não somente referência à Fundação Eduardo Santos, responsável pela manutenção da equipe, mas também uma homenagem à agremiação paulista, admirada pelos angolanos desde a época de Pelé. A camisa e o escudo fazem referências diretas à agremiação da Vila Belmiro. Em Cabo Verde, podemos destacar o Botafogo de São Filipe e o Corinthians de São Vicente.

[19] Outro indicador dos relacionamentos, nesse que foi um dos instantes áureos do futebol português, é o fato de que era um brasileiro o técnico do selecionado, Oto Glória.

"emergia como um espaço onde se projetavam os sonhos de uma sociedade marcada pelas limitações marcantes no quadro de exclusão da realidade colonial" (Chaves, 2005a, p.276), um sentimento que:

> [...] era partilhado nas duas costas africanas, com firme passagem pelo Arquipélago de Cabo Verde. Por cima das enormes diferenças que caracterizavam os territórios por onde se espalhou o colonialismo português, as diversas formas de representação do Brasil surgiam compondo um eixo que seria expressivo no projeto de transformação a ser desencadeado nos vários pontos. Um olhar atento sobre os anos que se seguiram ao fim da Segunda Grande Guerra ajuda-nos a compreender essa relação na sua funcionalidade, ou seja, permite-nos avaliar alguns aspectos que orientavam aquelas sociedades para essa projeção. E vamos encontrar pontos de apoio nos debates sobre a questão da identidade nacional que ganhava corpo naquele agitado período (Chaves, 2005a, p.278).

As colônias africanas tiveram de lidar, de forma tensa e considerando as dificuldades inerentes às peculiaridades de suas histórias, simultaneamente com a oposição ao colonial e com a necessidade de investimento em algumas dimensões da modernidade. Nesse percurso, o Brasil se estabeleceu como um importante referente. É possível supor que o futebol tenha sido um dos elementos mobilizados e elencados nesse processo.

Vejamos que um dos mais fortes vínculos com o Brasil se estabeleceu por meio da literatura:

> Trata-se da projeção do Brasil, em imagens diferenciadas, na formação do pensamento nacionalista de países como Angola, Cabo Verde e Moçambique. Principalmente através da literatura, mas não só, a cultura brasileira desempenhou um forte papel no processo de conscientização de muitos setores da intelectualidade africana, fornecendo parâmetros que se contrapunham ao modelo lusitano (Chaves, 2005a, p.276).[20]

---

[20] No testemunho de Pereira (2003), encontramos indícios da importância da literatura brasileira na formação de lideranças caboverdianas. Sobre tal presença em Angola, ver Bittencourt (1999).

O próprio diálogo com a literatura pode ter sido mais uma das portas de contato com o futebol brasileiro. Basta lembrar que alguns dos autores lidos pelos africanos também estavam a incorporar o esporte em suas obras, caso notável do já citado José Lins do Rego, mas também de Marques Rebelo e de Carlos Drummond de Andrade, entre outros.

Seria exagerado pensar em uma relação linear países africanos-literatura-esporte-política-Brasil, mas é digno de nota que haja indícios de algum grau de conexão. Chaves (2005a) lembra, por exemplo, que a cultura brasileira, inclusive o futebol, era difundido, entre outros, pelos exemplares da revista *O Cruzeiro*. De acordo com a autora:

> As letras de um lado e o esporte de outro compunham um quadro de referências de grande utilidade para a configuração de uma identidade já encaminhada para a ruptura com os padrões em vigor. Essa projeção seria ainda alimentada pela música (p.283).

Não chega a ser surpreendente, assim, identificar a presença do esporte na obra de alguns literatos africanos ligados à formulação de um pensamento de contestação. Em "Poema da manhã", por exemplo, Ernesto Lara[21] incorpora a prática dentro de suas referências de construção de soberania nacional para Angola, uma forma de demonstração da excelência de um país que, desejava, estava por surgir enquanto ente autônomo:

> Os nossos filhos
> Negra
> Hão-de-ser belos
> Hão-de-trazer nas veias o sangue mais puro e mais vermelho
> Das raças de Angola
> Hão-de-chegar primeiro nas competições desportivas
> Da América, da Europa e do Mundo.

---
[21] Chaves (2005a) discorre sobre a presença de Didi e sua "folha-seca" na memória de Ernesto Lara.

O esporte esteve também presente na produção de outro poeta ligado ao movimento literário "Vamos descobrir Angola" e à revista *Mensagem*: Antonio Jacinto. Vale citar, pela beleza e pela importância, um longo trecho de "O grande desafio":

> Naquele tempo
> A gente punha despreocupadamente os livros no chão
> ali mesmo naquele largo – areal batidos dos caminhos passados
> os mesmos trilhos de escravidões
> onde hoje passa a avenida luminosamente grande
> e com uma bola de meia
> bem forrada de rede
> bem dura de borracha roubada às borracheiras do Neves
> em alegre folguedo, entremeando caçambulas
> [...] a gente fazia um desafio [...]
> O Antoninho
> Filho desse senhor Moreira da taberna
> Era o capitão
> E nos chamava de ó pá,
> Agora virou doutor
> (cajinjeiro como nos tempos antigos)
> passa, passa que nem cumprimenta
> – doutor não conhece preto da escola.
> O Zeca guarda-redes
> (pópilas, era cada mergulho!
> Aí rapage - gritava em delírio a garotada)
> Hoje joga num clube da Baixa
> Já foi a Moçambique e no Congo
> Dizem que ele vai ir em Lisboa
> Já não vem no Musseque
> Esqueceu mesmo a tia Chiminha que lhe criou de pequenino
> nunca mais voltou nos bailes de Don'Ana, nunca mais
> Vai no Sportingue, no Restauração
> outras vezes no choupal
> que tem quitatas brancas
> Mas eu lembro sempre o Zeca pequenino
> O nosso saudoso guarda-redes!
> [...]
> É verdade, e o Zé?
> Que é feito, que é feito?
> Aquele rapaz tinha cada finta!
> Hum... deixa só!
> Quando ele pegava com a bola ninguém lhe agarrava
> vertiginosamente até na baliza.
> [...]

> Vamos fazer escolha, vamos fazer escolha
> [...] e a gente fazia um desafio...
>
> Oh, como eu gostava!
> Eu gostava qualquer dia
> de voltar a fazer medição com o Zeca
> o guarda-redes da Baixa que não conhece mais a gente
> escolhia o Velhinho, o Mascote, o Kamauindo, o Zé
> o Venâncio, e o António até
> e íamos fazer um desafio como antigamente!
>
> Ah, como eu gostava...
>
> Mas talvez um dia
> quando as buganvílias alegremente florirem
> quando as bimbas entoarem hinos de madrugada nos capinzais
> quando a sombra das mulembeiras for mais boa
> quando todos os que isoladamente padecemos
> nos encontrarmos iguais como antigamente
> talvez a gente ponha
> as dores, as humilhações, os medos
> desesperadamente no chão
> no largo – areal batido de caminhos passados
> os mesmos trilhos de escravidões
> onde passa a avenida que ao sol ardente alcatroamos
> e unidos nas ânsia, nas aventuras, nas esperanças
> vamos então fazer um grande desafio...[22]

O futebol é inserido em uma série de elementos bastante comuns à obra de Jacinto: temas do cotidiano, referências à infância enquanto um espaço de solidariedade que permite perspectivar um futuro diferente, um claro corte político.[23] O esporte é utilizado como metáfora para sugerir uma nova realidade para o país.

Aliás, como lembra Silvio Carvalho Filho (2006), Jacinto, durante sua infância e adolescência, desafiava os costumes e frequentava os clubes de negros e mulatos, espaços que, como vimos, também foram celeiros do desenvolvimento de um pensamento nacionalista. Vale ainda lembrar que, quando fora ministro

---

[22] Versão integral disponível em: <http://www.angola-saiago.net/arte3.html>. Acesso em: 3/2/2010.
[23] Para uma discussão sobre esses aspectos, ver Abdala Júnior (2002) e Chaves (2005b).

da Educação e da Cultura, no primeiro governo pós-independência, estimulava a organização e acompanhava muitos cam-peonatos esportivos.

Não podemos deixar de comentar a presença do esporte na obra de um dos autores angolanos mais celebrados, Pepetela, cuja produção inclusive merece destaque pelo forte caráter biográfico, pelo denotado fundo histórico e pela constante tematização da questão da identidade nacional. Ele insere um personagem jogador de futebol (Malongo) em um de seus livros mais conhecidos, *Geração da utopia* (cuja primeira edição é de 1992).

Malongo ajuda a compor o espectro matizado de personagens da trama: politicamente alienado, namorador, festeiro, beberrão, é o contraponto de Aníbal (o militante engajado), namora Sara (que, ao contrário dele, busca envolver-se com a ação direta de contraposição ao pensamento colonial) e compartilha algumas indefinições com Vítor (sempre em dúvida acerca de seu engajamento):

> Jogador da segunda divisão do Benfica, clube de futebol de prestígio em Lisboa, Malongo personifica – guardadas as proporções – uma caricatura ao mito do "bom e inofensivo selvagem", fácil no trato e na manipulação. Desprovida de perspicácia, já que não zelava pela manutenção dos seus valores, a personagem preocupa-se apenas em desfrutar dos benefícios que o sistema colonial lhe podia ofertar ao assimilar "docilmente" o que lhe era imposto pela voz dominante (Dutra, 2007, p.96).

De outro lado, ao seu redor se tematiza a questão do racismo (por seu relacionamento com a branca Sara) e se constrói parte importante de determinadas representações sobre a formação cultural identitária angolana. Ocupa esse personagem um papel de ligação com o passado, não a Angola que se queria construir com as lutas de libertação, mas aquela que existia e precisava ser superada:

> Com efeito, dois dos maiores jogadores do Benfica e do Sporting, outro clube de prestígio no futebol português, eram africanos e responsáveis pela difusão do futebol naquele país [...]. Assim, ambos representam criticamente um aspecto "generoso" da colonização: se do colonizado não se deveria esperar muito por sua "irresponsabilidade", o que ele e os jogadores africanos tinham a oferecer nada mais era que um ligeiro apuramento das relações que sempre existiram entre colonizadores e colonizados [...]. Por isso, não eram mais seus braços que descreviam o tipo de relação que se dera com seus antepassados, mas sim suas pernas que, enquanto fossem rijas e ágeis, lhes concederiam posição de aparente destaque em um meio que, indefectivelmente, lhes fora sempre hostil (Dutra, 2007, p.97).

Malongo não vê seus sonhos realizados. É reserva de uma grande equipe de futebol e deseja ser titular; acaba jogando em clubes menores e abandonando o esporte. Ao final, volta para Angola, transforma-se em empresário; seu encontro com Vítor, o outrora guerrilheiro pouco convicto que vira ministro corrupto, ajuda a expressar um forte quadro de desencanto que marcaria o país na contemporaneidade.

Independentemente da representação, distinta da trajetória daqueles esportistas que se engajaram nas lutas anticoloniais, a presença na obra de Pepetela é mais um indício de que o esporte, principalmente o futebol, teve algum grau de relevância na história angolana contemporânea, desempenhando papel ambíguo no âmbito dos conflitos e construção de identidades.

De Moçambique, falemos da obra de José Craveirinha. Vejamos como suas palavras explicitam o quanto o futebol e a literatura estavam inseridos em um mesmo quadro, marcado pelos vínculos simbólicos estabelecidos com o Brasil:

> Eu devia ter nascido no Brasil. Porque o Brasil teve uma influência muito grande na população suburbana daqui, uma influência desde o futebol. Eu joguei com jogadores brasileiros, como, por exemplo, o Fausto, o Leônidas da Silva, inventor da bicicleta.

> Nós recebíamos aqui as revistas. Tem um amigo meu que era mais conhecido como Brandão, futebolista brasileiro [...]. Havia essas figuras típicas anteriores a um Didi. E também na área da literatura. Nós, na escola, éramos obrigados a passar por um João de Deus, um Dinis, os clássicos de lá. Mas chegados a uma certa altura, nós nos libertávamos. E então nos enveredávamos por uma literatura errada: Graciliano Ramos… Então vinha a nossa escolha; pendíamos desde o Alencar. Toda a nossa literatura passou a ser um reflexo da Literatura Brasileira (apud Chaves, 1999, p.157).

Rita Chaves lembra que a obra de Craveirinha tem relação direta com o bairro de Mafalala, da cidade de Lourenço Marques, atual Maputo:

> [...] uma espécie de local mítico onde a diversidade e a tolerância davam o tom. Por essa capacidade de juntar diferenças numa convivência pacífica, o bairro foi sempre associado ao Brasil. Viveiro de músicos, poetas e jogadores de futebol, também era conhecido como bairro de mulatos, embora ali vivesse gente variada e predominasse a religião muçulmana (Chaves, 2005a, p.282).

Craveirinha lembra a presença e a importância do futebol em Mafalala:

> Esse bairro é um bairro muito *sui generis*, esquisito. Portugal vinha aqui para carregar seus craques. Os grandes jogadores portugueses, em parte, saíram daqui desse bairro: Eusébio, Hilário. Hilário esteve, aos 17 anos, como internacional na seleção portuguesa (apud Chaves, 1999, p.142).

O poeta foi na juventude destacado praticante de atletismo, futebol e basquete. Sobre sua paixão pela prática esportiva, e a simultaneidade desta com seu envolvimento literário, afirmou:

> Amigos meus me perguntam: "como é que tu te arranjas com o futebol e a poesia? Não dá! Como é que tu consegues? Como é que tu escreves isso se tu jogas futebol?". E eu respondo que tanto o futebol como a poesia não precisam de árbitros, senão entram em falta e uma coisa recomenda a outra. Havia uma corrente que não aceitava que um futebolista pudesse escrever *isso*. Eu sempre gostei de esportes e não via lógica em sacrificar um dos gostos só porque parecia mal, porque eu acho que aquilo que

também se chama cultura física é cultura, faz parte das vivências do homem (apud Chaves, 1999, p.143).

Como jornalista, Craveirinha foi responsável pela seção de esporte do semanário *O Brado Africano*.[24] Sobre a importância de tal envolvimento, afirma:

> Nasci ainda mais uma vez no jornal *O Brado Africano*. No mesmo em que também nasceram Rui de Noronha e Noémia de Sousa. Muito desporto marcou-me o corpo e o espírito. Esforço, competição, vitória e derrota, sacrifício até a exaustão. Temperado por tudo isso (apud Ngomane, 2002, p.15).

Sua cobertura não se resumia ao tradicional comentário acerca dos resultados das competições: usava seus escritos sobre o esporte para pôr em discussão a questão colonial, a exclusão, o racismo. A linha de argumentação do poeta/jornalista, portanto, se direcionava na contramão do encaminhado por Portugal. Ao escrever sobre futebol, de alguma forma buscava despistar o controle e a censura, inserindo a prática esportiva no quadro de tensões políticas.

Nuno Domingos (2006) bem capta o sentido da ação de Craveirinha em Moçambique daquele momento, algo também observável em outras colônias portuguesas:

> O futebol era, porém, uma atividade mais democratizada, uma possível forma de expressão, num contexto em que os africanos estavam impedidos, com a exceção de uma pequena minoria, de acederem a um conjunto de direitos e atividades monopolizados pela sociedade colonialista. O texto de Craveirinha, valorizando uma atividade menor, no sentido da sua nobreza social, procura tornear o poder simbólico exercido pelo regime colonial. Não estando a salvo de algumas críticas pela forma como, porventura, romantiza excessivamente o "jogo africano", Craveirinha [...] procura combater o poder colonialista através de uma "revolução do olhar" sobre a atividade humana, retirando do universo simbólico colonialista a hegemonia da construção de imagens sobre a inteligência ou a criatividade (p.414).

---

[24] Um dos mais importantes periódicos da história moçambicana, publicado desde o fim da década de 1910, reuniu escritores que tinham em comum uma linha política de contestação à colonização.

Uma poesia mais recente de Craveirinha, escrita por ocasião da Copa do Mundo de 1986 (México), é mais um indicador de como sua visão de esporte esteve sempre relacionada a uma conjuntura maior:

> Será boato meus beiços a babarem os verdejantes relvados mexicanos
> enquanto o povo gasta os dentes em subjetivas bolas de farinha?
> [...]
> Aqui onde as crianças adeptas do Futebol Clube Tuberculose
> roem mandiocas fatais com a tal força anímica
> porquê a prioritária urgência em admirar
> um lírico Sócrates a falhar platonicamente um golo mais do que certo?
>
> Mas porquê esta fortuita indigestão de futebóis de dólares
> saboreados nos olhos via satélite e nas enfermarias
> o drama das ampolas de penicilina que não temos?
> [...]
> Com as hábeis botas do sr. Diego Maradona a chutar-nos
> quantos sapatos calçariam os pés dos Meninos
> infutebolizados pelo malfazejo júbilo
> das hienas soltas nas matas?
> [...]
> Em honra de todos os membros da FIFA
> e todos os espectadores ausentes nas bancadas sol
> vamos vivar os maiores craques aztecas
> e deixar os heróis dos golos em paz
> no território soberano deste papel.
>
> Viva Siqueiros!
> Viva!
> Viva Orozco!
> Viva!
> Viva Rivera!
> Viva!
>
> E agora palmas à magistral tabelinha
> entre os grandes craques mexicanos
> Emiliano Zapata e Pancho Villa
> heróis do grande campeonato a sério
> desde sempre disputado nos pátrios campos do México [...].[25]

---

[25] A versão integral pode ser consultada em: <http://macua.blogs.com/moambique_para_todos/files/poema_mundial_de_1986_a_propsito_do_futebol.doc>. Acessado em: 3/2/2010.

Vale ainda citar a obra do moçambicano Mia Couto, do qual citamos o belo "O mendigo Sexta-Feira jogando no mundial", publicado no livro de contos *Fio das missangas*:

> Lhe concordo, doutor: sou eu que invento minhas doenças [...]. Desta feita, porém, é diferente. Pois eu, de nome posto de Sexta-Feira, me apresento hoje com séria e verídica queixa. Venho para aqui todo desclaviculado, uma pancada quase me desombrou. Aconteceu quando assistia ao jogo do Mundial de Futebol. Desde há um tempo, ando a espreitar na montra do Dubai Shopping, ali na esquina da Avenida Direita. É uma loja de tevês, deixam aquilo ligado na montra para os pagantes contraírem ganas de comprar. Sento-me no passeio, tenho meu lugar cativo lá. [...]. É ali no passeio que assisto futebol [...]. Só há ali um no entanto, doutor. O que me inveja não são esses jovens, esses finta-bolistas, todos cheios de vigor. O que eu invejo, doutor, é quando o jogador cai no chão e se enrola e rebola a exibir bem alto as suas queixas. A dor dele faz parar o mundo. Um mundo cheio de dores verdadeiras para perante a dor falsa de um futebolista. As minhas mágoas que são tantas e tão verdadeiras e nenhum árbitro manda parar a vida para me atender, reboladinho que estou por dentro, rasteirado que fui pelos outros. Se a vida fosse um relvado, quantos penalties eu já tinha marcado contra o destino? (2004, p.84).

Não devemos cair na tentação de crer que o esporte carrega um dom imanente de estabelecer a contestação; da mesma forma como não o tem de manipular. Na análise do fenômeno é bom tomar alguns cuidados: perceber o quanto as agremiações esportivas foram mesmo utilizadas como alternativas para iniciativas políticas, prospectando com acuidade se determinadas posições contemporâneas não exacerbam essa compreensão por construir uma narrativa heroica sobre o passado; não desprezar o fato de que grande parte dos que se envolveram com a prática estava mesmo prioritariamente interessada na diversão ocasionada; considerar que mesmo para os que tinham uma intencionalidade política clara, o aspecto do divertimento era também importante; ter em conta que interpretações lineares ou diametrais (que reproduzem o modelo "dominação ou subversão") pecam por não captar a complexidade do objeto. Discutiremos melhor esses temas no ensaio 1.

De qualquer maneira, por agora afirmamos que, dada a sua visibilidade e capacidade de aglutinar, ao mesmo tempo em que, de certa forma, permanece menos suspeita por não pertencer ao grupo das óbvias atividades políticas (historicamente se construiu a representação contrária), a prática esportiva também ofereceu oportunidades para expressar discordâncias com o poder.[26] Os líderes das lutas anticoloniais perceberam essa dimensão, para além do óbvio prazer e paixão que nutriam pelo esporte.[27]

O caso caboverdiano: o desenho do estudo

> O cosmopolitismo dos contatos e o domínio de várias línguas do comércio [...] por patrícios quase analfabetos; a reconhecida capacidade laboral dos ilhéus e o discreto orgulho na organização de desportos de vanguarda urbana (*cricket*, futebol, golfe, tênis), a merecer destaque na imprensa londrina, pela maestria técnica dos seus cultores face a relevantes equipes estrangeiras, são valores que também enriqueceram e foram enraizando no homem da ilha a conscientização cabo-verdiana da diferença [...]. Não será despiciendo perguntar [...] se a iniciática celebração do Eu coletivo pelo desporto não terá quiçá contribuído, também, como a imprensa, a literatura e demais tradições nativistas dos fins do século passado e primórdios deste, para a construção dialética do nosso protonacionalismo (Fortes, 1998, p.6).

No quadro das tensões coloniais na África portuguesa, há pelo menos duas dimensões que diferenciam o caso de Cabo Verde: ao contrário dos outros países, os enfrentamentos bélicos

---

[26] No que se refere aos países africanos, outros autores já trabalharam esse tema: Ranger (1987), Martin (1995), Fair (2004), Vidacs (2010).
[27] Para uma discussão sobre a presença do esporte na história de outros países de língua oficial portuguesa, ver Marzano (2010), Gonçalves (2010), Bittencourt (2010), Nascimento (2010), Domingos (2010).

não ocorreram no seu território, mas sim na Guiné-Bissau;[28] o processo de construção da identidade caboverdiana (da caboverdianidade) é significativamente distinto.

José Carlos dos Anjos (2003) trabalha a hipótese de que:

> [...] no caso cabo-verdiano – uma identidade assentada sobre uma certa noção de fidelidade (o crioulo como o dependente do senhor branco), ao elevar-se à identidade nacional manteve os esquemas de pensamento e as relações sociais da qual se originou. [...] Na concepção de mestiçagem está inserido um modelo de relação de reciprocidade branco-nativo, com o qual a concepção de nação não rompe, mas sim reformula. Isso tanto para o nacionalismo enquanto doutrina e como sentimento nacional (p.591).

Gabriel Fernandes (2006), sem discordar completamente de Anjos (2003), chama a atenção para que não se entenda tal processo como um mimetismo absoluto e conclama para que compreendamos as práticas políticas locais "não tanto a partir da imitação e/ou reapropriação dos enunciados nacionalistas centrais quanto de um processo peculiar de interação e de lutas políticas na periferia colonial" (p.16).

Parece ser possível ler o caso de Cabo Verde a partir de alguns importantes conceitos trabalhados por Homi Bhabha: terceiro espaço – "remete para uma liminaridade que se esquiva de pensar as identidades nacionais em termos substancialistas, centradas em torno de uma cultura homogênea" (Sanches, 2005, p.15); intersticialidade – "realça a importância da ambivalência no processo de relacionamento com a alteridade para desconstru-ir não só as concepções clássicas (que se atêm a uma concepção mimética da realidade) como os limites claros que separam o mesmo do Outro (Sanches, 2005, p.15); hibridez e mimetismo – "processo de apropriação corrosivo e não meramente reprodutor, uma

---

[28] Deve-se destacar que houve, em Cabo Verde, alguns conflitos relacionados às tensões coloniais. Esses, todavia, foram em número e grau bem menores do que o observável nas outras colônias portuguesas (à exceção de São Tomé e Príncipe, onde também não ocorreram maiores turbulências). Para mais informações, ver: Lopes (2002).

característica da nação pós-colonial e um modo de questionar as narrativas da historiografia clássica da nação" (Sanches, 2005, p.15).

Por razões que discutiremos no decorrer do livro, a constituição do campo esportivo em Cabo Verde parece mesmo ser anterior e, em certa medida, mais significativa para a construção de uma identidade local do que se pode observar em outras colônias portuguesas na África, sendo mesmo, em certos momentos, proporcionalmente falando, equiparável (talvez até superior em alguns aspectos) ao desenvolvimento da prática na metrópole.

Ainda está para ser mais profundamente investigada a peculiaridade da organização e do desenvolvimento do esporte em territórios portugueses, tanto na Europa quanto em suas colônias na África e na Ásia.[29] O fato é que ainda que estivesse, tanto do ponto de vista geográfico quanto das relações historicamente estabelecidas (especialmente com a Inglaterra), próximo do centro dos acontecimentos que marcaram os séculos XVIII e XIX, momento no qual se delineou o esporte moderno (inserido no processo de construção do ideário e imaginário da modernidade), a posição de Portugal era, e tem sido, nas palavras de Boaventura Souza Santos (1985), semiperiférica.[30] Além disso, já na transição dos séculos XIX e XX, o país tinha que compartilhar o papel de emissor privilegiado das marcas do que hoje chamamos imprecisamente de lusofonia[31] com uma de suas antigas colônias, o Brasil.

---

[29] Merece até mesmo ser discutido se existe alguma peculiaridade. Como um dos desdobramentos do projeto que deu origem a este livro, já está em anda-mento, com recursos do CNPq (Edital 37/CPLP/2010), uma investigação sobre a presença do esporte em territórios lusófonos: "O *sport* que virou esporte, o *sport* que virou desporto: as experiências (d)esportivas em países lusófonos".
[30] Para uma discussão sobre a peculiaridade de Portugal no continente europeu, ver estudos de Sousa e Marques (2004) e de Freixo (2009).
[31] Para uma discussão sobre os problemas e polêmicas ao redor do conceito de lusofonia, ver Almeida (2008) e Freixo (2010).

Depois de um período de grande agitação política, os reinados de d. Pedro V (1853-1861) e de d. Luís (1861-1889) foram marcados por uma maior tranquilidade, a despeito de algumas breves crises internas e de Portugal seguir muito dependente de outras nações europeias, principalmente da Inglaterra. Tal estabilidade, por motivos diversos, foi abalada na década de 1890, exponenciando as debilidades da monarquia constitucional. Na verdade, desde a década de 1870, mais fortemente a partir dos anos 1880, republicanos e socialistas começaram a se organizar, fundando mesmo partidos políticos que gozaram de alguma popularidade, reputação e relevância de atuação.

O Ultimato de 1890 definitivamente deu fim às ambições maiores dos portugueses no continente africano (o "Mapa Cor-de-Rosa") e desencadeou uma onda de indignação contra a monarquia, considerada fraca para lidar com as questões internacionais.[32] O país sentia ainda os efeitos da crise que se abateu sobre a Europa na última década do século XIX e as dificuldades de participar do novo cenário internacional no âmbito da segunda vaga da Revolução Industrial. Internamente, tinha de lidar com as reivindicações de uma crescente classe média com características urbanas.

Naquele momento, já eram notadas algumas iniciativas de industrialização (que vinham do meado do século XIX), mesmo que ainda em grande parte sob a responsabilidade de estrangeiros, além da existência de uma rede férrea e de transportes melhor estruturada. As ideias liberais que chegaram a Portugal nas décadas finais do século XVIII seguiam conquistando espaço, e seus impactos eram perceptíveis não somente na economia e na política, como também na educação, na música, na arquitetura, notadamente na literatura e nas artes plásticas.

---

[32] Para mais informações sobre as tensões relacionadas à Conferência de Berlim, à ideia de "Mapa Cor-de-Rosa" e ao Ultimato, ver Pimenta (2010).

Intelectuais e artistas preconizavam a necessidade de modernização do país (com destaque para a Geração de 1870, liderada, entre outros, por Eça de Queirós). Eram sensíveis as mudanças no âmbito dos costumes.

É nesse cenário que se organiza o campo esportivo em Portugal, o que não surpreende: em muitas localidades, a instituição do esporte teve forte relação com o crescimento de uma classe média urbana, a industrialização, o propagar de ideias liberais e o desenvolvimento de um pensamento científico, que contribuía para a emergência de maiores preocupações com a saúde, a higiene, o corpo (Melo, 2010).

Como demonstra Manuela Hasse (1999), se a princípio o *sport*, praticado pela nobreza e alta burguesia, correspondia "a hábitos e costumes ingleses, daí uma certa condescendência favorável à invasão de um novo elemento da cultura" (p.305), logo "estudantes, empregados de escritório ou de comércio e operários da indústria" (p.305) estariam envolvidos: a prática popularizar-se-ia, ainda que com muitas limitações.

Ramalho Ortigão, um dos líderes da Geração de 1870, em seu livro *John Bull: depoimento de uma testemunha acerca de alguns aspectos da vida e da civilização inglesa* (1887), comenta de forma crítica:

> Deixamos perder a tradição dos nossos antigos jogos atléticos – a péla, a bola, a barra, as canas, a argolinha, o pato, a malha, a carreira – e não os substituímos por nenhum exercício correspondente. Não há uma carreira de tiro, nem uma sala de armas, nem um parque de ginástica. Não fazem excursões a pé, mochila às costas, [...]. Não remam, não caçam, não pescam, não esgrimem, não atiram ao alvo (apud Rodrigues, 2004).

Como lembra Ernesto Rodrigues (2004), o título do capítulo 19 do livro expressa bem os contrastes que Ortigão estabeleceu entre a Inglaterra e Portugal no que se refere à valorização da prática de atividades físicas: "O 'atleticismo' na sociedade inglesa e a espinhela caída na burguesia de Lisboa. – O sedentarismo burocrático e a vida rural. – Ação do espiritualismo dos governos sobre a musculatura das raças".

De toda maneira, no fim do século, ao redor da prática esportiva já estavam mais claramente construídas representações que extravasavam a simples questão da diversão, ainda que essa dimensão seguisse importante e cada vez mais forte conforme melhor se estruturava uma indústria do entretenimento no país. Regeneração moral e física logo seria considerada justificativa da importância do esporte para o progresso da nação.

Rodrigues (2004) lembra que Pinto Carvalho, em 1899, fez um balanço bem mais positivo:

> Hoje faz-se mais ginástica do que nunca, as praças de touros triplicaram, constituíram-se sociedades atléticas e cinegéticas; temos o ciclismo, as carreiras de tiro, o jogo de pau, as regatas, o pugilato, do boxe, tão amado de Ricardo III e de Byron; nenhum dos que disputam os lauréis do *chic*, nenhum dos que se curvam aforçuradamente ao jugo tirânico da moda deixa de trazer na ideia a tineta de esgrimir o florete como Grisier, a espada com Saint-Georges, ou de atirar à pistola como Junot; metemos uma bala de carabina no alvo com a mesma perícia de um atirador aos pombos de Monte Carlo; entregamo-nos aos exercícios físicos com todo o fervor de nossas almas e de nossos nervos; [...]. Honramo-nos de possuir escola de toureio e velódromos, as grandes solenidades hípicas das corridas cavalares e o pedestrianismo – o diabo a quatro!

Ainda assim, os clubes enfrentavam muitas dificuldades para se organizar e não poucas vezes suas atividades foram interrompidas por motivos diversos, inclusive por falta de público nos eventos. É só mesmo a partir da segunda década do século XX que o esporte vai definitivamente se conformar em Portugal.

Enquanto isso, em Cabo Verde, algo surpreendente se considerarmos sua condição colonial, o esporte já dava passos seguros nos anos finais do século XIX, embora tenha sido mesmo na segunda década do século XX, *pari passu* com a metrópole, que o campo esportivo se consolidou. Aliás, ao contrário do que se aponta para alguns casos na África,[33] os primeiros momentos da prática no arquipélago não estavam prioritariamente relacionados a estratégias destinadas a satisfazer interesses metropolitanos de disciplinar e ordenar a população, mas sim a um movimento mais interno, relacionado com a especificidade local.

Como veremos, a prática esportiva foi presença constante e relevante na história da colônia/país. Nossa hipótese para tal ocorrência assenta em dois aspectos que marcam a própria constituição do fenômeno no decorrer dos séculos XIX e XX: ele é tanto uma das mais potentes ferramentas de construção de identidades quanto um dos indicadores de vinculação dos atores políticos e sociais a projetos de modernidade e cosmopolitismo. Dadas as características e peculiaridades da relação estabelecida com Portugal, não só o esporte encontrou em Cabo Verde território fértil para se enraizar, como se tornou um elemento importante em suas formulações culturais.

Com ênfases distintas nos diversos momentos da história do arquipélago, a construção de uma identidade local contemplou um olhar sobre o esporte (ou pelo menos ele foi um elemento importante nas tensões internas sobre o que deveria ser essa identidade); ao mesmo tempo, a prática ajudou na consolidação do que deveria ser compreendido como caboverdianidade.

Assim, o intuito da investigação que deu origem a este livro[34] foi discutir a presença e o papel do esporte no processo de

---

[33] Para mais informações, ver: Martin (1995) e Vidacs (2006).
[34] Essa investigação foi realizada como parte do projeto "Esporte, Colonialismo e Pós-Colonialismo em Países Africanos de Língua Oficial Portuguesa", desenvolvido com recursos do Conselho Nacional de Desenvolvimento Científico e Tecnológico (Edital 18/2007/CPLP/CNPq, Edital 13/2008/CPLP/CNPq, Bolsa de Produtividade em Pesquisa; recebemos também um Apoio à Organização de Eventos Científicos, edital 7/2009), da Fundação Carlos Chagas Filho de Amparo à Pesquisa do Estado do Rio de Janeiro (Edital Apoio a Grupos Emergentes/2008 e Edital Jovem Cientista do Nosso Estado/2008) e do Ministério do Esporte (apoio à organização de evento científico). No âmbito dessa iniciativa foi também lançado o livro *Mais do que um jogo: o esporte e o continente africano*, organizado por

construção da identidade e da ideia de nação caboverdiana (na sua leitura peculiar do ideário e imaginário da modernidade), por um lado partindo do pressuposto de que a prática esportiva é um dos indicadores privilegiados que pode nos informar algo sobre esse percurso, por outro considerando que é:

> [...] mister que a análise se desloque para essas ações individuais conformadoras e/ou (re)construtoras da nação, em vez de se centrar única e exclusivamente nas ações nacionais confor-madoras e construtoras dos indivíduos (Fernandes, 2006, p.7).

Tendo em vista que optamos por um recorte temporal muito amplo (da transição dos séculos XIX e XX até o início da década de 1980), trata-se de um estudo de caráter transversal, foram adotados alguns procedimentos para controlar as diferentes variáveis. Um deles foi centrar a discussão nas duas principais ilhas do arquipélago, mais especificamente nas mais importantes cidades: Mindelo, capital de São Vicente, e Praia, capital de Santiago e da colônia/país.

Outro procedimento foi restringir a natureza das fontes consultadas. Embora reconhecendo a relevância e o potencial das entrevistas, optamos por privilegiar o uso de material impresso.

Assim, para alcance do objetivo, foram utilizados como fontes primárias os seguintes periódicos: *Boletim Oficial de Cabo Verde* (1898/1940), *Independente* (1912), *Futuro de Cabo Verde* (1913), *Notícias de Cabo Verde* (1931-1953), *Claridade* (1933-1935), *Eco de Cabo Verde* (1933-1935), *Boletim dos Falcões de Cabo Verde* (1936), *Goal* (1944-1945), *Cabo Verde: boletim de propaganda e informação* (1949-1963), *Mocidade: órgão do comissariado provincial da mocidade portuguesa* (1955), *Diário de Cabo Verde* (1956), *O Arquipélago* (1962-1974), *Alerta!* (1974), *Novo Jornal de Cabo Verde* (1974/1975), *Terra Nova* (1975/1982), *Voz di Povo* (1975/1982), além

---

Victor Andrade de Melo, Marcelo Bittencourt e Augusto Nascimento (Editora Apicuri, 2010), e promovido o Simpósio Internacional "Esporte, Colonialismo e Pós-colonialismo", no Rio de Janeiro, em junho de 2010.

de *O Liberal, Expresso das Ilhas* e *A Semana* (dos anos recentes).[35] Também como fontes primárias foram utilizados documentos diversos (estatutos de clubes, resoluções oficiais, cartas, processos),[36] obras literárias, fotografias e debates disponíveis em *blogs* e *fotologs*[37] dedicados à memória do arquipélago.[38]

Como fontes secundárias foram utilizados livros sobre os aspectos históricos do esporte caboverdiano (como os de Barros, 1981, Barros, 1998, e Ramos, 1987), além de obras de memorialistas (como as de Ramos, 2003 e Évora, 2005) e de viajantes que estiveram em Cabo Verde (como as de Martins, 1891, e Acher, 1940). No ensaio 1, um filme serviu como suporte para um diálogo inicial.

A literatura que embasou as discussões está relacionada aos seguintes temas: questões históricas e identitárias de Cabo Verde; o esporte no continente africano; identidade e nacionalismo no colonialismo e pós-colonialismo.[39]

Um terceiro procedimento de controle das variáveis foi adotado. Como já explicitado no objetivo, a discussão central está relacionada à questão da identidade e da ideia de nação, o que inclusive norteou a organização do livro desta forma:

1. *Apresentação – O esporte, a África, Cabo Verde:* discussão introdutória sobre a presença do esporte nos países africanos

---

[35] Esse material foi consultado na Biblioteca Nacional de Portugal, na Biblioteca Nacional de Cabo Verde, no Arquivo Histórico de Cabo Verde, na Biblioteca de Mindelo e na Hemeroteca Municipal de Lisboa.

[36] Esse material foi consultado no Arquivo Histórico de Cabo Verde e no Arquivo da Torre do Tombo/Lisboa

[37] Uma nota metodológica. Não é ainda muito comum a utilização de informações de *blogs* como fonte histórica. O uso que fiz desse material esteve eminentemente relacionado à tentativa de captar representações sobre determinados assuntos. Quando se tratou de usar informações factuais, elas foram checadas em fontes de outra natureza.

[38] Exemplos: Mindel na Coraçon (<http://www.fotolog.com.br/djomartins>); Mantenha (<http://www.fotolog.com.br/07tsantos>); CaboVerde07's fotolog (<http://www.fotolog.com.br/caboverde07>), Mindelo Infos (<http://www.mindelo.info/index.php>), Valdas's Fotolog Page (<http://www.fotolog.com.br/valdas>), entre outros.

[39] Os conceitos de nacionalismo e de identidade nacional foram trabalhados a partir das posições de Benedict Anderson (1991), atualizadas para o caso de Cabo Verde pelo estudo de Fernandes (2006).

de língua oficial portuguesa (PALOPs), bem como apresentação da investigação e do livro.

2. *Ensaio 1 – Estudos do esporte, estudos africanos, estudos pós-coloniais: primeiros olhares:* apresentação dos conceitos-chave e discussão sobre a importância da investigação do esporte nos países africanos desde o ponto de vista dos estudos pós-coloniais; articulação inicial com o caso caboverdiano a partir do diálogo com um filme: *Fintar o destino*, de Fernando Vendrell (1998).

3. *Ensaio 2 - O nativismo e o esporte (transição dos séculos XIX e XX):* discussão sobre a organização do esporte em Cabo Verde do final do século XIX e das primeiras décadas do século XX, momento de criação dos primeiros clubes. Argumenta-se que a conformação da prática atendeu a uma dupla dimensão: diálogo com o cenário internacional de construção de um ideário e imaginário modernos; uma forma de estabelecimento de relação com a metrópole – uma estratégia para comprovar o alto grau de "civilidade" da colônia – nos primeiros momentos de um nacionalismo/ protonacionalismo/ nativismo local.

4. *Ensaio 3 - O nacionalismo lusitano-crioulo e o esporte (décadas de 1920-1940):* discussão sobre a consolidação do campo esportivo no arquipélago nas décadas de 1920-1940, articulado com os novos movimentos de construção de uma identidade caboverdiana. Argumenta-se que o declínio da prática do *cricket* e o aumento da popularidade do futebol estabeleceram tensões nas relações entre as representações identitárias e o esporte.

5. *Ensaio 4 – Novos rumos, novas tensões: o esporte na encruzilhada da nação (décadas de 1950-1960):* discussão sobre o papel desempenhado pelo esporte nas décadas de 1950 e 1960, relacionado tanto aos movimentos protonacionalistas quanto às propostas de independência, no cenário internacional pós-Segunda Grande Guerra, marcado tanto pelas lutas anticoloniais e pelo pan-africanismo quanto pela insistência de Portugal em

manter suas colônias. Argumenta-se que, ao contrário de outras colônias portuguesas, em Cabo Verde o campo esportivo pouco expressou as iniciativas de contestação.

6. *Ensaio 5 - Somos africanos: o esporte e a construção da nação no cenário pós-independência (1975-1982):* discussão sobre a concepção de esporte no quadro dos primeiros instantes da independência, sob a égide de um governo de partido único, de viés socialista. O recorte vai de 1975 (ano da independência) até 1982, momento em que já tinham voltado a atuar antigas lideranças esportivas, que contribuíram para melhor estruturar o campo. Argumenta-se que a política esportiva do período expressou tanto as novas orientações identitárias, que apontavam para uma mais forte relação com a África, quanto os posteriores ajustes com o passado caboverdiano.

7. *Ensaio 6 - "O clube não se encontra à venda": o golfe e os debates sobre os rumos da nação:* com a adoção do multipartidarismo (1991), desencadeia-se fortemente um processo de repensar o país. O esporte caboverdiano vai dialogar claramente com os movimentos esportivos mundiais (marcados pela forte comercialização da prática e pela relação com a cadeia produtiva) e seguirá sendo concebido como ferramenta de construção de uma boa imagem para o país, bem como continuará expressando os debates internos do arquipélago. A partir de um estudo de caso, de uma ocorrência ligada a um dos mais tradicionais clubes de Cabo Verde, realiza-se uma discussão sobre algumas das atuais tensões da nação.

Os ensaios, em linhas gerais, percorrem os movimentos e debates internos relacionados à construção da identidade caboverdiana:

> [...] três gerações de agentes políticos e culturais que, cada um a seu modo e com maior ou menor intencionalidade, terão dado importantes passos para a viabilização/reabilitação nacionalista cabo-verdiana (Fernandes, 2006, p.236).

O ensaio 2 prospecta a presença do esporte no âmbito das primeiras iniciativas nativistas, enquanto o ensaio 3 faz o mesmo no que se refere à geração dos *Claridosos*, ambos movimentos que:

> [...] tendo embora uma orientação lusitanista, produziram um *corpus* de conhecimento sobre Cabo Verde que não apenas teria ajudado na desmontagem simbólica das bases culturais e ideológicas do colonialismo, como ainda servido de esteio à construção da imagem de uma entidade cultural relativamente homogênea e autônoma (Fernandes, 2006, p.236).

Já o ensaio 4 dedica-se a discutir o esporte no âmbito da geração de Amílcar Cabral, "que criou as condições político-militares para a emergência do Estado-Nação" (Fernandes, 2006, p.236), enquanto o ensaio 5 discute a mobilização da prática nas propostas de adoção de um viés africano na concepção do jeito cabover-diano de ser. O ensaio 6 se debruça sobre uma ocorrência contemporânea, um passo inicial para discutir os momentos posteriores à adoção do multipartidarismo.

Seguindo o alerta de Fernandes, tivemos em conta os limites das construções identitárias no que se refere a um "inequívoco nacionalismo cabo-verdiano" (2006, p. 237). Consideramos que a construção da nação não foi só obra de um grupo; procuramos ter em conta as diferentes contribuições de forma ampla e multifacetada. Não desprezamos a ideia de que:

> Mesmo quando se parta dos dois nomes mais representativos do processo de formação nacional(ista) cabo-verdiana, Baltasar Lopes e Amílcar Cabral, salta à vista que suas ações e produções tiveram expressão e ganharam visibilidade e consistência dentro de um quadro político que ultrapassa a realidade nacional(ista) cabo-verdiana. Nenhum deles esteve confinado a essa realidade e muito menos a construiu (p.238).

É digno de nota, e não mera coincidência, que esses dois "pais da nacionalidade cabo-verdiana" (o terceiro seria Eugênio Tavares) tenham tido envolvimento com clubes e modalidades esportivas, comumente mobilizadas em seus projetos ou representações sobre a nação em construção.[40]

Para abordar o tema nos cenários pré e pós-independência, considerando os olhares advindos dos estudos pós-coloniais, tive em conta as sugestões de John Bale e Mike Cronin (2003) acerca de cinco possíveis arranjos a serem investigados:

a) práticas corporais locais que sobreviveram ao período colonial e não se transformaram em esporte;

b) práticas corporais locais que foram esportivizadas;

c) práticas corporais locais que se transformaram em variáveis de algum esporte internacional;

d) esportes difundidos pelo colonizador;

e) esportes introduzidos pelo colonizador, mas que foram apreendidos em arranjos específicos.

Basicamente a discussão esteve centrada nos dois últimos itens, inclusive porque, no caso caboverdiano, até mesmo em função da peculiaridade de seu processo de colonização,[41] não encontramos ocorrência dos itens anteriores.

Por que estudar o esporte no continente africano?

O inventário das relações entre o Brasil e o continente africano é um capítulo ainda a ser escrito em nossas histórias. Pela natureza do processo, pelas lacunas deixadas, pelos traumas provocados em séculos de laços tão confusamente atados, o tema ainda hoje suscita paixões e mexe com sensibilidades muito

---

[40] Outro importante intelectual caboverdiano ligado às discussões de identidade também teve forte relação com a prática esportiva: Gabriel Mariano, um dos líderes culturais de Cabo Verde nos anos 1950 e 1960. Segundo Oliveira (1998), Mariano foi presidente da Acadêmica de Praia, além de ter escrito artigos sobre o futebol. Teve também forte ligação com o Castilho de São Vicente, em cujo grupo de teatro atuou.
[41] Não havia população autóctone em Cabo Verde quando Portugal descobriu o arquipélago no século XV. Esse tema será retomado em outros ensaios.

acesas, o que, traduzindo a dificuldade da abordagem, confirma a urgência de algumas tentativas (Chaves, 2005a, p.275).

> O pós-colonial compreende as práticas culturais, políticas e ideológicas daquelas culturas e sociedades que emergiram de um período de dominação colonial explícita. [...] A única resposta mais completa às questões requer estudo aprofundado dos contextos particulares e uma cuidadosa acumulação de casos comparativos e comparáveis (Sugden; Tomlinson, 2003, p.176).

Como vimos, foram múltiplas as relações estabelecidas entre o Brasil e os PALOPs. No caso de Cabo Verde, entre outras, duas interessantes ocorrências podem ser apontadas: na década de 1820 surgiu no arquipélago a ideia de uma composição/união autônoma com o Brasil, obliterada pela ação de Portugal;[42] na década de 1930, o movimento organizado ao redor da revista *Claridade* tinha forte relação com o modernismo brasileiro: "[...] toda uma afinidade ideológica se estabelece entre os ideólogos do nacionalismo brasileiro, os intelectuais brasileiros engajados na colonização e os intelectuais caboverdianos" (Anjos, 2006, p.101). Na verdade, não poucas vezes na história caboverdiana houve posicionamentos sublinhando as semelhanças culturais e relações de irmandade com o Brasil.[43]

Como aponta Marcelo Bittencourt (2003) para o caso de Angola, o que certamente pode ser extrapolado para as outras nações lusófonas da África, compreender tais relacionamentos nem sempre se estabeleceu como prioridade, sofrendo "as conseqüências do pouco interesse acadêmico brasileiro pela margem oposta do Atlântico" (p.87).

Segundo esse autor, todavia, podemos observar, na última década, mudanças alvissareiras nesse quadro de distanciamento.

---

[42] Para mais informações, ver Silva e Cohen (2003).
[43] No estudo de Ellery (2009), vemos alguns exemplos de como os caboverdianos consideram o Brasil como uma espécie de "segunda pátria", no mínimo uma importante referência.

Percebe-se o crescimento do número de investigações e de iniciativas de intercâmbio:

> Esse interesse tem sido acompanhado (ou será a causa?) da abertura de disciplinas ligadas à temática africana nos departamentos de história e ciências sociais. O que se traduz em espaço de trabalho, estímulo para o professor ampliar seus conhecimentos, expansão dos grupos de interesse es:[...]. Vivemos, portanto, um momento de amplas possibilidades no campo de estudos africanos no Brasil. Cabe a nós, pessoas interessadas em aprofundar esses conhecimentos e em divulgar tais percursos, a tarefa de expandir esses estudos e vencer os obstáculos ainda teimosamente existentes (Bittencourt, 2003, p.88).

A riqueza dos relacionamentos com os países africanos deve ser melhor entendida não só em função das potencialidades relacionadas ao âmbito das relações internacionais,[44] mas também porque pode contribuir para ampliar o grau de entendimento sobre nossa história, inclusive pelas questões que emergem dos esforços de comparação. Este livro intenta tratar de um tema relevante ainda pouco abordado: o esporte.

Independentemente de iniciativas institucionais, ou mesmo as antecedendo, há que se ressaltar, como vimos, a existência de uma série de vínculos simbólicos entre o esporte brasileiro, especialmente o futebol, e os países africanos lusófonos. Já no âmbito governamental, mesmo que tímidas, há algumas tentativas de intercâmbio e colaboração. Uma das mais significativas é a realização, desde 1993, da Conferência de Ministros Responsáveis pelo Desporto dos Países de Língua Portuguesa. Na ocasião de sua primeira edição, foi lançada a "Carta dos Desportos", estabelecendo os princípios de uma colaboração mais estruturada.[45]

---

[44] Essa preocupação é clara, por exemplo, na ação das agências brasileiras de fomento à pesquisa; no CNPq, com os editais Pró-África e CPLP, e na Coorde-nadoria de Aperfeiçoamento de Pessoal de Ensino Superior (CAPES/Ministério da Educação), com os editais de colaboração internacional.
[45] Para mais informações, ver: <http://www.cplp.org/Default.aspx?ID=339>. Acessado em: 11/6/2010.

No âmbito da investigação científica que tem o esporte como tema, não identificamos grande número de iniciativas de colaboração entre os PALOPs e o nosso país. Embora venham sendo realizados há mais de vinte anos, os Congressos de Educação Física e Ciências do Esporte para Países de Língua Portuguesa, nos quais Brasil e Portugal desempenham papel de liderança, ainda não foram capazes de desencadear um movimento generalizado de intercâmbio e contribuição acadêmica. Esses encontros têm sido, na verdade, mais uma oportunidade de apresentação de um panorama do que se produz nos países do que uma instância de gestação de propostas de pesquisa em comum (o que certamente não invalida a relevância da iniciativa).

Também no âmbito de outros eventos da área de ciências humanas e sociais, como nos Congressos Luso-Afro-Brasileiro de Ciências Sociais, o tema não tem sido devidamente valorizado. Na verdade, temos de ter em conta as dificuldades gerais que se têm apresentado para a construção efetiva de uma comunidade de países de língua portuguesa (CPLP).[46]

Outro aspecto a ser considerado é que os estudos relacionados ao esporte, notadamente os de natureza sociológica, antropológica e histórica, parecem pouco estruturados nos PALOPs. Mesmo em Portugal, só recentemente a prática esportiva tem sido alvo de maiores preocupações por parte de pesquisadores ligados às ciências sociais e humanas, como demonstram Nina Tiesler e João Coelho (2006, p.315):

> Dedicado ao futebol, este número temático da *Análise Social* quebra uma tendência geral de indiferença das ciências sociais em Portugal em relação ao estudo do futebol. No caso da sociedade portuguesa, a centralidade social do futebol é por demais inegável, tornando surpreendente, não só para acadêmicos internacionais, o número muito limitado de estudos neste campo no país.

---

[46] Para mais informações sobre os dilemas e desafios da CPLP, ver Thomaz (2007), Freixo (2009) e a obra organizada por Sousa, Santos e Amorim (2010).

De acordo com os autores, poucas são as exceções:

> [...] é o caso de *A época do futebol: o jogo visto pelas ciências sociais*, volume organizado por José Neves e Nuno Domingos, Lisboa, Assírio & Alvim, 2004, que apresenta um conjunto de estudos e reflexões alargadas oriundas do campo das ciências sociais relativamente ao futebol. Igualmente dignos de menção são os trabalhos realizados na área de confluência entre as ciências sociais e as ciências do desporto, com destaque para as obras *Aspectos sociológicos do desporto*, de Salomé Marivoet, Livros Horizonte, Lisboa, e *Futebol de muitas cores e sabores*, organizada por Júlio Garganta, José Oliveira e Maurício Murad, Porto, Campo das Letras, 2004 (p.315).[47]

Para compreender o estágio das discussões relativas à presença do esporte em países africanos, com ênfase nos PALOPs, foram realizadas consultas nas seguintes bases: a) na plataforma de periódicos da Capes/MCT/Brasil, em mais de 60 revistas nacionais e internacionais, entre os anos de 1970 e 2007, específicos de esporte, África ou cultura portuguesa em geral;[48] b) no sítio da Los Angeles 84 Foundation, em mais de vinte periódicos internacionais dedicados ao esporte, onde prospectamos cerca de 400 referências;[49] c) na página do African Studies Center;[50] d) no Scielo, onde fizemos uso de palavras-chave;[51] d) na página do projeto Memória da África;[52] e) no Google (geral, acadêmico e livros), onde procedemos a uma busca exaustiva; f) em arquivos e bibliotecas nacionais de Cabo Verde e Portugal.

Tendo em vista tal revisão preliminar, podemos afirmar:

a) Esporte e estudos pós-coloniais

A despeito da grande abertura para novos temas, a prática esportiva tem sido negligenciada pelos estudos pós-coloniais.

---

[47] No que se refere à história, são dignos de nota os estudos de Vaquinhas (1992), Hasse (1999) e Costa (1999).
[48] <http://www.periodicos.capes.gov.br/>
[49] <http://search.la84foundation.org/>
[50] <www.ascleiden.nl>
[51] <www.scielo.org>
[52] <http://memoria-africa.ua.pt/Default.aspx>

A despeito da vasta literatura que acompanha e tem analisado o pós-colonialismo, há pouco que foca o espaço do esporte no pós-colonial [...]. A ausência do esporte, uma das mais globalizadas e compartilhadas formas de atividade humana, é uma lacuna [...]. Esporte e práticas corporais oferecem um potencial veículo produtivo para considerar o pós-colonialismo (Sugden; Tomlinson, 2003, p.5).

Os autores chamam a atenção para as possíveis contribuições do diálogo com o esporte, até mesmo porque as intervenções no corpo (a eleição de um padrão externo e as decorrentes estratégias de disciplinamento) foram importantes na formulação de políticas coloniais. Como chama a atenção Bhabha:

> A construção do sujeito colonial no discurso e o exercício do poder colonial através do discurso exigem uma articulação das formas da diferença – racial e sexual. Tal articulação torna-se crucial se se considerar que o corpo está sempre simultaneamente (embora conflitualmente) inscrito tanto na economia do prazer e do desejo como na economia do discurso, da dominação, do poder (2005, p. 145).

Se tivermos em conta que o esporte, estamos falando do seu formato moderno, é, a princípio, um fenômeno tipicamente europeu, especialmente britânico, podemos encará-lo como uma *performance* corporal, eivada de ambiguidades, capaz de expressar as tensões coloniais.

b) Esporte e estudos sobre a África

Além das bases citadas, foram consultados os livros de Baker e Mangan (1987), Wagner (1989, 1990), Stuart (1993), Martin (1995), Darby (2002), Armstrong e Giulianotti (2004). Foram também consultadas as edições dedicadas ao futebol de *Afrika Spectrum*, periódico editado pelo Institut fur Afrika-Kunde/German Institute of Global and Area Studies (2006), e de *Ufahamu: a Journal of African Studies*, editado pela Universidade da Califórnia (2007). Esse material demonstra que o esporte começa a ser mais considerado pelos pesquisadores que se dedicam a estudar a África.

A despeito disso, parece claro que ainda se trata de uma produção limitada sobre tema de grande importância para um continente que, desde a década de 1960, tem se destacado por seu envolvimento com a prática esportiva. Como observa Bea Vidacs (2006):

> A prática dos esportes modernos na África tem sido negligenciada, a despeito de sua grande importância para os africanos. Sugiro que isso está relacionado em parte à deficiência dos estudos sobre o esporte e em parte pela ideia de pesquisadores que o esporte é algo trivial e seu estudo não pode contribuir para a solução dos graves problemas da África (p.344).[53]

c) Esporte e estudos sobre os países africanos de língua oficial portuguesa

No que se refere a nosso interesse específico, nos livros consultados não há artigos sobre os PALOPs; mesmo nos capítulos mais abrangentes, tais países praticamente não são citados. Sobre Cabo Verde, nada foi encontrado.

Diretamente relacionadas aos PALOPs, só encontramos as seguintes referências: duas sobre Angola (Fontanelli, 2001; Cleveland, 2007), duas sobre Moçambique (Oliveira, 1998; Domingos, 2006[54]), uma entrevista com o jogador Eusébio (Armstrong, 2004), além dos artigos de Paul Darby (2006) e de Nina Clara Tiesler e João Nuno Coelho (2006). Sabemos que há produções que podem ter escapado à revisão. De qualquer forma, parece possível afirmar que há muito pouco sobre o tema.

Vale considerar a conclamação de Domingos (2006) para termos clareza da necessidade de entabularmos mais investimentos acadêmicos:

> Muitos dos princípios analíticos utilizados em estudos acerca do papel desempenhado pelo desporto em meio colonial,

---

[53] Para mais informações sobre as relações entre estudos do esporte e estudos africanos, ver Vidacs (2010) e Giulianotti (2010).
[54] Em 2009, Nuno Domingos concluiu seu doutorado, na Universidade de Londres, com a tese *Football in Colonial Lourenço Marques: bodily practices and social rituals*.

nomeadamente em trabalhos sobre as possessões francesas e britânicas, suscitam questões aplicáveis à análise do caso português. O benefício trazido pela comparação entre modelos nacionais não dispensa, porém, um escrutínio mais singular que remeta o objeto para o contexto particular das sociedades em estudo. A hipotética especificidade portuguesa deve ser estilhaçada em estudos sobre espaços de colonização concretos pela investigação das estruturas sociais locais, das dinâmicas regionais, dos padrões de desenvolvimento (p.397).

Almeida (2007) lembra, aliás, que a experiência colonial portuguesa tem algumas peculiaridades que devem ser consideradas: o hiato temporal entre o projeto colonialista do Brasil e dos PALOPs; o caráter subalterno do colonialismo português, em função do local semiperiférico da metrópole; o fato de ter sido administrada majoritariamente sob um regime ditatorial; a demora em se encerrar, se comparada com os outros países colonizadores. Segundo o autor:

> [...] estes fatores não impediram as negociações culturais entre indivíduos e grupos de origem africana e européia que, nas colônias, divisaram formas híbridas de relações sociais e identidade apesar das tentativas [...] para regular as fronteiras sociais (p.37).

O desafio para o pesquisador é, portanto:

> [...] aceitar a especificidade da sua experiência colonial, mas [...] recusar noções de excepcionalismo culturalista, libertando-se do luso-tropicalismo como interpretação do senso comum enraizada no imperialismo do século XIX (p.39).

Ainda que no Brasil já estejam mais avançadas as investigações que fazendo uso do arcabouço das ciências humanas e sociais têm o esporte como objeto, não havia estudos sobre a África. Tampouco tem sido corrente o uso do método da história comparada (Melo, 2008), que poderia contribuir para ampliar nosso olhar sobre o local, no contraste com o que ocorre em outras realidades, inclusive com as quais, de alguma forma, compartilhamos códigos e relações, como é o caso dos PALOPs.

Esperamos que esse estudo contribua para preencher uma parte dessa lacuna, lançando novos olhares tanto sobre o esporte quanto sobre a África, tanto sobre o Brasil quanto sobre os países lusófonos como um todo.

Por que Cabo Verde?

Cabem ainda alguns parágrafos para falar da escolha de Cabo Verde. No que se refere ao aspecto acadêmico, penso já ter apresentado claros indicadores da relevância de se debruçar sobre esse país, o que ficará mais notável no decorrer do livro. Mas a verdade é que só descobri isso posteriormente à decisão de investigar o arquipélago.

O projeto que deu origem a este livro teve início a partir de um encontro, em uma banca de mestrado, com o colega Marcelo Bittencourt (a quem não canso de agradecer pelas novas portas abertas). Partiu dele a convocação: temos de estudar o esporte nos países africanos de língua oficial portuguesa. Se a princípio me mostrei cético, não tardou para que me envolvesse profundamente com a ideia. E desde o início estava claro para mim: iria estudar Cabo Verde.

Por quê? Por causa de uma maravilhosa cantora chamada Cesária Évora. Tive a felicidade de assistir a um de seus primeiros espetáculos no Brasil e, desde lá, Cabo Verde não me saía da cabeça. Cheguei a pensar em ir ao país a turismo, mas as oportunidades não surgiram. Durante mais de dez anos mantive o desejo de conhecer o arquipélago e jamais me decepcionei quando lá estive, já na condição de pesquisador. Em todos os momentos deste estudo, estive embalado pela voz de Cesária, de Mayra Andrade, de Tetê Alhinho, de Sara Rodrigues, entre muitos outros incríveis músicos cabo-verdianos.

Quero terminar esta longa apresentação fazendo alguns agradecimentos: aos funcionários do Arquivo Histórico (especialmente à senhora Maria da Luz) e da Biblioteca Nacional de Cabo Verde; aos amigos da equipe do projeto, Marcelo Bittencourt, Andrea Marzano e Augusto Nascimento, a quem devo um agradecimento especial pela leitura atenta de uma parte dos originais; a Coriolano Rocha Júnior, pela amizade e auxílio na coleta de dados; a Daniel Aarão Reis, que acolheu e supervisionou esse trabalho no pós-doutorado; ao CNPq e à Faperj, pelos apoios financeiros.

Tenho ainda que pedir desculpas antecipadas ao povo, aos pesquisadores e aos intelectuais caboverdianos pelas possíveis imprecisões que há nesse estudo. Sempre achei muito arriscado um investigador se voltar para outro país que não o seu; o risco de equívocos parece-me enorme, ainda que o distanciamento traga algumas vantagens. Saibam que todo o tempo tentei ao máximo ser o mais fiel possível às minhas ideias e àquilo que estava descobrindo. O alerta de Almada (2007) jamais saiu do meu raio de visão:

> Que possamos, pois, todos incorporar e assumir o que pertence à história cabo-verdiana, no seu todo, como são os casos do nativismo, do movimento claridoso, do movimento da nova largada. Tanto mais que os mesmos resultaram da experiência histórica coletiva de todo o povo cabo-verdiano e foram protagonizados por atores de diversas proveniências insulares cabo-verdianas. Atores, cujas vidas caracterizavam-se, muitas vezes, pelas itinerância inter-insular e pelos mundos da diáspora. Todos, dignos lugares de rememoração, de comemoração e de celebração.

Mais ainda: gostaria que soubessem que por trás desse trabalho acadêmico há uma declaração de admiração pela impressionante história de um povo e de um país que para mim se constitui em uma das mais fascinantes experiências para pensar a modernidade, sempre tendo em conta o alerta de Reis e Rolland (2008):

O que impressiona, numa visão panorâmica, ao lado da força da tradição, que se mantém e resiste, e se reproduz, redefinida, é a plasticidade dos processos de modernização, como conseguem se adaptar, assimilar, trocar, incorporar, evidenciando notável capacidade de fagocitar tendências diversas, alimentando-se de sua seiva, entranhando-se nelas, transformando as pessoas, as condições e vida, a natureza e as relações sociais, transformando-se no contexto de caminhos complexos, tortuosos, gerando, em conseqüência, manifestações e feições, aspectos e características extremamente diversas (p.10).

Ensaio 1

Estudos do esporte, estudos africanos, estudos pós-coloniais: primeiros olhares*

> Estudos do esporte,
> estudos africanos,
> estudos pós-coloniais
>
> A prática do esporte pode parecer trivial, leve, sem conseqüência e não em pé de igualdade com os graves problemas que o continente enfrenta frente à pobreza e à corrupção, conflitos étnicos, guerra civil, genocídio, abuso de poder, o subdesenvolvimento. Do ponto de vista de pesquisadores comprometidos socialmente ou das agências de financiamento, o esporte pode não parecer digno de atenção, em grande parte porque ele não é visto como relevante para a resolução dos problemas do continente (Vidacs, 2006, p.336).
>
> Enquanto estudos do pós-colonialismo têm sido dominantes nos anos recentes nos estudos literários, tais teorias não têm sido aplicadas ao esporte – uma arena de práticas corporais que oferece uma riqueza de estudos de casos e abordagens nacionais e globais (Bale; Cronin, 2003, p.13).

Bill Shankly, um dos mais celebrados personagens da história do velho esporte bretão, técnico da equipe do Liverpool (Inglaterra) na década de 1960, certa vez afirmou: "Algumas pessoas acreditam que futebol é questão de vida ou morte. Fico muito decepcionado com essa atitude. Posso garantir que futebol

---
* Sugestão musical: "Storia, storia", de Mayra Andrade.

é muito, muito mais importante".[1] Mais do que uma frase de efeito, é inegável o grau de mobilização que se observa ao redor deste que é considerado o esporte mais popular do planeta. Basta perceber o que ocorre por ocasião da realização de uma Copa do Mundo. No Brasil, por exemplo, as cidades praticamente param quando entra em campo o selecionado nacional, as ruas são enfeitadas, e, caso a equipe se sagre vencedora, uma multidão sai de casa para festejar, confraternizar, celebrar a conquista de algo que aparentemente nada mudará a vida de cada envolvido. Dificilmente alguém consegue ficar totalmente alheio à euforia contagiante desses dias.

O grau de popularidade e penetrabilidade do esporte por todo o mundo é realmente impressionante. Há mais afiliados à Federação Internacional de Futebol (FIFA) e ao Comitê Olímpico Internacional (COI) do que à Organização das Nações Unidas (ONU). As duas maiores audiências televisivas do planeta são obtidas por ocasião de duas competições esportivas: a já citada Copa do Mundo de Futebol e os Jogos Olímpicos.

Desde o século XIX, principalmente a partir do momento em que se estabelece de maneira mais direta a vinculação do esporte à ideia de saúde, muitos são os produtos e iniciativas que com ele buscam se relacionar. A prática é identificada como uma "forma de viver": o mercado existente ao redor do campo não só faz uso das imagens esportivas para vender um grande número de produtos como também, nesse processo, difunde comportamentos, estimula a aquisição de hábitos.

A difusão mundial do esporte, na verdade, tem forte relação com as características históricas do momento em que se conformou: o fortalecimento de um mercado mundial, o

---

[1] Para mais informações sobre Shankly, ver: <http://pt.fifa.com/worldfootball/news/newsid=1174559.html>. Acessado em: 25/9/2010.

desenvolvimento de movimentos internacionais, a valorização da ideia de Estado-Nação, entre outras dimensões.[2]

Nos dias de hoje, numa ordem mundial em que o sentido de nação parece difuso perante o poder das empresas transnacionais, fato que causa grande impacto nos países em desenvolvimento, e em que as organizações internacionais (ONU, Unesco etc.) se encontram fragilizadas, as competições esportivas se apresentam como um dos principais fóruns para se louvar e exaltar a ideia de pátria, dimensão de grande importância para nações que se tornaram independentes recentemente, como é o caso das africanas de língua oficial portuguesa.[3] Como lembra Hobsbawm (2007), mesmo que a lógica transnacional e os interesses econômicos imperem também no reino do esporte:

> [...] os imperativos não econômicos da identidade nacional têm tido força suficiente para afirmar-se no contexto do jogo e mesmo para impor o torneio internacional de seleções, a Copa do Mundo, como o elemento principal e mais poderoso da presença econômica global do futebol (p.94).[4]

No âmbito dos eventos esportivos, ainda que marcados por situações de desigualdade, mesmo os países menos conhecidos ou menos poderosos no tabuleiro geopolítico podem tornar-se ativos, conhecidos, até surpreendentes: há sempre a possibilidade de uma vitória, ou de uma bela atuação, que será celebrada como uma grande conquista pela população local, que tem oportunidade assim de demonstrar sua lealdade à pátria, com o incentivo de dirigentes e da imprensa. As competições internacionais, assim, permitem uma *performance* pública de nação não encontrável da mesma maneira em praticamente mais nenhuma ocasião na contemporaneidade.

---

[2] Sobre o esporte como indicador de adesão a projetos de modernidade, ver estudos de Melo (2006, 2009, 2010).
[3] Para uma discussão sobre o Estado e instituições internacionais na contemporaneidade, ver Hobsbawm (2007).
[4] Não devemos desprezar outra ocorrência: a mobilização de identidades na-cionais vislumbrando ganhos e interesses econômicos.

Além ou mesmo por isso, o esporte foi e continua sendo utilizado por regimes políticos e administrações governamentais tanto como estratégia para encaminhar propostas de intervenção social quanto como propaganda de uma suposta eficácia administrativa, para alguns um reflexo dos "avanços do país".[5] Por todas essas dimensões, muitos autores já argumentaram que há uma forte relação entre a prática esportiva e a construção de discursos acerca de uma identidade nacional.[6]

Considerando esses elementos, podemos afirmar que é de grande relevância o estudo do esporte. Isso não se deve apenas a sua importância em si (o suficiente para torná-lo fenômeno que merece atenção), mas também porque, dada a sua enorme presença social, ao redor dele podemos prospectar importantes dimensões relacionadas não exclusivamente à prática. Fundamentalmente o campo esportivo se constitui numa arena de conflitos na qual podemos investigar as tensões de poder entre o internacional, o nacional e o regional, bem como internas em cada um desses âmbitos.

Em muitos países africanos, o esporte parece ter desempenhado um papel significativo na constituição da ideia de nação, inclusive no que se refere ao estabelecimento de interfaces com o cenário internacional. Como bem capta Giulianotti (1999):

---

[5] Para uma discussão sobre as relações entre esporte e governos no continente africano, ver Giulianotti (2010).

[6] No Brasil, como vimos na apresentação, essas temáticas têm sido constante-mente discutidas, destacadamente desde as considerações de Gilberto Freyre acerca de uma possível originalidade brasileira na forma de jogar futebol. Nas décadas de 1970 e 1980, no âmbito das universidades, a temática se tornou mais estudada: percebe-se o início de uma realização mais frequente de investigações sociológicas e antropológicas ligadas ao esporte, entre as quais se destacam as contribuições de José Sérgio Leite Lopes, Simoni Lahud Guedes e Roberto DaMatta. Desde a década de 1990 até os dias atuais, identifica-se a proliferação de estudos em várias outras áreas de conhecimento (história, educação física, economia, comunicação social, entre outras) e o aperfeiçoamento das iniciativas de pesquisa. Para mais informações, ver: Soares (2003), Giulianotti (2005), Gastaldo e Guedes (2006) e Guedes (2009).

> [...] a longo prazo, a função mais importante do futebol e outros esportes na África deve estar relacionada ao seu potencial como meio de comunicação entre culturas. Especificamente, a atenção global que é dada às estrelas esportivas, a constante cobertura mediática dos atletas de elite, fornece uma ponte de mediação entre o mundo em desenvolvimento e os países desenvolvidos.

Há outro aspecto relevante. Como lembra Baker (1987), em função da condição colonial, havia no continente africano, em geral, menos elementos para a construção de um sentido de nacionalidade, situação que se acirrava com a frequente existência de várias etnias no cenário de cada país: "[...] a existência da seleção nacional de futebol estabeleceu, em alguns casos pela primeira vez, uma identidade nacional independente das identidades locais, tribais ou religiosas" (Hobsbawm, 2007, p.95).

Nesse aspecto em particular, temos de fazer uma ressalva. Para alguns autores, não necessariamente identidade étnica e identidade nacional se rivalizam. Vale ter em conta o alerta de Vidacs (2010):

> Baseada em minhas pesquisas sobre Camarões, acredito que sentimentos nacionais e étnicos possam coexistir e que se relacionem de forma dialética. No entanto, há muito trabalho a ser feito, em diferentes países da África, para mapear variações no tema de formação de identidade através do esporte (p.38).

O caso de Cabo Verde, nesse sentido, merece uma atenção especial. Não tendo povo autóctone, parece ser possível afirmar que o problema étnico não foi o determinante na constituição da ideia de nação. De toda maneira, o esporte, como um indicador de adesão a projetos de modernidade, terá encontrado nas ilhas terreno fértil para se implantar e desenvolver, ainda que o sentido majoritário da construção identitária não tenha apontado o intuito de corte dos laços com Portugal.[7]

---

[7] Discutiremos melhor esse tema no ensaio 2.

Uma das importantes estratégias utilizadas nos processos de construção e consolidação de sentidos de nacionalidade é o forjar de heróis, uma representação de um ideal inspirador. Se em muitos países do continente africano esses inicialmente foram os envolvidos com os movimentos de independência, a eles logo se seguiram os atletas:

> A partir dos anos 1970, atletas africanos tornaram-se símbolos de identidade nacional [...]. Eles eram altamente visíveis, e com a vantagem adicional de que sua fama apolítica não poderia ser contestada. Ainda mais que os heróis políticos, os atletas representavam um tipo de sucesso que estava ostensivamente apresentado como de alcance a um grande número de jovens africanos (Baker, 1987, p.273).[8]

O esporte providenciava, assim, às jovens nações tanto elementos discursivos exógenos (reconhecimento internacional por um meio não "oficial", mas altamente visível) quanto endógenos:

> Em meio a todas as mudanças constitucionais, golpes militares e guerras civis, jovens nações africanas adaptam velhos estilos europeus de governo para atender suas próprias necessidades. Para fins de saúde e disciplina, eles também promoveram jogos atléticos ocidentais e programas de educação física em suas escolas. Eles elegeram o esporte para ser um denominador comum de valor incalculável para reunir várias tribos com diferentes costumes e línguas em uma única nação (Baker, 1987, p.277).

É possível afirmar que a investigação sobre a presença da prática esportiva no continente africano contribui para lançar um olhar sobre a história desses jovens países. A articulação entre os estudos do esporte e os estudos africanos oferece alvissareiras perspectivas de pesquisa.

---

[8] Para mais informações sobre o esporte como ferramenta para a construção de identidades nacionais no continente africano, ver Giulianotti (2010).

Tendo em conta nosso objeto de investigação, qual seria a contribuição dos estudos pós-coloniais? Young (2001) considera que o debate sobre o pós-colonialismo seria mais simples se este fosse definido somente como um período que se segue ao colonialismo. Dada a complexidade da discussão, o autor elenca os diversos usos do termo (p.57):

> [...] conceito que marca os grandes fatos históricos da descolonização e a busca determinada por soberania, mas também as realidades dos povos e nações emergentes em um novo contexto imperialista de dominação econômica e política;
> [...] especifica uma situação histórica transformada, a formação cultural que surgiu em resposta a uma mudança das circunstâncias políticas da antiga formação colonial;
> [...] pode ainda registrar a pressão resistente do mundo pós-colonial, demonstrando que não há "condição pós-colonial" fora dos casos específicos de tensões de forças estruturais com a experiência pessoal e local;
> [...] mais radicalmente, [...] denomina uma posição política e teórica que encarna conceitos ativos de intervenção dentro de circunstâncias opressivas.

Sanches (2005), sem discordar de Young, enfatiza as provocações do pós-colonialismo para a produção de conhecimento:

> A abordagem pós-colonial questiona as certezas epistemológicas disciplinares, a linearidade de um tempo histórico centrado no Ocidente, ao mesmo tempo que se apropria criativamente da sua teoria a fim de recuperar outras subjetividades e narrativas silenciadas pelo eurocentrismo, assinalando o papel central da violência colonial na constituição das totalidades que o pós-modernismo viria a questionar e a pós-colonialidade a interpretar de um modo alternativo (p.8).

Assim, o pós-colonialismo poderia ser entendido como uma:

> [...] tentativa de questionar as fronteiras entre saberes, ao mesmo tempo que sugere a produtividade do recurso a

ferramentas alheias propiciadoras de um novo modo de olhar os seus objetos clássicos. Mas esta deslocação só pode ser entendida adequadamente se se considerar tanto os diálogos transna-cionais/globais como os contextos locais em que se desenvolveram (Sanches, 2005, p.9).

A questão central colocada pelos estudos pós-coloniais é que não se pode somente analisar o discurso do colonialismo; é de fundamental importância compreender o processo cultural desencadeado ao seu redor. Deve-se perceber que as práticas coloniais foram distintas de acordo com a localidade, o contexto histórico, o colonizador; o que também corresponde a reações distintas do colonizado, que por vezes se apropriou de certos modelos para os contrariar. Tais experiências não foram lineares e homogêneas, ainda que existam pontos em comum. Há que se debruçar sobre elas para compreender as peculiaridades de cada caso. Cabo Verde é o nosso caso.

Parece interessante considerar as sugestões de Bale e Cronin (2003) no que se refere às possíveis contribuições do pós-colonialismo para as investigações sobre a prática esportiva. Tendo em conta a necessidade de enfatizar a tensão das relações entre o colonizador e o colonizado, de providenciar leituras alternativas sobre as compreensões coloniais convencionais, de reinterpretar afirmações coloniais, de demonstrar as contradições e ambiguidades dos discursos coloniais e de identificar resistências à colonização durante e após o período colonial, os autores sugerem que uma agenda para os estudos do esporte, desde uma perspectiva pós-colonial, deve incluir:

> [...] o desvelamento da cumplicidade do esporte no processo de dominação colonial; a consideração das possibilidades e potencialidades do esporte como uma forma de resistência; o exame da natureza da representação do esporte no discurso colonial, incluindo uma interrogação das práticas dos autores, fotografias, gráficos e outras coisas envolvidas na representação colonial; a ligação do esporte com as teorias metropolitanas e seus sistemas totalizantes de generalizações; a valorização dos

espaços ocupados e investidos com seus significados próprios pelas práticas corporais nos períodos colonial e pós-colonial (p.12).

Autores que se dedicam a estudar o esporte no continente africano já operam algumas dessas possibilidades, inclusive chamando a atenção para o fato de que o campo esportivo segue sendo uma arena de tensões no cenário pós-independência, marcado pela globalização. Algumas ocorrências têm sido mesmo interpretadas como manifestações de neocolonialismo.

Darby (2002), por exemplo, critica o grau de representatividade concedido às nações da África nas entidades esportivas internacionais, sobretudo na Fedération Internacionale de Football Association - FIFA. Para ele:

> Análises empíricas podem demonstrar que o núcleo de membros europeus da FIFA tem tentado monopolizar o poder e recursos no mundo do jogo, procurando minimizar a presença ativa do TERCEIRO MUNDO, restringindo a sua influência no centro das estruturas de tomada de decisão política do futebol mundial (p.41).

De outro lado, o mesmo autor demonstra que a FIFA é uma das organizações internacionais na qual os países africanos têm maior poder de atuação, sendo mesmo importantes na sua política interna. Isso se dá por alguns motivos: a) na entidade não há diferenças de *status* nas votações; cada associado tem igualmente um voto; b) os próprios interesses comerciais apontam o mercado africano como de potencial interesse; c) esse espaço de poder se constituiu em função de uma aliança: o brasileiro João Havelange foi eleito para a presidência em 1974, a primeira vez que um não europeu chegava ao cargo, para tal contando com os votos dos na época chamados países do TERCEIRO MUNDO, especialmente dos africanos, que se tornaram parceiros fiéis do sul-americano, que por sua vez promoveu investimentos significativos para o desenvolvimento do futebol nesses países, usando para tal dinheiro da Coca Cola e da Adidas e estrategicamente jogando com as polarizações entre nações capitalistas e socialistas,[9] o que enfraquecia as ações dos associados europeus à busca de manutenção do seu poder (Darby, 2002; Sugden; Tomlinson, 2003).

Uma das razões do sucesso da relação entre Havelange e os associados da África foi a sua contundente posição contra o *apartheid*. A FIFA, antes do Comitê Olímpico Internacional - COI, se colocou como aliada nessa luta. De fato, o cenário esportivo foi um dos principais fóruns de combate ao regime sul-africano. Assim, devemos ter em conta as palavras de Sugden e Tomlinson (2003): "O futebol pode ser encarado tanto como um símbolo de imperialismo econômico e cultural quanto como um fórum de resistência do Terceiro Mundo à dominação e hegemonia do primeiro mundo" (p.195).

De qualquer maneira, há um importante debate sobre o significado da adoção (ou imposição, dependendo do ponto de vista) da prática esportiva no continente africano: estratégia de controle ou alternativa de resistência? Eric Wagner (1989, 1990) se pergunta se a difusão do esporte na África não poderia ser explicada pela ideia de americanização (no sentido de imposição de modelos exógenos). O autor investe, contudo, no argumento contrário: pode-se observar um processo de africanização da prática. Em suas palavras:

> Eu acho que nós pensamos demasiadamente em dependência cultural no esporte quando na verdade é o próprio povo que geralmente determina o que quer e não quer, e é o povo que modifica e adapta as importações culturais, o esporte, para atender suas próprias necessidades e valores (1990, p.402).

Também Armstrong e Giulianotti (2004) afirmam que a introdução da prática esportiva na África, especialmente do

---

[9] Nos anos 1970, no contexto de busca de alinhamentos típicos do período de Guerra Fria, um dos investimentos prioritários da extinta União Soviética nos países africanos se deu no âmbito do esporte (Hazan, 1987).

futebol (mais acessível do que outras modalidades, inclusive por motivos materiais), foi tanto um elemento de colonização cultural quanto de ressignificação local.

Para Darby (2002), seria difícil negar que, no continente africano, o desenvolvimento do futebol (e do esporte em geral) esteve enquadrado pelos modelos coloniais; foi uma das estratégias utilizadas pelos europeus para impor sua hegemonia. Ainda assim, conclama o autor, devemos considerar que não só não houve sucesso total nessa intenção, como mesmo houve efeitos contrários:

> É interessante considerar as capacidades das populações locais para absorver, modificar e adaptar as importações culturais, como o esporte, para atender suas próprias necessidades e valores [...]. Além disso, da mesma forma os esportes também serviram como fórum de resistência contra a exploração econômica e cultural externa [...]. Isto foi conseguido utilizando o jogo como um mecanismo de expressão política radical e resistência às pressões hegemônicas da Europa, em primeira instância, e posteriormente por aproveitá-lo como uma força mobilizadora na construção e promoção do sentimento de nação, tanto nos limites internos quanto na cena internacional (Darby, 2002, p.44).

Aliás, como vimos na apresentação,[10] em algumas colônias de Portugal, as agremiações esportivas também foram usadas como alternativa de organização política, tanto nos momentos que antecederam as independências quanto no decorrer dos primeiros anos de soberania.[11]

Parece ser mais produtivo considerar não que o esporte substituiu e/ou destruiu as manifestações típicas de cada país, mas sim que ocupou espaço paralelo e/ou foi ressignificado desde o diálogo com as peculiaridades locais, sem negar, todavia, que também em certa medida alcançou-se parte da intencionalidade

---

[10] Esse tema será retomado no ensaio 4.
[11] Na nova conformação do continente africano, no cenário do pós-Segunda Guerra Mundial, alguns países mantiveram diferentes graus de relacionamento com o bloco socialista, notadamente com a URSS. Para mais informações sobre tais relações no âmbito esportivo, ver estudo de Hazan (1987).

estabelecida pela matriz europeia. Estou de acordo com Darby que parece mais interessante: "explicar o impacto da difusão do futebol (esporte) na África em termos de um processo de mão dupla, ainda que desequilibrado, de troca cultural, interpenetração e interpretação do que constitui a hegemonia cultural" (2002, p.45).

Parece prudente evitar análises lineares. Alan Tomlinson, analisando o cenário britânico, observa:

> Formas de esporte e lazer cresceram em padrões específicos das condições sociais. As formas de dominação potencialmente estabeleceram formas de resistência, mas não há nenhuma característica inerente ao esporte que o faça um objeto utópico ou subversivo no que se refere às estruturas de dominação (1988, p. 59).[12]

Trata-se de um alerta que precisamos ter em conta. Impõe-se a necessidade de uma análise matizada, que não encare as ações ao redor do esporte somente a partir da perspectiva do controle, mas que também não caia no extremo de considerar qualquer gesto como indício de resistência:

> Vale a pena especular sobre o alcance da afirmação de que uma linguagem corporal distinta reflete resistência. A afirmação de que o corpo esportivizado pode se afastar de um padrão especializado é questionável (Bale; Cronin, 2003, p.5).

A posição de Vidacs (2010) merece atenção pela ponderação. De um lado, a autora faz coro com os pesquisadores que encaram o esporte, especialmente o futebol, como uma notável história de sucesso do colonialismo. De outro lado, é peremptória: "No entanto, seria em minha opinião um insulto à grande parte dos africanos retirar sua 'propriedade' sobre o jogo" (p.39). Ainda que assim pense, Vidacs evita otimismos exacerbados, sugerindo,

---

[12] Há uma dimensão que merece ser considerada: a reivindicação de maior tempo de lazer foi, em si, estratégia de contraposição a uma lógica de trabalho extenuado. Melo (2010), a partir de um diálogo com Thompson, trabalha a ideia de que conflitos de grande relevância no processo de construção do capitalismo tiveram o âmbito do lazer como lócus privilegiado.

inclusive, que as releituras podem ser mais encontradas no passado que nos dias de hoje, em função do quadro contextual internacional, marcado pela força dos meios de comunicação e dos interesses econômicos transnacionais.

Devemos, portanto, não perder de vista a nova ordem mundial, sempre com o cuidado de não ver a África como pobre continente destruído pela ação internacional (o que significaria tanto negar os problemas internos de cada país quanto a capacidade que as nações têm de enfrentar as injunções do quadro macro), mas sem abandonar a compreensão de que a conjuntura maior, o cenário neoliberal e de globalização, tem sido cruel com o continente. Além do mais, devemos tomar cuidado para não politizar excessivamente uma instância que para muitos era mesmo somente uma alternativa de diversão.

Sem dúvida é necessário um olhar mais detido para cada país, cada experiência, à busca de desvendar de forma mais complexa o quanto a prática do esporte significou possibilidade de contraposição (notadamente por ser alternativa de agrupamento), o quanto se adequou e/ou foi ressignificada pelas características culturais locais (especialmente por ser motivo de festa); o quanto foi mesmo sinal de sucesso de iniciativas de controle: um processo sempre tenso e indissociável. A longa citação de Hobsbawm explicita parte dessa visão:

> É lógico que devemos distinguir entre os efeitos culturais diretos da dominação imperial direta e os efeitos da hegemonia econômica, assim como entre ambos e os desenvolvimentos pós-imperiais independentes. A disseminação do beisebol e do críquete foi realmente um fenômeno imperial, pois esses jogos só se implantaram nos lugares onde estiveram baseados soldados britânicos ou americanos. Mas isso não explica o triunfo de esportes verdadeiramente globais, como o futebol, o tênis ou, para os executivos, o golfe. Todos eles foram inovações britânicas do século XIX [... mas] o certo é que eles superaram em muito suas raízes históricas. Seria absurdo ver a Copa do Mundo de futebol

como um exemplo do "poder de persuasão da Grã-Bretanha" (2007, p.62).[13]

Vejamos como podemos lançar um primeiro olhar para o caso caboverdiano a partir dessas dimensões teóricas.

Primeiros olhares sobre o caso caboverdiano

Mané é dono de um botequim na cidade de Mindelo (Ilha de São Vicente/Cabo Verde). Na juventude foi bom jogador de futebol, de uma das mais tradicionais equipes do arquipélago, o Mindelense. Foi um grande goleiro, pelo menos isso dizem os poucos amigos que ainda se lembram do seu passado glorioso, entre os quais Toy, seu empregado, admirador e, como ele, ardoroso "benfiquista".[14]

Nos dias de jogo, o estabelecimento de Mané recebe fanáticos torcedores do Benfica. O futebol é parte importante do cotidiano local, discutido e praticado nas ruas, praias, campos de terra. Com avidez são acompanhadas as notícias que chegam pelo rádio e pelos jornais, para poucos pela televisão.

No momento em que estava no auge de sua história, o Benfica fizera a Mané um convite para atuar em Lisboa, a oportunidade de realizar o sonho de tantos em Cabo Verde. A vida, contudo, lhe pregou algumas peças. Motivos diversos, entre os quais a namorada grávida (sua atual esposa, Lucy), o impediram de concretizar o seu desejo, ao contrário do amigo Américo que, também convidado pela equipe lisboeta, foi em busca da felicidade em terras europeias.

Nunca mais se soube de Américo, mas certamente, muitos imaginam, estará bem de vida, ao contrário de Mané, que enfrenta

---

[13] Para uma discussão sobre a sistematização do futebol no âmbito das *public schools* inglesas e sua posterior apreensão pela classe operária, no processo de constituição de uma cultura própria, ver Melo (2010).
[14] Torcedor do Sport Lisboa e Benfica, mais conhecido como Benfica, um dos mais populares clubes de Portugal.

as dificuldades cotidianas do país. O ex-goleiro sempre defende o velho amigo daqueles que desconfiam de sua trajetória, como Djack, frequentador costumeiro do botequim, crítico das representações construídas pelo personagem central. Luiz, outro *habitué*, ao contrário, é a imagem do equilíbrio, o exemplo de quem saiu do arquipélago, estudou em Lisboa, prosperou e pode informar ao protagonista algo sobre essa experiência que não viveu.

Mané vive insatisfeito, uma história marcada por enorme saudade do que não chegou a viver. Só lhe entusiasma o campeonato português de futebol, que acompanha com fervor quase religioso, e a esperança de que Kalu, jovem que é por ele treinado em uma equipe local, possa se destacar no exterior. São constantes os conflitos familiares. Lucy lhe acusa: "Gastas tudo com a mania do futebol". Mané retruca: "Não fui para o Benfica por tua causa. E tu queres estragar tudo outra vez!". Uma decisão, todavia, vai mudar a amargurada trajetória do herói. De novo Lisboa será o porto onde seus sonhos vão atracar. Por lá ele vai se confrontar com seu passado.

Essa é, em linhas gerais, a trama de *Fintar o destino* (1998), filme dirigido, produzido e roteirizado por Fernando Vendrell.[15] De um lado, a trama tem similaridades com outras películas e aborda um tema universal: um personagem central que, por não ter resolvido questões do passado, não consegue viver bem o seu presente. Será necessário o herói fazer uma viagem por sua história para conseguir a redenção.

O filme toca também em uma questão que cerca a vida de muitos indivíduos espalhados pelo planeta: o espaço especial que ocupa o futebol como sede de sonhos, possibilidade de afirmação, alternativa de ascensão social. O próprio título é uma feliz referência ao que espera um sem-número de crianças e jovens

---

[15] Para informações sobre a ficha técnica, ver: <http://www.david-golias.com/> e <http://www.imdb.com/title/tt0119122/>. Acessados em: 8/8/2010.

em situação de risco ao se envolverem com o esporte, ainda que saibamos que poucos realmente logram conseguir tal feito: fintar o destino.

De outro lado, há na película questões bem locais. A trajetória decadente do personagem central tem semelhanças com a própria história de Mindelo, a capital de São Vicente: ambos outrora experimentaram momentos gloriosos e pujantes, mas nos dias de hoje não passam de um espectro do que foram, pelo menos nas representações mais comuns ao seu redor construídas. Como se libertar dessa sensação e perspectivar outro futuro?

De fato, mesmo que não diretamente, o filme também toca em temas locais de natureza política e econômica. Até que ponto a independência resolveu ou atenuou os problemas dos caboverdianos? Cabo Verde é realmente independente ou ainda mantém grande dependência com a antiga metrópole e/ou com um mundo globalizado, cujas lendas de sucesso chegam pelas ondas de televisão e rádio, pela internet, pelas páginas dos jornais?

Fintar o destino ao mesmo tempo em que é fortemente ancorado no local, ecoa questões globais, ligadas tanto às epopeias humanas quanto às tensões de um mundo globalizado. A cena de abertura já explicita a condição "glocal" do objeto central: o futebol.[16] Um menino marca com cal as linhas de um campo no belo e árido solo vulcânico de Mindelo. As dimensões e o formato são os adotados internacionalmente, mas a falta de grama e a simplicidade em nada lembram os mais belos estádios do mundo.

A partir do diálogo com *Fintar o destino*, tendo Cabo Verde como foco central de investigação, podemos discutir duas ocorrências contemporâneas do âmbito esportivo: a) a relação de ex-colônias com os antigos colonizadores; no caso caboverdiano isso ganha um caráter peculiar, já que, durante décadas, a construção identitária majoritária não se deu a partir da ideia de ruptura com

---

[16] Para uma discussão sobre o caráter "glocal" do esporte, ver Giulianotti (2005).

Portugal, mas sim em sintonia com a na época metrópole, e só interrompida parcialmente no período pós-independência (1975);[17] b) a migração de atletas de países economicamente menos desenvolvidos para determinados centros, especialmente do mercado europeu; no caso do arquipélago, essa questão toca ainda em outra dimensão muito relevante na sua história, a diáspora.

O filme não foi a única fonte utilizada, nem, obviamente, pode ser encarado como a "verdade" sobre o que ocorre no arquipélago. Trata-se de uma obra de ficção, um olhar sobre a realidade caboverdiana, lançado inclusive por alguém de fora do país, um cineasta português. De qualquer forma, as películas, mesmo os documentários, devem ser sempre encaradas como uma representação.[18]

Na verdade, *Fintar o destino* foi utilizado como um guia, um elemento provocador para que discutíssemos os temas elencados (que da película emergiram), dialogando com outras investigações, outras fontes, outros olhares. Foi nosso mapa, o responsável por apresentar um norte para descortinarmos algumas peculiaridades da contemporaneidade do arquipélago, inserido no cenário mundial, tendo o esporte como elemento central de debate, especialmente o futebol, a mais globalizada das modalidades.

---

[17] Para mais informações sobre as construções identitárias caboverdianas, ver Fernandes (2006).
[18] Para mais informações, ver Melo (2006).

Neocolonialismo?
A vinculação ao futebol português

Segundo Darby (2006), nas antigas colônias portuguesas na África pode-se perceber um relacionamento mais forte dos torcedores com os clubes de Portugal do que com os de cada país. Borges (2010) confirma esse fato em Cabo Verde, lembrando ainda outra curiosa ocorrência: agremiações locais que se apresentam como filiais de clubes da ex-metrópole (algo observável em todos os PALOPs). Na verdade, Giulianotti e Robertson (2009) demonstram que o acompanhamento de campeonatos e times do continente europeu pode ser observado em muitos outros países africanos. Isso seria o desdobramento de uma estratégia comercial articulada entre equipes europeias e empresas transnacionais de comunicação.

Podemos ver em *Fintar o destino* uma representação dessa ligação com Portugal. Vendrell, aliás, informa que teve a ideia de fazer o filme quando, estando em Cabo Verde, acompanhou a final do Campeonato Português de Futebol. O grau de mobilização da população chamou sua atenção. Posteriormente outros dados o motivaram ainda mais, como o fato de ser *A Bola*, um jornal esportivo de Lisboa,[19] o mais vendido no arquipélago.[20] Além disso, descobrira que há muitas histórias de moradores que tiveram como projeto ou sonho de vida jogar na Europa.

No filme salta aos olhos não só a enorme paixão dos cabo-verdianos pelo futebol português, como também a desvalorização do personagem central pelo fato de não ter ido jogar em

---

[19] *A Bola*, publicado há 65 anos, é um dos principais diários esportivos do mundo. Segundo sua redação, é o segundo mais acessado jornal *on line* de língua portuguesa do mundo (somente atrás de *O Globo*, do Rio de Janeiro); é o sétimo mais acessado entre os diários esportivos mundiais.

[20] Não surpreende que uma das cenas iniciais do filme faça referência a esse fato. Toy, trajado com uma "camisola" do Benfica, enfrenta tumulto em banca de jornal para conseguir um exemplar de *A Bola*, para com Mané ler as notícias do esporte português.

Lisboa. A trama, aliás, só se resolve quando Mané vai a Portugal, para ver a final do campeonato e supostamente fazer contatos para Kalu jogar no Benfica. É nesse momento que toma consciência das ilusões que cercam esse sonho europeu.

No aeroporto de Lisboa, sente-se só enquanto seu filho Alberto, que por lá vive há doze anos, não vem buscá-lo. Vários caboverdianos recolhem encomendas que trouxera do arquipélago. O primo de Toy pega com ele uma garrafa de grogue, a bebida típica do país, e sacramenta: "o meu primo quer embebedar-me de saudades". Dá-se conta de que é, mesmo que parcialmente, um migrante, que não fora no passado, ainda que assim desejasse.

Na casa de Alberto, sente-se desconfortável e sequer pode contar com a companhia do velho esporte: o filho não gosta de futebol, traumatizado por ter sido por ele abandonado pelo pai. Mané toma contato com a dura realidade da cidade grande. Tem dificuldades de se localizar. Não consegue comprar bilhetes para a final do campeonato. No Estádio da Luz (chamado de "A Catedral"), sede do Benfica, tenta falar com o treinador e com o presidente do clube, usando sua história como argumento; o máximo que consegue é ir até o gramado. No "templo sagrado" ainda imagina o seu suposto passado glorioso.

O pior está por vir. Depois de várias tentativas, reencontra Américo, numa casa caindo aos pedaços, numa região pobre das redondezas de Lisboa. Mané percebe a desreferencialização do velho amigo:

– Estás longe da terra. (Américo)
– Como tu! (Mané)
– Eu já não tenho terra! (Américo)

Américo fracassou, ao contrário do que imaginara; tudo não passou de uma ilusão:

– Não imaginas o que foi minha vida. Aquela mesma mãozinha que me recebeu, quando envelheci, abriu-me a porta da rua. (Américo)
– Mas, e o Benfica? (Mané)
– Benfica, não deu em nada. Um gajo embirrou comigo e nunca mais me deixou jogar. Joguei em clubinhos, nunca ganhei nada. (Américo)

Relembram o passado, e a frase de Américo encerra definitivamente o sonho: "Graças a Deus tu estás bem de vida". Ao fim, ainda pede uns trocados a Mané, que, desolado, volta à casa do filho, onde ainda enfrentará um duro diálogo familiar e saberá que a festa de aniversário do neto será realizada no mesmo dia do jogo final. Ao fim, sequer consegue entrar no estádio, pois fora enganado por um cambista, tendo que se conformar em assistir à partida na rua, em meio aos excluídos, em frente a uma televisão exposta em vitrine de loja.

Ainda assim, Mané volta a Cabo Verde como herói, afinal teria assistido, *in loco,* o jogo decisivo, experiência lembrada pelos amigos que acompanharam a mesma partida pelo rádio do botequim, liderados pelos orgulhosos Toy e Lucy. Mané nunca contará a verdade, sabe que será valorizado por ter ido ao estádio. O exterior continuará sendo a grande referência de realização, mesmo que não passe de uma idealização.

Poder-se-ia ver essa grande valorização do futebol português como o estabelecimento de vínculos neocoloniais? No *blog* "Café Margoso", de João Branco, vemos um interessante debate ligado a essa questão.[21] O autor lembra que quando chegou a Cabo Verde, em outubro de 1992, em uma tarde de sábado, as ruas de Mindelo estavam vazias: grande parte da população acompanhava, pela televisão ou pelo rádio, o jogo final entre duas equipes rivais de Lisboa.

---

[21] Disponível em: <http://cafemargoso.blogspot.com/2010/05/declaracao-cafeana_11.html>. Acessado em 15/7/2010.

Recorda também que, quando a seleção caboverdiana foi campeã da Taça Amílcar Cabral (2000), "uma grande festa tomou conta da cidade de Mindelo". Contudo, relembra, já que no mesmo dia o Sporting tinha se sagrado campeão nacional de Portugal (quebrando um longo jejum de títulos):

> O povo saiu à rua. Quem visse concluiria que a seleção cabo-verdiana equipava de verde e tinha o leão como o símbolo maior, porque era essa a cor e a figura dominante na grande festa popular [...]. A festa foi muito mais verde que azul. A verdade é que houve mais rugidos de leão do que mordidas de tubarão (os selecionados crioulos têm a alcunha de tubarões azuis).

Esse *post* de Branco foi motivado pelo artigo de Odair Rodrigues, "Benfica ou Seleção Nacional?", publicado em 3 de maio de 2010, no sítio "Nhaterra".[22] Esse autor comenta as intensas festas populares que houve nas ruas de várias ilhas do arquipélago, motivadas pela conquista de um campeonato pelo Benfica, que conta com muitos adeptos em Cabo Verde. Para Rodrigues, é curioso que os jovens demonstrem tanto entusiasmo pela equipe lisboeta e tão pouco envolvimento com as agremiações locais:

> É uma triste aculturação dos jovens cabo-verdianos. Temos um fanatismo doentio por equipes de um país que nos dominou durante séculos e que depois votou-nos ao esquecimento nos seus manuais de História. Grande parte dos jovens estudantes portugueses desconhece a localização de Cabo Verde num mapa-múndi. Depois de termos sido colonizados por Portugal, hoje muitos portugueses sabem da nossa existência porque há cabo-verdianos nas terras lusas. Enquanto isso, somos mais benfiquistas do que um lisboeta.

Uma cena do filme é representativa nesse sentido. Um português toma água no botequim de Mané; esse chega e lhe oferece um grogue, que "queima o peito" do cliente. Djack lhe

---

[22] Disponível em: <http://www.nhaterra.com.cv/index.php?option=com_content&task=view&id=1722&Itemid=527>. Acessado em 15/7/2010.

pergunta algo "sério": para que time torce. Quando o estranho informa que é adepto do Sporting, é geral o ar de reprovação. "Vocês levam isso de futebol muito a sério", diz o estrangeiro. Mané discursa sobre seus compromissos com o Benfica. Em nenhum momento se fala de uma equipe local ou da seleção nacional. Os caboverdianos da cena fazem questão de parecerem mais adeptos do que o português.

Para Rodrigues, o problema maior não é torcer por equipes estrangeiras, mas sim desprezar as caboverdianas. Isso teria relação com a atuação dos meios de comunicação locais, que valorizam demasiadamente o esporte português, chegando a chamar de "seleção nacional" a equipe representativa da ex-metrópole. O fato é que a mídia parece mesmo ter sido, na história do arquipélago, um elemento importante no estabelecimento de uma forte relação dos caboverdianos com os clubes de Portugal. Lembra Oliveira (1998) que no processo de popularização do rádio, observável nas décadas de 1960 e 1970:

> A emissora de fora que era a mais sintonizada era a Emissora Nacional de Portugal, não por sentimentos patrióticos, mas para seguir o campeonato de futebol português! (aliás, a nível popular o jornal português mais difundido em Cabo Verde era o desportivo *A Bola* de Lisboa). Posta em contato com a metrópole por meio da rádio, a população cabo-verdiana dividiu-se não em apoios a partidos políticos, que isso era impossível, mas em apoio a diferentes clubes de futebol de Portugal. O povo dividiu-se em benfiquistas, sportinguistas, portistas etc. e isso continua até hoje (p.671).

João Branco não coaduna com parte das observações de Rodrigues. Para ele, "há que se olhar isto como um fenômeno sociológico abrangente sem complexos de qualquer espécie". De acordo com seu olhar, as equipes de Portugal não são apenas clubes; elas "fazem parte de uma herança cultural, tal como a língua portuguesa".[23]

---

[23] Disponível em: <http://cafemargoso.blogspot.com/2010/05/declaracao-cafeana_11.html>. Acessado em 15/7/2010.

As posições que se seguem ao *post* são distintas. Alguns concordam com Rodrigues. O leitor que assina como "Pss" concorda com a ideia de que a falta de perspectivas para o esporte em Cabo Verde tem relação com a negligência dos meios de comunicação: "ao mesmo que enaltecem feitos de atletas de outros países ignoram por completo os feitos de nossos desportistas". Para ele, a própria ideia de PALOPs (Países Africanos de Língua Oficial Portuguesa) é uma forma prejudicial de enquadramento: "Africanos sim!!! SEMPRE. PALOPS soa mais a Repúblicas de Bananas, órfãos (coitaditos) da colonização que precisam que o Grande Benfica lhes dê uma alegria".[24]

Outros, todavia, se alinham com as posições de Branco. O leitor que assina como "argumentonio" crê que a vitória do Benfica é um "fenômeno nacional, da diáspora e da lusofonia". Para ele, tenta-se complicar e confundir as coisas; em última instância, trata-se de uma festa popular. "Anônimo" caminha em sentido aproximado, afirmando: "Há coisas bem mais superiores que o colonizado ou o colonizador".[25] Particularmente, não creio mesmo que seja possível afirmar linearmente que a forte relação com o futebol português possa ser considerada como manifestação de neocolonialismo.

No futebol, parece haver um duplo esquema de vinculação: a seleção nacional mobiliza a população (ainda que menos do que esperam alguns) e cria laços identitários; as agremiações locais não tanto. Sem negar outros aspectos, como a influência dos meios de comunicação e a força do poderio econômico constituído ao redor do esporte, talvez a explicação seja mesmo mais simples: quando o selecionado entra em campo, joga a nação; fora disso (ou para, além disso), o público prefere mesmo o espetáculo

---

[24] Disponível em: <http://cafemargoso.blogspot.com/2010/05/declaracao-cafeana_11.html>. Acessado em: 15/7/2010.
[25] Disponível em: <http://cafemargoso.blogspot.com/2010/05/declaracao-cafeana_11.html>. Acessado em: 15/7/2010.

de melhor qualidade. Nesse sentido, é mais emocionante a competição de Portugal, como também a do Brasil, da Espanha, da Itália e de outros países.

Por que então acompanhar preferencialmente os jogos da antiga metrópole e não de outros países? Por força do costume: há muitos anos acompanha-se esse campeonato e todo bom torcedor sabe que um dos principais meios de propagação da afiliação a um clube, mesmo que não devamos dispensar a força da mídia, ainda é familiar, dos pais para os filhos.[26]

Neocolonialismo? A migração de atletas

Outro curioso estabelecimento de vínculo com Portugal é por meio do elogio de atletas que, tendo algum grau de relação com Cabo Verde, competem pelas equipes representativas da ex-metrópole. Por exemplo, sempre se tecem loas ao futebolista Nani e, especialmente, a Nelson Évora, medalha de ouro no salto triplo nos Jogos Olímpicos de Pequim (2008). Mesmo que o triplista tenha nascido na Costa do Marfim, como seus pais são originários e como ele mesmo viveu no arquipélago, os jornais locais constantemente a ele se referem como "atleta de origem cabo-verdiana" ou "luso-cabo-verdiano".

Sidónio Monteiro, na ocasião ministro adjunto da Juventude e dos Desportos, chegou a se pronunciar oficialmente por ocasião da vitória de Évora nos Jogos Olímpicos:

> O Governo de Cabo Verde, em nome de toda a comunidade nacional, felicita o jovem atleta Nelson Évora e aos "irmãos" portugueses pela conquista da medalha de ouro nos Olímpicos de Pequim [...]. É orgulho para todos os cabo-verdianos o feito de Nelson Évora. [...] os cabo-verdianos torceram e viveram as emoções do jovem atleta de origem cabo-verdiana que competiu pela bandeira portuguesa [...]. A nação cabo-verdiana

---
[26] Para uma discussão sobre a importância dos vínculos pessoais e locais no relacionamento com o futebol, ver Giulianotti (2002).

encheu-se de orgulho e regozijo ao ver o nosso Nelson Évora saltar para o lugar mais alto do pódio olímpico, como se pela bandeira cabo-verdiana tivesse sido.[27]

Outra matéria resume bem o sentido dessas vitórias para uma parte do país. Primeiro, a exaltação do fato de o atleta ser de origem caboverdiana e não poder competir pelas cores do arquipélago, situação que toca diretamente nos problemas gerais da nação:

> Campeão olímpico, campeão mundial, Nelson Évora honra-nos. É fruto da nossa diáspora pelos caminhos da Terra: cabo-verdianos de origem ou descendentes vêm dando contributo para a afirmação dos países que os acolhem. Somos dos que gostariam que o Arquipélago tivesse condições para que os seus filhos não se dispersassem por *terra longi*: olhando só para o desporto, já alguém pensou que seleção de futebol poderíamos ter? Que atletas ergueriam bem alto a nossa bandeira? Que equipes de basquete teríamos? Que judocas, karatecas e lutadores nos trariam triunfos? Quantas vezes congeminamos sobre isto e nos perguntamos: que país somos, que país podemos ser?[28]

Essa posição, contudo, não é só um lamento, mas também um alento, um estímulo para que o país progrida:

> Confiamos que, vencendo dificuldades, ultrapassando obstáculos, cerrando os dentes, lutando, trabalhando, porfiando, seremos capazes de, em *djunta mon*, fazer deste pequeno país com alma grande uma realidade desenvolvida e moderna. Um dia isso será possível. Até lá vamos olhando o exemplo que a nossa diáspora nos dá: ela afirma-se e, com ela, aprendemos que somos tão bons ou melhores que os outros povos, que somos capazes de o demonstrar desde que tenhamos condições.

Por fim, o grande significado: a difusão de uma bela imagem do país. Isso é de tal ordem que o jornalista se sente inclusive no direito de partilhar a conquista:

---

[27] *O Liberal*, 22/8/2008. Disponível em: <http://liberal.sapo.cv>. Acessado em: 1/3/2009.
[28] *O Liberal*, 21/8/2008. Disponível em: <http://liberal.sapo.cv>. Acessado em: 1/3/2009.

Neste momento, saudamos Nelson e somos solidários com seu pai que, hospitalizado, soube em Lisboa do triunfo do filho. E sorrimos ao pensar se a informação portuguesa, sempre lesta a identificar como cabo-verdiano um eventual responsável por algo de nefasto que no seu país aconteça, será capaz desta feita de dizer aos seus leitores que o medalha de ouro português é, afinal, luso-cabo-verdiano. Em Cabo Verde também nos congratulamos com este ouro olímpico. Ele é, queiram ou não, um pouco nosso. E não só por afinidade.

Essa relação com atletas de "origem cabo-verdiana" se dá dessa forma tanto porque uma das marcas da diáspora é o orgulho de quem partiu e venceu quanto porque os atletas locais, competindo pelas cores do país, não obtêm significativos resultados internacionais, tendo que migrar e assumir a camisa de outras nações que lhes podem oferecer melhores condições de treinamento.

Essa é uma questão que merece ser discutida: a migração de jogadores africanos para a Europa. Em *Fintar o destino* isso é tratado na história de Américo, de Mané, mas também na relação deste com Kalu. De treinador, o protagonista passa a se apresentar como empresário, tudo para que seu velho sonho se transfira para o pupilo. A diferença, contudo, é marcante: o desejo principal de Mané era prestígio, Kalu quer resolver financeiramente sua vida.

Mané tenta pregar para Kalu a necessidade de ser disciplinado, deixar de lado as noitadas, as mulheres, os desvios de comportamento; só assim terá sucesso em sua carreira no exterior. O jovem, contudo, não parece muito convencido dessa possibilidade e tem outros planos. Na praia, o diálogo com a namorada Érica é representativo. Ela diz que ele tem de mudar de vida, arranjar um trabalho melhor; Kalu responde que já está providenciando:

– Na equipe de Mané? (Érica)
– Não. Escrevi a um tio meu que está na América, para me mandar buscar. (Kalu)
– O que vais lá fazer? (Érica)

– Qualquer coisa, preciso sair e conhecer o mundo. (Kalu)
– Eu também. Para o ano vou para Lisboa estudar. (Érica)
– Não sabia. (Kalu)
– Essa terra está difícil. (Érica)

Mané ainda tenta demover Kalu da ideia:

– Vais para Lisboa e é para o Benfica! (Mané)
– Mas eu queria ir para os *States*. (Kalu)
– Para a América?! Um lugar onde não jogam futebol? Deixa de coisas, Kalu! (Mané)

Migração e diáspora são temas constantes na história de Cabo Verde. Tal a contundência do quadro, o governo possui programas de mapeamento, apoio e reinserção de emigrantes. Dados de Katia Cardoso (2004) indicam que na ocasião havia cerca de 300.000 caboverdianos/familiares nos Estados Unidos, 83.000 em Portugal, 25.000 na França, 16.000 na Holanda, 3.000 em Luxemburgo, além de comunidades na Suécia, Noruega, Alemanha e Bélgica, entre outros países (inclusive o Brasil). Informa o sítio oficial do governo de Cabo Verde:

> A população residente no país é estimada em 434.263 habitantes, sendo uma população jovem com média de idade de 23 anos. A falta de recursos naturais e as escassas chuvas no arquipélago determinaram a partida de muitos cabo-verdianos para o estrangeiro. Atualmente a população cabo-verdiana emigrada é maior do que a que vive em Cabo Verde.[29]

No que se refere ao futebol, que tem a sua "diáspora própria", antes, no quadro colonial, os jogadores africanos participavam diretamente das seleções europeias de futebol, como é o caso do moçambicano Eusébio. Nos dias de hoje, mais explicitamente é o dinheiro dos clubes europeus que compra os atletas dos países em desenvolvimento, fato observável também com outros esportes e continentes, como, por exemplo, com a América do Sul.[30]

---

[29] Disponível em: <http://www.governo.cv/>. Acessado em: 17/5/2010.
[30] Para maiores informações, ver os estudos de Marcos Alvito (2006) e de Nina Clara Tiesler e João Nuno Coelho (2006).

Bale (2004) informa que, em 2002, dos 311 atletas de dezesseis seleções da Copa da África, 193 jogavam na Europa (ou seja, 62%); as equipes de Camarões, Nigéria e Senegal eram quase integralmente formadas por jogadores que atuavam fora do país de origem. Em 1999, havia cerca de 890 africanos em clubes europeus. Portugal era um dos países que mais recebia futebolistas. Angola era o que mais enviava atletas, sendo que 93% para a antiga metrópole. Enquanto isso, o futebol da África não se desenvolvia na mesma medida.[31]

Bale é categórico; não há como negar que se trata de uma forma de neocolonialismo:

> A sistematização do recrutamento, migração e trabalho dos jogadores africanos de futebol pode ser vista como uma forma de neocolonialismo [...]. Gostaria de ilustrar o neocolonialismo das migrações de jogadores africanos por meio de três exemplos. O primeiro é a criação de "clubes fazendas" pelos megaclubes na África, o segundo é a exploração de jovens africanos recrutados na Europa e o terceiro faz alusão ao papel de "agentes" no aproveitamento dos talentos esportivos africanos domiciliados em Europa (2004, p.237).

Já Armstrong e Giulianotti (2004) têm uma visão distinta, em certo sentido mais otimista:

> O sistema internacional de futebol não é totalmente negativo para os jovens jogadores africanos. Para os poucos que conseguem, *status* social e segurança econômica seguem ao lado do prazer de jogar regularmente. Para muitos, é melhor ficar no Ocidente e trabalhar do que voltar a uma nação em grande declínio. Para os milhões que não conseguem ser selecionados, o futebol representa uma experiência de lazer agradável e um passatempo social saudável (p.11).

Podemos identificar algumas repercussões dessa questão em Cabo Verde. Jorge Tolentino, em fala proferida na Associação CaboVerdiana de Lisboa,[32] afirma:

---

[31] Para mais informações sobre a migração de jogadores africanos, ver também artigo de Raffaele Poli (2006).
[32] Publicado em *Visão News*, em 30/6/2006 e disponível em: <http://www.visaonews.com>. Acessado em: 17/10/2007.

Permitam-me que aponte um aspecto, porventura lateral. Os resultados obtidos pelas equipes africanas na atual Copa do Mundo dizem-nos do muito que ainda há a fazer no nosso continente, em todos os domínios. Tendo sido Ministro dos Desportos, sei perfeitamente que esta é uma área preterida ou adiada nos orçamentos e planos de investimento. Mas o que aqui quero sublinhar é apenas isto: também neste domínio a África tem sido uma fonte de enriquecimento para muitas nações. Ou seja, a imigração tem contribuído largamente para a revitalização do desporto, e desde logo o futebol, em vários países de acolhimento.

Vejamos que tal olhar também se manifesta de forma irônica em matéria sobre uma visita do presidente da FIFA a Cabo Verde:[33]

Aproveitando que o Joseph Blatter que esteve por essas bandas recentemente agora é um dos nossos, só tínhamos que convencer o homem a aprovar uma lei especial autorizando que, mesmo os atletas que já tenham representado as suas seleções nacionais, possam vestir dez estrelas ao peito.[34] Que bonito, aí a profecia de Nho Puxim poderia mesmo se tornar realidade, e não é que ele quase acertou? Em ano de Mundial, Cabo Verde joga amanhã com Portugal, uma seleção que vai à Copa na Alemanha, nosso adversário naquela épica final. Nunca estivemos tão perto do Mundial, não é verdade?

Voltando à fala de Jorge Tolentino, ele vai direto ao ponto, demonstrando os problemas nacionais que estimulam a fuga de talentos:

Nos nossos países, para além das deficiências de organização, infraestruturais e de uma defeituosa postura em relação ao desporto, tanto da parte do Estado quanto do lado dos cidadãos, a verdade ainda é que os craques que militam nas galáxias do futebol milionário não regressam à terra ainda a tempo de ajudar a imprimir o necessário entrosamento e uma dinâmica ganhadora às equipes nacionais. Sem esquecer que nem todos regressam.

---

[33] Publicada em *Visão News*, em 28/5/2006 e disponível em: <http://www.visaonews.com>. Acessado em: 17/10/2007.
[34] Essa é uma referência à bandeira de Cabo Verde.

Enfim, não há como negar as relações desiguais de poder entre os países do centro e da periferia: a "compra de matéria-prima humana" pode certamente ser vista como uma ocorrência neocolonial (ainda que já não mais em um sentido linear colônia-colonizador). Isso obviamente traz prejuízos para o desenvolvimento do esporte local. Por outro lado, esses novos heróis globais, agora também oriundos dos países periféricos, contribuem para colocar o nome dessas nações no panteão internacional, criando importantes elementos de construção de discursos identitários nacionais, ainda que por caminhos diversos aos que habitualmente costumamos considerar, sobretudo em países que, como o Brasil, obtêm bons resultados internacionais.[35]

As peculiaridades do arquipélago

Para alguns, mesmo em um momento de festa nacional, cuja motivação foi uma conquista esportiva, os símbolos pátrios tiveram de dividir espaço com símbolos estrangeiros, de um clube português. Mas será que podemos dizer que as equipes da ex-metrópole são mesmo tão estrangeiras? Não estariam incorporadas à cultura popular local? Parece-me que, no mínimo, devemos ter um pouco mais de cuidado e evitar análises lineares, que consideram *a priori* e exclusivamente o tipo de relação que discutimos como exemplo de neocolonialismo, obviamente sem negar que há claros vetores de poder ligados ao quadro político e econômico internacional.

Sobre o caso caboverdiano, uma pista interessante pode ser encontrada no estudo de Benilde Caniato (2002). A autora identifica que em Cabo Verde coexistem o português e o crioulo. Em cada âmbito da vida cotidiana é mobilizado um desses idiomas:

---

[35] Para uma discussão mais profunda sobre esses temas, ver Baker (1987) e Giulianotti (2010).

Nas situações de diálogo, o cabo-verdiano (porteiros, contínuos, polícias, caixeiros, etc.) mantém o mesmo código do emissor. Os alunos falam português com os professores, mas com os colegas falam crioulo. Os jogos de futebol são relatados em português, o povo discute e comenta, no entanto, em crioulo. Enfim, existe em Cabo Verde o bilinguismo, duas línguas que, a partir de um determinado momento histórico, deixaram de estar em conflito ou tensão (p.134).

O português não é majoritariamente falado, não é a língua materna (como o crioulo), mas já não é mais exatamente somente de Portugal (mesmo que jamais deixe de ser), não é exatamente estrangeira (ainda que também o seja). Talvez seja possível pensar também dessa forma os clubes portugueses: estrangeiros e profundamente locais.

Seria possível pensar em algo semelhante no que se refere à prática esportiva em geral em sua organização em Cabo Verde? Como isso expressaria as peculiaridades de sua construção identitária e da busca de consolidação da ideia de nação? Que tensões podem ser, nesse âmbito, prospectadas?

É o que veremos nos próximos ensaios.

Ensaio 2

O nativismo e o esporte
(transição dos séculos XIX e XX)*

A "civilização"
caboverdiana
e os impulsos para uma
sociabilidade pública

A mediação das relações sociais por meio de símbolos culturais, formas e eventos, tem sido um tema poderoso em estudos recentes da vida sob o regime colonial. Dicotomias simples de tradição e modernidade, dominação e resistência têm fracassado conforme os estudiosos têm procurado compreender o colonialismo como uma arena de negociação em que todos os tipos de transformações políticas, culturais e sociais foram elaborados (Martin, 1995, p.1).

Foi significativo o número de agremiações fundadas em Cabo Verde entre o quartel final do século XIX e as décadas iniciais do século XX: "um verdadeiro boom cultural produzido pela sociedade civil", que "organiza-se por sua conta e risco para pôr em pé instituições de ensino e de divulgação cultural" (Silva; Cohen, 2003, p.52). Elas ofereciam um diversificado conjunto de atividades, de acordo com sua intencionalidade central podendo ser classificadas em: a) recreativas; b) artísticas, sobretudo teatrais; c) esportivas; d) filantrópicas (Oliveira, 1998).

---

* Sugestão musical: "Navega", de Mayra Andrade.

Segundo nos informa Oliveira (1998), em 1853 foi criada a Sociedade Recreativa Esperança. Outra associação que merece nota é o Grêmio Promotor de Cabo Verde (1867), uma das primeiras da colônia a adotar a fórmula "filantropia-recreação" (no sentido de formação cultural, notadamente por meio de salas de leitura e palestras). Com objetivos semelhantes, podemos identificar a criação da Sociedade Gabinete de Leitura de Praia (1870), do Club Recreativo (1873), da Sociedade Recreativa Club União (1880). Estas agremiações estavam sediadas na capital (Praia, Ilha de Santiago), mas similares surgiram em outras ilhas do arquipélago.

No que se refere às atividades artísticas, dedicadas à música foram criadas a Sociedade Filarmônica Juventude (1864), a Sociedade Euterpe (1876) e a Sociedade Recreativa Praiense (1892), todas sediadas em Praia, bem como a Filarmônica de Artistas Mindelenses (1889), com sede em Mindelo, capital da Ilha de São Vicente.

Em 1877, em Praia, e em 1879, em Mindelo, foram também criadas bandas de música, que normalmente se exibiam ao público nos domingos, ocasiões muito apreciadas pelos caboverdianos. Em 1882, para abrigar as apresentações, um coreto de madeira foi inaugurado na praça Dom Luiz (Mindelo).

Se essas iniciativas ainda não expressavam a efervescência que marcaria as décadas seguintes, certamente anunciavam mudanças em curso. Essas sociedades, no período, desempenharam importante papel: incentivaram a vida pública, contribuindo para o fortalecimento da elite local; ajudaram a configurar uma nova sociabilidade feminina; inclusive devido ao estímulo à leitura, contribuíram para a formação intelectual e cultural não só de seus agremiados como de outros interessados dentro do seu raio de ação; materializaram o desejo de sincronia com uma estrutura de sensibilidades em construção no cenário internacional.[1]

---
[1] Para mais informações, ver Oliveira (1998).

Não devemos negligenciar o fato de que, desde o século XIX, as práticas de lazer, entre as quais o esporte, têm sido mobilizadas à busca de vinculação com projetos de modernidade. Mas esse aspecto seria suficiente para explicar a rápida estruturação do campo esportivo em Cabo Verde? Por que o "colonizado" caboverdiano se envolveu tão rápida e enfaticamente com a "novidade"? Não parece adequado investir na ideia de que se tratava de um processo "mimético". Vale tentar compreender a especifi-cidade do caso caboverdiano.

De um lado, há um traço comum com outras colônias africanas. A transição de uma sociedade eminentemente rural para outra com características mais urbanas ocasionou a paulatina conformação de uma dinâmica social marcada por um maior controle dos tempos sociais, o que contribuiu para uma nova estruturação dos divertimentos. Como lembra Martin (1995), até mesmo por isso, "enquanto europeus mais rigorosos defendiam medidas punitivas, liberais investiam no conhecimento técnico das atividades de lazer, como o esporte e as novas formas de música" (p.71).

De outro lado, há especificidades. Os caboverdianos aprenderam a lidar com a dubiedade colonial de Portugal, que sobrepunha as noções de império e nação, postura relacionada à necessidade de manutenção dos seus territórios na África, à peculiaridade do desenvolvimento econômico da metrópole (a colonização portuguesa não foi resultado da industrialização) e mesmo à trajetória histórica e às características geográficas do país, espremido entre a Espanha e o mar.

Como afirma Pimenta (2010), "[...] o nacionalismo português teve uma expressão sobretudo colonial, no sentido em que procurou o seu fundamento na expansão colonial e na conquista de um novo Império em África" (p.21). Foi a partir das brechas e contradições dessa compreensão, o império como nação, que foi se constituindo uma protonação com aspirações modernas no meio do Atlântico.

Portugal, contudo, até mesmo por sua condição semiperiférica (Santos, 1985), teve menos influência no desenvolvimento das novas práticas modernas do que aquela nação que era mesmo quase um colonizador do colonizador, a Inglaterra. Aliás, como vimos na apresentação do livro, na metrópole ainda claudicava a consolidação dos movimentos associativos.

Vejamos que não foi uma característica costumeira dos britânicos imporem, onde se estabeleciam, todos os seus traços culturais, entre os quais os esportes, em muitas oportunidades, inclusive, considerados por eles como "inacessíveis" para aqueles que não dispunham, numa visão colonial, dos mecanismos sensórios e intelectuais para entender o seu refinado funcionamento (especialmente os ideais de cavalheirismo e *fair play*).[2] Tampouco os portugueses tinham o claro intuito de usar a prática esportiva como instrumento de controle e disciplinamento. No máximo, com muitas ressalvas, os clubes se constituíram como mecanismo de identificação dos colonos em territórios insulares.

Em Cabo Verde, a rápida adesão ao esporte parece estar relacionada com o conjunto de iniciativas que visavam subverter a consideração do colonizador de que o natural se tratava de "alguém menor": civilizado que era, em certa medida algo reconhecido pela própria metrópole, que concedia ao arquipélago certas exceções no tratamento colonial,[3] podia exigir uma consideração diferenciada. Demonstrar hábitos modernos, entre os quais fazer esportes e cuidar da saúde e do corpo, para além do óbvio prazer que tais atividades podiam oferecer, reforçava a ideia tão mobilizada, ora mais ora menos explícita e sempre com um fundo rácico, de que Cabo Verde era uma colônia distinta, superior.

---

[2] Como lembra Giulianotti (2010), normalmente havia uma motivação interna: "clubes e associações providenciavam cruciais laços pessoais, simbólicos e socioculturais com o lar (Inglaterra) e um foco para a vida social e de lazer" (p.13).

[3] Os caboverdianos não foram tão constantemente submetidos às diferenciações que recaíam sobre os nativos de outras colônias portuguesas, tendo alguns, inclusive, ocupado importantes postos na administração.

Os caboverdianos, ao mesmo tempo em que dialogavam com um processo macro, deram uma solução específica: não esperaram iniciativas de "civilização" por parte do colonizador, trataram eles próprios de se mostrarem "civilizados". As polêmicas sobre essa estratégia foram constantes na história do arquipélago, especialmente explicitadas a partir da geração de Amílcar Cabral. O que nos interessa mais diretamente é que uma nova dinâmica pública e o desenvolvimento da prática esportiva parecem ter sido partes desse processo.

Em Cabo Verde, em função das condições de seu "achamento" (ilhas desabitadas colonizadas por povos de fora)[4] e da falta de controle rígido da metrópole,[5] desde o século XVIII percebe-se a conformação de uma elite crioula, que foi se fortalecendo à medida que os colonos brancos deixavam a terra em função das difíceis condições de desenvolvimento econômico.[6] No caso específico do arquipélago:

> [...] a crioulização abre portas para que determinados segmentos populacionais comecem a presumirem-se detentores dos atributos antes reconhecíveis apenas aos grupos de maior prestígio e poder e a exigir um tratamento consentâneo com essa condição. (Fernandes, 2006, p.69).

Para não fugir do escopo de nosso estudo, não nos parece adequado discutir as polêmicas sobre a crioulização, que transitam entre os que a consideram uma estratégia eficaz de ressignificação e luta e os que pensam se tratar de uma fuga que obliterou uma mais profunda tomada de consciência. Em linhas gerais, devo explicitar, concordo com Fernandes (2006) que, mesmo com

---

[4] Como bem define Graça (2007), "se considerarmos que o continente africano conheceu três períodos históricos, o pré-colonial, o colonial e o pós-colonial, é de aceitar que em Cabo Verde houve apenas o período colonial e pós-colonial" (p.38).
[5] Como lembra Silva (1998), durante um bom tempo: "Cabo Verde encontrava-se, na percepção da geografia centrada na experiência portuguesa, demasiado australizado para ser atrativo aos potenciais colonos reinóis" (p.7).
[6] Para uma discussão sobre essa conformação, ver Silva e Cohen (2003).

limites, as ações dos crioulos não devem ser desprezadas, especialmente se estamos falando de construções identitárias.

Basta-nos nesse momento dizer que foi um termo constantemente mobilizado pelos intelectuais caboverdianos; não poucas vezes o arquipélago foi autorrepresentado, curiosamente junto com o Brasil, como um dos maiores exemplos do planeta de mestiçagem bem-sucedida, um discurso que também impregnou muitos posicionamentos sobre a prática esportiva.

A ideia será, por exemplo, mobilizada para explicar por que esportes considerados de elite em outros países, como o golfe e o *cricket*, supostamente se tornaram, em Cabo Verde, práticas populares. Isso teria sido possível, segundo algumas representações, devido às características superiores do crioulo caboverdiano, que soubera aproveitar o melhor dos dois mundos que o constituíram como ente autônomo: nem africano, nem europeu, um bocado dos dois, ainda que tenham sido enfáticos os debates sobre o quanto havia de cada um, cuja mais clara expressão foram os embates entre Santiago e São Vicente, entre Praia e Mindelo, algo que também envolveu e foi dramatizado pelo campo esportivo, como veremos nos próximos ensaios.

Na transição dos séculos XIX e XX, a elite caboverdiana passa por mudanças: reduz-se o poder dos donos de terra, tanto em função do acentuar dos problemas agrários quanto devido a uma maior presença do governo metropolitano, dado o incremento da expansão colonial. Nesse cenário uma intelectualidade nativa ganhou força e, mais do que se apresentar, passou efetivamente a ser reconhecida como interlocutora/mediadora. Mesmo quando em alguns momentos da história, em função de desdobramentos das mudanças no quadro político de Portugal, tenham diminuído o poder e a influência desse grupo,[7] ele permaneceu ativo

---

[7] Isso pode ser observado, por exemplo, no período da 1ª República portuguesa, que manteve a ideia de nacionalismo colonial, mesmo que anunciasse mudanças. Em 1914, a Lei Orgânica para as colônias até sugeriu a possibilidade de uma

e ainda mais disposto a reivindicar respeito ao arquipélago, implementando estratégias emancipatórias que marcaram definitivamente as relações entre a metrópole e a colônia.

Nesse quadro foi progressivamente construída "a ideia de que o cabo-verdiano desenvolveu um *ethos* próprio que o distingue dentro do contexto regional africano e universal" (Graça, 2007, p.40). Como bem resume Anjos (2006):

> A narrativa dominante sobre a identidade nacional cabo-verdiana pode ser formulada em poucas palavras: Cabo Verde era um arquipélago despovoado até à chegada dos portugueses no século XVI; colonos portugueses e escravos originários de várias etnias africanas se misturaram ao longo de cinco séculos dando origem a uma raça e cultura específicas – a cultura crioula, e o mestiço como tipo humano essencialmente diferente tanto do europeu como do africano (p.21).

Assim, a resistência a certas ingerências coloniais levou à construção, como contraponto, de um conjunto endógeno de compreensões sobre o que é ser caboverdiano. Com o decorrer do tempo essas noções funcionaram eficazmente e lograram grande grau de penetração e aceitabilidade entre os diversos estratos sociais.

Era necessário materializar a autorrepresentação em construção com um conjunto de elementos simbólicos e materiais, entre os quais podemos situar a língua (o crioulo), a música e, como não dizer, também a prática esportiva. Por isso pode-se compreender por que a classe letrada, segundo França (apud Graça, 2007, p.50), tinha exatamente como um dos indicadores de sua importância "o elevado número de associações de natureza recreativa e cultural fundadas em todas as ilhas".

Podemos supor, então, que a adoção de novas práticas de lazer, entre as quais o esporte, seria uma postura emancipatória?

---

autonomia maior, mas nunca entrou em vigor. O quadro se tornaria mais restrito com o início da ditadura militar de Sidónio Pais (1926) e com o Estado Novo (1933). Para mais informações, ver Pimenta (2010). No ensaio 3 nos debruçaremos sobre esse período.

De certa forma sim, contudo, no caso caboverdiano, a reivindicação básica não era qualquer forma de autonomia jurídica, mas o pleno reconhecimento do arquipélago como parte do "glorioso império português". Como bem lembra Fernandes (2006), tratava-se de: "Uma luta não propriamente contra a soberania nacional, mas contra o trato colonial. Ou seja, aceitam os pressupostos nacionalizantes, mas propugnam a eliminação dos marcos diferenciais legitimadores das práticas coloniais" (p.42).

O esporte ter-se-á constituído como uma "prática deslizante", uma das ferramentas que contribuiu para a "reavaliação das bases de legitimação e lealdade nacionais, para a reinterpretação dos seus sentidos e prática para a (re)emergência de novos sujeitos" (Fernandes, 2006, p.33). Essa mobilização da prática esportiva não estava, de maneira alguma, em desacordo com uma linha de ação comum na história do arquipélago:

> [...] a classe política cabo-verdiana inclusive nos momentos de contestação recorre a paradigmas e modelos estrangeiros para criar ação mobilizadora. A negação dos modelos estrangeiros é sempre parcial e dada pela importação de outros modelos também estrangeiros (Anjos, 2006, p.25).

Dois aspectos merecem destaque para compreendermos a eleição dessas estratégias modernas: o desenvolvimento precoce de um sistema de educação e a existência de uma imprensa ativa. Grande parte dos embates entre colonizado e colonizador, bem como os internos do arquipélago, teve como fórum principal a imprensa, que existe no arquipélago desde 1842. O aspecto notável é que não se tratou de iniciativas exclusivas de colonos, mas de periódicos produzidos por caboverdianos, que, tratando de questões caboverdianas, trabalhavam na construção e difusão de uma autorrepresentação caboverdiana.[8]

---

[8] Para mais informações sobre a imprensa de Cabo Verde, ver Oliveira (1998).

Isso foi possível, e em certa medida tolerado, pelo fato de que não se reivindicava a quebra dos laços coloniais, se pregava a lealdade à nação portuguesa, e fundamentalmente graças ao precoce desenvolvimento de um sistema educacional, resultado de reivindicação e ações da elite local, mas também relacionado com os próprios interesses do colonizador, que podia dispor de caboverdianos bem formados para ocupar espaço de liderança nas outras colônias africanas, minimizando o problema interno de Portugal não contar com mão de obra suficiente para exercer essas funções. Nesse contexto:

> A educação foi perspectivada como arma, por excelência, de um verdadeiro percurso emancipatório dos filhos da terra, seja em termos políticos, vislumbrando o pleno exercício de cidadania, seja em termos econômicos, como base de ascensão social dos residentes ou, em caso de diasporização, como meio de facilitação de sua inserção socioprofissional nos países de acolhimento (Fernandes, 2006, p.109).[9]

O caso caboverdiano não foge ao que ocorrera em outros países africanos. Como infere Reis:

> Em lugar de produzir apenas sujeitos criados a partir da imitação dos modelos brancos, a educação europeia tornou possível a sua própria desestabilização. Assim, enquanto o discurso colonial visa a dominação através da exigência de cópia e da identidade mutável, o processo de mímica permite que o sujeito se mostre quase como o modelouê:, mas, ao mesmo tempo, se faça diferente (1999, p.65).

Iliffe (1999) aponta e enfatiza o mesmo:

> A par do desenvolvimento econômico, a educação foi a principal dinâmica da mudança colonial, não só como reservatório de técnicas, mas como fonte de diferenciação social e de conflito político. Comparada com a riqueza, a educação era mais fácil de obter e de transmitir à geração seguinte; por isso, foi a principal geradora de mobilidade e de estratificação em África (p.288).

---

[9] Para mais informações, ver Silva e Cohen (2003).

Enfim, da articulação entre o contexto português (o liberalismo monárquico; os movimentos pela república; as tensões de fim de século, entre as quais se destacam os conflitos com os ingleses; a necessidade de referendar o controle nas colônias africanas), o contexto internacional (as novidades da modernidade que desembarcavam no mundo, ainda mais nos países que tinham portos em situação privilegiada) e o cenário interno (uma elite crioula letrada que desejava provar seus parâmetros civilizados), desenvolve-se uma nova dinâmica social, na qual as atividades esportivas encontraram terreno fértil para se conformar como em poucas colônias africanas parece ter ocorrido. Aliás, eram distintos os sentidos e significados dessa estruturação, já que não se estabeleceu estritamente como controle externo, mas sim como iniciativa e desejo endógenos.

Não surpreenderá saber que algumas dessas práticas modernas, notadamente as esportivas, organizaram-se pioneiramente em São Vicente, a ilha que, na segunda metade do século XIX e décadas iniciais do XX, melhor expressou uma vitalidade cultural em função de uma educação atuante, de uma imprensa vibrante, da atuação de intelectuais notáveis, de sua sintonia com o mundo, devido ao seu ativo porto. Por lá quem dava as cartas não era a elite agrária, como em Santiago, mas sim uma elite intelectual e/ou ligada ao comércio internacional, indivíduos mais antenados com as novidades mundiais e com a ideia de progresso.

Discutamos os primeiros momentos do esporte em Cabo Verde, não sem antes falar de uma das manifestações culturais que anteciparam essa nova dinâmica pública, o teatro, que marca uma fase de transição: ainda que fosse um sinal dos novos tempos, não representava na mesma medida o que a prática esportiva (e mesmo o cinema) significaria para a construção de uma vinculação a projetos de modernidade, de expressão de um alto grau de civilidade.

O teatro: a primeira novidade

Em Cabo Verde, a origem institucionalizada das atividades dramatúrgicas parece ser a criação do Teatro D. Maria Pia de Saboia, em Praia, em 1863. Ligada a essa casa, em 1867, surgiu a Sociedade Igualdade, no ano seguinte renomeada para Sociedade Dramática do Teatro de D. Maria Pia de Saboia. Os argumentos para sua fundação, apresentados no Boletim Oficial, não deixam dúvida dos intuitos: reduzir a monotonia e oferecer alternativas de instrução.

Foi também em 1867 que ocorreu uma das mais importantes iniciativas da história teatral de Cabo Verde: a fundação da Sociedade Dramática do Teatro Africano, que no ano seguinte inaugurou a sua sala de espetáculos. Quanto ao nome adotado:

> Tanto pode ser uma simples referência geográfica como indicar um posicionamento político, para vincar que era um grupo da terra, um grupo "africano", no sentido de ser constituído por pessoas residentes em África ainda que os seus membros fossem de origem europeia (Oliveira, 1998, p.88).

Esse teatro passou por diversas fases; sob diferentes formatos, nomes e administrações, teve vida longa e ocupou espaço de grande importância na sociedade caboverdiana. Suas atividades eram comumente anunciadas nos jornais, destacando-se inclusive sua arquitetura. Ressaltou o *Novo Almanaque Luso-Brasileiro* de 1888:

> Esse pequeno e elegante teatro foi construído na cidade de Praia [...] em 1867. Foi o teatro edificado em ponto central da cidade, e temos ouvido dizer a muitos visitantes que é o melhor e mais elegante das províncias ultramarinas [...]. Dão-se ali espetáculos promovidos por curiosos, que dispondo de algumas horas d'ócio vão distrair-se, arrancando a cidade da sua proverbial monotonia (apud Oliveira, 1998, p.88).[10]

---

[10] Muitos anos depois, em 1933, podemos ler que: "Uma das mais modernas construções da Praia é o seu belo teatrinho Africano, edifício de regulares dimensões, e muito apropriado a seu fim" (*Eco de Cabo Verde*, ano 1, n.1, 1/5/1933, p.4).

Um dos aspectos mais exaltados nos periódicos do século XIX e décadas iniciais do século XX eram as constantes visitas de companhias teatrais europeias, principalmente de Portugal. Nessas oportunidades, comumente se agradecia aos artistas por minimizar a "monotonia": o combate ao "não ter o que fazer" é uma das marcas de vinculação a um projeto de modernidade.

O desenvolvimento das atividades dramatúrgicas, de fato, é mais um dos indicadores que expressava tanto os impactos do contexto internacional em Cabo Verde quanto a configuração de uma sociedade que se pretendia distinta, digna de ser entendida como portuguesa no ultramar. Vale lembrar que Eugênio Tavares, um dos considerados "pais" da nacionalidade caboverdiana, esteve envolvido com o teatro.

Além de suas experiências como ator, Tavares parece ter escrito pelo menos três peças teatrais: *A peçonha*, *A ceia da parelha* e *Filhos que salvam*. Segundo Elsa Rodrigues Santos,[11] frente ao reconhecimento da qualidade de sua produção musical e poética, se fala pouco de sua dramaturgia, marcada por uma sátira de costumes e por críticas aos poderes constituídos e às elites, postura que também marcou sua atuação como jornalista. Na verdade, obras com esse perfil não foram incomuns na história do teatro caboverdiano; mesmo por isso, não poucas vezes as atividades dramáticas foram motivo de desconfiança e sofreram iniciativas de controle por parte da administração colonial.

As atividades no Teatro Africano não se restringiam às funções dramatúrgicas. Por lá eram também realizadas palestras que procuravam contribuir para o crescimento intelectual dos que viviam em Cabo Verde. Por exemplo, foi nele que o militar e médico Francisco Frederico Hopffer, importante personagem do século XIX caboverdiano, promoveu um curso livre de higiene popular,

---

[11] Informações disponíveis no sítio da Sociedade da Língua Portuguesa. Disponível em: <http://www.slp.pt/Variavel/Eugenio_Tavares.html>. Acessado em 27/3/2010.

entre os anos de 1869 e 1870.[12] Eugênio Tavares e Pedro Cardoso, em meio a outros intelectuais, por lá fizeram suas conferências, muitas delas falando da ideia de caboverdianidade. Também era comum que a casa sediasse festas beneficentes e filantrópicas.

Encontramos no Arquivo Histórico de Cabo Verde uma documentação que ajuda-nos a entender a relevância do Teatro Africano para a vida social de Praia. Branco (2004) informa que, em 1897, a casa fechou as portas e, depois de ir a leilão, foi adquirida pela Mello & Irmãos, que por sua vez abriu falência em 1904.

Curiosamente, José Henriques de Mello foi o responsável pela primeira exibição cinematográfica de Cabo Verde, antes de ser aberto o primeiro cinema propriamente dito,[13] realizada no próprio Teatro Africano, em 1909 (quando já não estava, portanto, mais à frente do estabelecimento). Os irmãos Mello, de fato, formaram um dos primeiros e mais longevos grupos do arquipélago a atuar no setor de fotografias, cinemas e espetáculos em geral. Estabelecidos inicialmente em Santiago, depois se deslocaram para São Vicente, onde abriram o que seria uma das mais antigas e tradicionais casas de Mindelo: a Foto Melo.[14]

Segundo Branco (2004), depois da Mello & Irmãos, o teatro teria sido adquirido pela Oliveira, Beirão & Companhia Ltda. O material que encontramos deve dizer respeito a essa transação. Trata-se de uma troca de correspondência entre Antonio Joaquim Ribeiro, personagem de certa importância no país, também fotógrafo amador,[15] que se mostrava interessado em adquirir a sala, e responsáveis governamentais pela autorização para funcionamento de estabelecimentos públicos.

---

[12] Mais informações em: <http://www.barrosbrito.com/170.html>. Acessado em: 21/3/2010.
[13] Para mais informações, ver: Machado (2006).
[14] José Henriques foi o fotógrafo responsável por documentar as campanhas de 1907 e 1908 na Guiné portuguesa. Em 2009, uma coletânea dessas fotos foi lançada: *O Primeiro Fotógrafo de Guerra Português - José Henriques de Melo*, organizada por Alexandre Ramires e Mário Matos e Lemos.
[15] Uma foto de sua autoria pode ser vista em <http://www.fotolog.com.br/jovera/23951213>. Acessado em: 21/3/2010.

Ribeiro, em carta de 10 maio de 1904, comenta as exigências de um auto de inspeção das condições físicas do teatro: reafirma o desejo de adquiri-lo para manter as funções dramatúrgicas, mas argumenta que uma parte da reforma indicada é irrealizável e desnecessária, inclusive condenando definitivamente o prédio. Nos seus argumentos, pondera:

> [...] o que realmente é uma pena n'um país como este, aonde o teatro faz muita falta, não só como meio recreativo, mas ainda para ser, como é, um elemento de instrução, não metendo em linha de conta o serviço que tem prestado e continuará a prestar aos infelizes por meio de receitas de beneficência que ali se tem dado frequentes vezes e de certa continuarão a dar-se.

Vejamos que, para contrapor o grande número de exigências, Ribeiro lembra a importância múltipla do teatro: recreação, educação, filantropia. Seus argumentos, contudo, parecem não ter sensibilizado o responsável pela Direção de Obras Públicas, que ratifica as necessidades de mudanças, em carta datada de 28 de maio de 1904. Ribeiro, então, em correspondência de 26 de janeiro de 1905, apelando ao governador da colônia,[16] requer uma nova vistoria:

> [...] no intuito de não deixar desaparecer o único teatro que há nesta cidade, que é o Teatro Africano, que está para ser vendido em hasta pública, por pertencer à massa falida de Melo e Irmãos, e que tinha sido condenado enquanto ali não fossem feitas algumas das obras, uma das quais era impraticável e outras confusamente indicadas.

O governador responde a Ribeiro, em 9 de fevereiro de 1905, fazendo algumas concessões, enumerando as mudan-ças necessárias e afirmando categoricamente: "deve-se estabelecer que espetáculo algum pode ser dado sem que todas estas modificações tenham sido efetuadas e passada nova vistoria pelo dignitário".

---

[16] Na ocasião, Amâncio Alpoim de Cerqueira Borges Cabral.

Encontramos ainda um ofício do diretor de Obras Públicas, de 1º de fevereiro de 1906, informando ao governador que todas as mudanças foram feitas, indicando a aprovação da licença. Mais não encontramos. De qualquer forma, trata-se de mais um indicador para reforçar a suposição de que era mesmo de importância o Teatro Africano.

Nas notícias dos jornais fica claro que a sede do desenvolvimento teatral era mesmo Praia. Em 1913, ao comentar que uma companhia dramática portuguesa estivera em Mindelo, afirmou um jornalista: "E o que é – e é mesmo para se estranhar – é que não exista ainda nesta cidade um teatro – uma casa para esse fim, como há uma na Praia, muito regular e reunindo boas condições para o cenário".[17] Só futuramente São Vicente participaria mais fortemente do desenvolvimento das atividades dramáticas no arquipélago.

Não é nosso intuito discutir profundamente a história do teatro caboverdiano, mas sim apontar que a manifestação antecipou e compartilhou com o esporte uma mesma estrutura de sentimentos; ambos exemplos de um novo conjunto de costumes valorizados, expressão de um novo imaginário em construção, que passava por uma nova concepção dos momentos de lazer.

João Branco (2007) reforça essa compreensão ao comentar que:

> O fenômeno teatral em Cabo Verde tem as suas raízes primárias fincadas em três locais de natureza bastante diversa: primeiro nos *Seminários* e nas *Igrejas*, depois nos *clubes e grêmios de elite* formados um pouco por todo o país, e finalmente, nos *clubes desportivos*, mais populares e voltados para práticas sociais e desportivas recém-introduzidas no arquipélago, principalmente pelos ingleses em S. Vicente.

Mais à frente, o autor é ainda mais claro acerca das relações entre essas agremiações e o teatro em Cabo Verde: "Clubes

---

[17] *O Futuro de Cabo Verde*, ano 1, n.12, 17/7/1913, p.3.

desportivos como o *Amarante*, *Acadêmica* e *Castilho*, de São Vicente, foram fundamentais para a apropriação da revista portuguesa e a sua transformação num produto cultural próprio e idiossincrático".
Falemos do esporte, então.

A presença inglesa e o *sport*: o *cricket*

[...] a mulher de D. João I, a altiva F. Filipa, tinha educado os filhos, homens da ínclita geração, como verdadeira inglesa que era. Tecera elogiosas referências "à educação inglesa e ao povo inglês". A veemência das afirmações, o calor das palavras, a admiração pelo desporto na velha Albion: o tênis, o futebol, o cricket, o golfe. "Eu pratico golfe, o mais saudável dos desportos" (Amarílis, 1989, p. 123).[18]

O esporte, uma "invenção inglesa" que se sistematizou no formato moderno na transição dos séculos XVIII e XIX, rapidamente se espraiou pelo planeta no seio dos contatos materiais e simbólicos que marcaram o período. Pelo convés das embarcações, foram difundidas as modalidades relacionadas ao caráter imperialista das elites britânicas, incorporadas que estavam aos hábitos de oficiais e comandantes: *cricket* e golfe, por exemplo. Pelos porões, junto com os subalternos, foram aquelas que rapidamente tinham sido apreendidas pelos mais populares: futebol, notadamente. Nesse processo, as influências não foram lineares, dialogaram com as peculiaridades históricas e culturais locais.[19] Vejamos o que houve no caso caboverdiano.

Ao contrário do teatro, que teve como lócus inicial de estruturação a cidade de Praia, o esporte se organizou pioneiramente em Mindelo. No terceiro quartel do século XIX, para lá se deslocara o centro econômico e cultural do arquipélago.

---

[18] Orlanda Amarílis tem uma obra literária marcada por abordar as questões caboverdianas, na qual incorpora importantes elementos do cotidiano do arquipélago.
[19] Para mais informações, ver Melo (2010).

Na verdade, o desenvolvimento de Cabo Verde sempre esteve relacionado à dinâmica de constituição do Atlântico como espaço de circulação. A ocupação da Ribeira Grande, a primeira capital, e de Praia, a segunda e atual capital, ambas localizadas na Ilha de Santiago, tem relação direta com sua condição estratégica: "Se por um lado suficientemente próxima dos mercados, de modo a funcionar como base de rápidas incursões comerciais à costa, a ilha, por outro, situava-se distante o bastante para compensar os perigos de uma possível instalação comercial" (Silva, 1998, p.8).

Já no caso de São Vicente há uma diferença marcante que configura distinções entre as duas principais ilhas:

> Se a Ribeira Grande havia sido produto de um Atlântico quinhentista ordenado politicamente pelo Tratado de Tordesilhas e dominado pelo tráfico negreiro, a cidade do Mindelo é, ao inverso, filha da hegemonia inglesa e do ordenamento político saído da Convenção de Viena de 1815. Do ponto de vista tecnológico, a vela e o correio marítimo são parcialmente substituídos pelo vapor e a telegrafia por cabo submarino. Esse novo enquadramento reinventa o arquipélago de Cabo Verde, tendo no centro a cidade do Mindelo de São Vicente (Silva, 1998, p.33).

A ocupação de São Vicente, durante o século XIX, tem relação com a expansão do comércio internacional que fazia uso de navios a vapor, que tornava necessário o estabelecimento de entrepostos para abastecimento de carvão. O Porto Grande, na Baía de Mindelo, estava no caminho de várias importantes rotas navais e tinha melhores condições para receber embarcações de maior porte,[20] local adequado para a instalação de depósitos.

Essa ilha foi uma das últimas do arquipélago a ser definitivamente habitada. A princípio, lembra Silva (2000), tais movimentos de ocupação tinham a ver tanto com repercussões

---

[20] Como lembra Silva (1998): "A navegação carvoeira requer portos amplos, dada a intensidade do tráfego, e profundos, tendo em conta a dimensão dos navios" (p.32).

da independência brasileira quanto com os desdobramentos do liberalismo em Portugal, mas foi mesmo o novo quadro internacional e as demonstrações de interesse da Inglaterra que funcionaram como agentes motivadores definitivos. De fato, as relações entre Portugal e Inglaterra já eram fortes e desiguais desde o Tratado de Methwen, assinado em 1703.[21] A Revolução Industrial e as Guerras Napoleônicas tornaram ainda maior a dependência da nação lusitana; as tentativas de reduzir a influência britânica, como por ocasião da Revolução Liberal de 1820, não lograram sucesso. Em 1842, um novo acordo acaba por ampliar para os ingleses os proveitos dos contatos comerciais entre os países. Nesse percurso, não foram poucos os que consideraram Portugal como um "quintal" da Grã-Bretanha.

No que se refere a São Vicente, houve tensão quanto as alternativas de conceder aos ingleses a exploração ou financiá-la com capital português. Em 1837, John Lewis, tenente da Marinha e funcionário da Companhia das Índias, conhece a ilha e apresenta à Coroa britânica as vantagens de utilização da baía para instalação de um porto. Naquela ocasião, o governador de Cabo Verde, Joaquim Pereira Marinho (1835 a 1839), reconhecendo as potencialidades navais, também se empenhava na tarefa de ocupação.

Marinho foi o responsável pela instalação de Mindelo, criada por decreto em 1838. O nome foi uma homenagem à vitória, em Portugal, dos liberais sobre os absolutistas.[22] O intuito era para lá transferir a capital da colônia. Logo era aprovado o primeiro plano de urbanização, que daria à localidade um aspecto bastante avançado. Ainda que esse plano nunca tenha sido plenamente realizado, há que se destacar que a nova cidade já nascia mergulhada nas noções de modernidade.[23]

---

[21] Para mais informações, ver Costa (2010).
[22] Mindelo é o nome da praia portuguesa onde desembarcaram as tropas liberais que, em 1832, lideradas por Pedro IV, enfrentaram, na Guerra Civil Portuguesa (1832-1834), os defensores do absolutismo, fiéis a d. Miguel.
[23] Para mais informações, ver Papini (1982).

Dada a importância da ilha, o cônsul inglês em Cabo Verde, John Rendall, que estivera envolvido com o combate ao tráfico negreiro e era um dos que vislumbrava e insistia na viabilidade econômica de São Vicente, para lá transferiu sua residência, onde acabou se casando com Luísa Rosa Fernandes, dando origem a uma família tradicional do arquipélago.[24]

É nesse contexto que os britânicos acabam por conseguir aquilo que os portugueses não alcançaram: a ocupação e o desenvolvimento econômico de São Vicente, minimizando o temor da perda de um território já largamente conhecido por contrabandistas, corsários e piratas (Silva, 2000).[25]

Na década de 1830, a inglesa East India Company por Mindelo tentou se estabelecer. A empresa, fundada nos anos iniciais do século XVII, servia à Coroa inglesa fazendo o transporte de produtos (algodão, seda, chá, ópio, entre outros) do Oriente (Índia, China, entre outros) para Londres; foi uma das responsáveis pela ampliação territorial do império britânico no momento em que esse assumia uma posição de liderança no tabuleiro geopolítico internacional.[26]

Mesmo que a East Índia tenha permanecido por pouco tempo em São Vicente, logo outras companhias de capital inglês por lá se instalaram: John Rendall e C. Royal Mail[27] (1850), Patent Fuel e Thomas and Miller (1851), Visger & Miller (1853), que depois se fundiu com a Patent Fuel e deu origem à Miller's & Nephews

---

[24] Rendall escreveu uma das pioneiras e mais festejadas obras sobre o arquipélago no século XIX, *Guide de Iles du Cape Vert*. O cônsul esteve envolvido em muitas polêmicas comerciais na colônia. Para mais informações, ver Mea (2003).
[25] Na verdade, como informa Silva (1998), a ilha, em diversas situações, dada a sua localização estratégica, foi utilizada como porto por franceses, holandeses e norte-americanos.
[26] A companhia era também denominada English East India Company ou British East India Company. A empresa fechou as portas em 1874, em função de uma série de tensões internas e nos países nos quais se instalara; na verdade, desde 1833 já não tinha mais o monopólio das atividades comerciais em seu ramo.
[27] O roteiro dos navios dessa empresa, entre Southampton e Rio de Janeiro, passava por Lisboa, Madeira, São Vicente, Pernambuco e Bahia.

(década de 1860), Macleod and Martin (1858), Cory Brothers & C. (1875); ao final do século, se estabeleceu ainda a Companhia de São Vicente de Cabo Verde, a princípio de capital português, mas logo adquirida pelos britânicos (Ramos, 2003; Barros, 2008).[28] Além disso, nas décadas de 1870 e 1880, a Western Telegraph instalou linhas telegráficas entre Cabo Verde, o Brasil e a Europa:

> Assim, o arquipélago de Cabo Verde transforma-se num importante pólo do sistema telegráfico mundial, com evidentes repercussões no desenvolvimento local e no aumento de empregos para os nacionais, a par de significativa presença inglesa em S. Vicente (Barros, 2008, p.23).

Na segunda metade do século XIX:

> Quase todos os fluxos de mercadorias e de homens, quase todos os circuitos de comunicação [...], em suma, quase tudo o que atravessa o imenso Atlântico está condenado a utilizar a Ilha de S. Vicente e o seu Porto Grande (Silva, 2000, p.16).

Em 1875, por lá aportaram 199 embarcações; em 1889, cerca de 1.860. Em média, por ano, passavam 50.000 passageiros pela ilha; em 1888 foram cerca de 170.000.[29] O impacto local foi imenso. Como lembra Silva (1998):

> O carvão, cujo impacto inovador não se restringe à construção naval, é criador de um tipo de porto diverso daquele gerado pela náutica veleira. Ele cria o porto industrial, feito de estruturas metálicas e demandador de um volume considerável de mão de obra (p.33).

Com isso, mudou significativamente a paisagem de Mindelo, inclusive devido à instalação de infraestrutura adequada à nova movimentação comercial. Marília Barros (2008) lembra que

---

[28] Para uma visão dos depósitos de carvão, ver <http://www.fotolog.com.br/manuelparis/53419687> e <http://www.fotolog.com.br/djomartins/32369348>. Acessados em: 25/3/2010.
[29] Informações retiradas de artigo publicado nos n.1 e 2 da *Revista Soncent*/Câmara Municipal de São Vicente, 2005. Disponível em: <http://www.buala.org/pt/cidade/mindelo-entre-a-ficcao-e-a-realidade>. Acessado em: 19/7/2010.

esse período foi marcado por São Vicente ter se constituído no principal centro urbano da colônia, pela sua grande contribuição para a economia do arquipélago, pelo desenvolvimento de uma burguesia local menos dependente da metrópole, por uma taxa de alfabetização incomum em um território colonial. Gestou-se também uma classe trabalhadora com características mais próximas a de um operariado, o que contribuiu para conformar uma sociedade civil mais ativa e participante.

São Vicente passou a atrair muita gente, de outras ilhas de Cabo Verde, da metrópole e de outros países, não só populares como pessoas de estratos socioeconômicos mais altos, todos em busca de novas oportunidades de negócio, de ganhar dinheiro, de enriquecer: "Além da comunidade estrangeira residente, a cidade é permanentemente inundada pelo frenesi constante daqueles que chegam e partem no espaço de tempo apenas necessário ao reabastecimento dos vapores" (Silva, 2000, p.130).[30]

A cidade vira, no belo termo de Silva, um "onívoro cultural", absorvendo tudo o que chega pelo porto, inclusive nos momentos de divertimento, que começam a se configurar como uma peculiaridade local. O povo cada vez mais era conhecido como apreciador de festas e o município pela agitação dos bares, pelo excesso de consumo de álcool, pela prostituição. Todavia, lembra o mesmo autor: "No Mindelo, como alhures, o lazer não anula por completo as fronteiras sociais. As elites locais criam seus espaços reservados de diversão com a preocupação evidente de se demarcar do povo" (p.133).

Na verdade, a despeito da efetiva possibilidade de ascensão social, não era nada fácil a vida dos populares, principalmente

---

[30] Um indicador interessante da Babel que se tornou a ilha é o número de representações diplomáticas estabelecidas em Mindelo. Segundo Silva (1998), na transição dos séculos XIX e XX havia consulados dos seguintes países: Alemanha, Bélgica, Brasil, Dinamarca, Estados Unidos, Grécia, Inglaterra, Itália, Países Baixos, Uruguai, Rússia, Suécia, Noruega e Turquia.

dos que trabalhavam diretamente nos depósitos de carvão: baixos salários, má alimentação, habitação deficiente, problemas com a saúde, inclusive aqueles decorrentes da própria atividade (doenças pulmonares, por exemplo) ou mesmo da dinâmica de uma cidade-porto (doenças venéreas).

No fim do século XIX, depois do surto de crescimento, percebe-se o início do declínio da atividade comercial em São Vicente em função do aumento da utilização de óleo diesel pelos navios (e a consequente redução do uso de carvão), das divergências entre Portugal e Inglaterra, da diversificação e aperfeiçoamento das alternativas de transporte (barcos maiores, que usavam menos combustível e faziam menor número de escalas), da abertura do Canal de Suez (que possibilitou a criação de novas rotas) e da negligência na construção de um projeto mais adequado para o Porto Grande, o que acabou ocasionando o deslocamento das atividades portuárias para as Ilhas Canárias, Tenerife e Dakar.[31] Nos anos iniciais do século XX, há ainda um alento: percebe-se o aumento da chegada de navios de guerra, em função de conflitos militares na América e na África, o que ajudou a minimizar, mas não eliminar os problemas.

Assim, com o decorrer do tempo foi reduzindo-se o número de empresas britânicas e a vitalidade cultural da ilha. De qualquer forma, parece consenso que a influência dos ingleses ultrapassou os aspectos comerciais, gestou oportunidades de interrelações e trocas culturais, deixando como marcas certos costumes que se estabeleceram como símbolos identitários.

José Augusto Martins, narrando uma viagem que fizera a São Vicente, na década final do século XIX, a bordo de um paquete da Empresa Nacional Portuguesa, observa que, desde o navio, de nacional só mesmo a bandeira e uma parte da tripulação; de

---

[31] Para mais informações, ver Barros (2008).

resto, tudo era inglês. Percebe ainda que Mindelo era uma cidade diferente das outras localidades africanas:

> E é aí, na comunidade e ao impulso do exemplo inglês, que o seu povo tem adquirido com os hábitos do trabalho e da dignidade da vida, e com o gozo das comodidades experimentadas, o estímulo de ambições que o impelem a progredir. E tudo o quanto é São Vicente hoje, e toda a benéfica influência que ela exerce nos destinos de Cabo Verde, é devida direta ou indiretamente aos ingleses, é preciso dizê-lo com justiça (Martins, 1891, p.87).

Martins, todavia, faz ressalvas, lançando um olhar crítico para a ferocidade dos ingleses no que se refere aos negócios:

> Hoje, esta ilha verdadeiramente não é nossa, ou é-o apenas naquilo e pela maneira que os ingleses querem que ela seja. A quase totalidade dos terrenos do litoral, tanto do Porto Grande como da Bia da Matiota, onde se podiam estabelecer depósitos de carvão, foram concedidos imprevidente e criminosamente aos ingleses (1891, p.87).

Outro que ressaltou a presença britânica, de forma mais entusiasmada, foi Francisco Xavier da Cruz, o B. Léza, um dos grandes nomes da música de Cabo Verde, que celebrou tal relacionamento no livro *Razão da amizade cabo-verdiana pela Inglaterra*. Para além de demonstrar pontualmente a existência de elementos culturais dos ingleses no arquipélago, o compositor argumenta que houve influências britânicas na personalidade do cabover-diano, notadamente o cosmopolitismo.

Lembremos a contribuição direta de descendentes de ingleses que se estabeleceram em São Vicente ao impulso de diálogos interculturais. Isso é notável, por exemplo, na ação de Luís Rendall, filho de John Rendall, na difusão da música brasileira na ilha, que influenciou de forma significativa a musicalidade cabo-verdiana.[32]

---

[32] Para mais informações, ver Nogueira (2005).

Na visão de Manuel Lopes, o reflexo do cosmopolitismo "na maneira de ser do povo daquelas ilhas, na sua educação, na sua cultura, no seu caráter, na sua sensibilidade", transformaram São Vicente na "sala de visitas do arquipélago crioulo" (1959, p.10). Segundo ele:

> Por influência do Porto Grande, que lhe deu a possibilidade de um convívio permanente com outros povos e outras terras, o cabo-verdiano é sensível ao que se passa mundo afora [...]. A mocidade ama também o desporto, que é praticado em grande escala (Lopes, 1959, p.11).

Era habitual, nas diversas localidades em que os britânicos se instalavam, a criação de clubes. Vale lembrar o caso do Calcutta Cricket Club, o mais antigo dedicado a esse esporte fundado fora da Grã-Bretanha (em 1792).[33] Essas agremiações ofereciam, para os que se encontravam distantes de Londres, atividades que funcionavam como elementos de *status* e distinção, alternativas de encontro e autoidentificação, oportunidades de "combater a monotonia". Entre essas, a prática esportiva era muito apreciada.

Na verdade, o *ethos* esportivo já marcava as lideranças inglesas desde as *public schools*, como mostra Richard Holt (1989) e enfatiza Kirk-Grene (1987):

> A qualificação de ser um bom esportista (sempre como um amador, nunca um profissional, com todas as nuances de classe inerentes a tal *status*) era de uma só vez um produto integral das *public schools*, bem como uma abertura social e um cartão de apresentação profissional. Em termos gerais, a partir de 1850, certamente até 1939, e frequentemente até os anos 1950, o sucesso no esporte escolar e universitário forneceu o denominador comum entre a *gentry*, as profissões da cidade e a fidalguia colonial (Kirk-Grene, 1987, p.84).

Se a habilidade esportiva se tratava de uma qualidade relevante para os que vislumbrassem ocupar postos de importância no Império Britânico, Kirk-Greene sugere que era

---

[33] Para mais informações, ver: <http://www.ccfc1792.com/>. Acessado em: 11/7/10.

ainda mais considerada para os que iriam trabalhar na África, em função da compreensão de que eram mais rígidas as exigências no que se refere às condições da natureza e estruturais locais.

De toda forma, é importante ter em conta que:

> O *motif* dos jogos de equipe, tão valorizados pelos comitês de seleção como uma qualidade admirável e difundida entre candidatos bem-sucedidos, foi possivelmente mais importante nas relações administrativas coloniais entre os colegas do que no que se refere aos africanos (Kirk-Greene, 1987, p.110).

Os ingleses, portanto, levaram alguns de seus hábitos para onde se estabeleceram. Mas, se eram seletivos, como se deu a difusão do esporte? Em alguns casos, a prática foi utilizada como forma de estabelecer relações com a elite local. Em outras oportunidades, por motivos diversos, não havendo possibilidade de organizar jogos exclusivos, convidavam-se alguns nativos a participar. Em muitas ocasiões, os locais aproveitavam os espaços de interrelação para aprender os fundamentos das "novidades".

Ramos (2003) nos dá alguns indícios de que processo semelhante ocorreu em São Vicente. Em Mindelo, os ingleses também organizaram suas atividades esportivas:

> Devo esclarecer que os ingleses possuíam, cá no Mindelo, 5 *courts* de tênis espalhados pela cidade e 2 estrados de cimento armado para a prática do cricket, sendo um na chã de Alecrim e outro na antiga Salina, hoje Praça Estrela. Desses 5 *courts*, o primeiro foi construído no século passado no Quintalão da Vascónia, mesmo junto ao citado Pavilhão da Salina, e, além disso, eles construíram também 2 campos de golfe nos arredores da cidade (Ramos, 2003, p.95).

Como teria se dado a influência britânica no desenvolvimento de hábitos esportivos entre os habitantes da ilha? Segundo o olhar de Ramos (2003):

> [...] apesar de os britânicos viverem isolados do povo, havia sempre nacionais que os acompanhavam no seu dia a dia, por exemplo, como serventes, ajudantes, como *caddies* no golfe,

> no tênis, apanha-bolas no futebol, aprendendo, imitando os costumes e o estilo característico dos ingleses, transmitindo simultaneamente à geração [...]. Eles deixaram profundas raízes e marcas indeléveis, quer nos grandes da sociedade e também nos habitantes humildes de São Vicente [...]. No desporto, então, é que nos deixaram profundamente vincados, em todo desporto praticado em S. Vicente, desde o futebol, o tênis, o cricket, o golfe, o basebol (o chamado rodeada pau ou corrida pau), o footing, a natação, o *cross*, o uso constante do short branco e camisola e meias altas da mesma cor (p.92).

Esses espaços de contato, portanto, parecem ter sido fundamentais para que o esporte, a princípio uma prática exclusiva de europeus, fosse se espraiando e enraizando na ilha. Um exemplo: no dia de Natal, era comum que os ingleses promovessem festas populares, oportunidades de encontros com os nativos; o mesmo se passava nas festividades do dia 22 de janeiro, data comemorativa do município. Nessas ocasiões era comum a organização de atividades esportivas entre britânicos e cabo-verdianos.

Outro exemplo. Ingleses, funcionários das empresas carvoeiras, estiveram entre os primeiros habitantes da Praia da Matiota. Por lá fundaram um clube de tênis, instalaram uma agremiação de *cricket* e construíram um trampolim de saltos. Ainda que os nativos achassem, à época, distante essa parte do litoral, para lá se dirigiam para acompanhar os britânicos praticando esportes, oportunidades em que tomavam contato com as novas atividades. Não surpreende saber que durante muitos anos esse balneário foi utilizado pelos caboverdianos como espaço privilegiado para a prática esportiva, local costumeiro de realização de exibições atléticas e acrobáticas.

O próprio banho de mar tornou-se um hábito distinto, à moda do que propunham os europeus. De um lado, passou a ser um costume mais difundido; de outro, surgiram novos rigores. Como lembra Ramos (2003):

> Antigamente, quando senhoras de respeito iam tomar banho de mar usavam toucas de borracha para proteger os cabelos; o fato

de banho era azul-escuro ou preto e consistiam em calções com saiote de lã grossa a cobrir os joelhos, mangas curtas com listas brancas nas orlas. Os homens por sua vez usavam fato idêntico, às riscas e era uma espécie de roupa à marinheira (p.149).

Enfim, como fruto desses encontros, paulatinamente os caboverdianos foram adquirindo novos hábitos. Criavam-se inclusive estratégias para que as práticas dos ingleses fossem reproduzidas, a despeito da escassez de material:

> [...] os meninos da rua entretinham-se a jogar futebolim com bola de meia, ou então tênis com raquetes feitas de tabuinhas de caixote de petróleo. Outras vezes, jogávamos o cricket com tacos de tona de rama de coqueiro e bola dura forrada de linha de fieira (Ramos, 2003, p.165).

O *cricket* parece ter sido o primeiro esporte a efetivamente se estruturar no arquipélago, tanto entre os europeus quanto entre os nativos. Segundo informa Barros (1998), o primeiro a organizar uma equipe da modalidade no arquipélago foi o inglês John Miller, da companhia Miller's & Cory's, no que logo foi seguido por funcionários da Wilson & Sons e da Western Telegraph. Em 1879, os jogos eram disputados em um campo construído na antiga Salina. Com o decorrer do tempo, esse espaço tornou-se:

> [...] o campo oficial de futebol e era onde se praticava atletismo e todas as modalidades desportivas, desde o futebol, cricket, corridas de velocidade, saltos à vara e em altura, lançamento do dardo e do disco, enfim, uma autêntica escola do desporto mindelense! (Ramos, 2003, p.16).

Progressivamente a população passou a acompanhar com interesse os tradicionais torneios de *cricket*, que seguiam o ritual britânico, inclusive com o *five o'clock tea*:

> Os espectadores lá fora à volta do campo eram o povo em geral que apreciava bastante esse desporto e ia aprendendo e aperfeiçoando os seus conhecimentos por essa modalidade desportiva praticada pelos britânicos em São Vicente. Com muita atenção fixavam a técnica de "bowler", do "wicket keeper", da colocação do

"bat" na marca do tapete e na dos jogadores ao largo do estrado (Ramos, 2003, p.94).

Não tardou para que os mindelenses começassem a também organizar seus jogos, seja aproveitando os horários vagos das canchas inglesas (algo nem sempre visto com bons olhos pelos estrangeiros), seja criando seus espaços próprios (ainda precários, é verdade). Logo estavam disputando partidas contra equipes de tripulações de navios que atracavam no Porto Grande.

Em 1913, conforme informam Papini (1982) e Ramos (2003), Jonatham Willis e George Smalcomb solicitaram um terreno para a construção de um pavilhão de *cricket* no Alto da Matiota, localidade que depois ficou mais conhecida como Chã d'Alecrim ou Chã do Cricket, lá instalando o St. Vicent Cricket Club. O campo da Salina ficou para os mindeleses realizarem seus jogos.

Alguns anos mais se passaram e os naturais criaram suas agremiações próprias: o Clube Africano de Cricket (1915), o Grêmio Sportivo Caboverdiano (1916) e o Club Sportivo Mindelense (1922). Com isso, aumentaram as rivalidades entre os estrangeiros e os da terra, como lembra o músico B.Léza:

> Ainda nos lembramos aquelas saudosas tardes cheias de sol doirado, em que os ingleses desembarcavam na ponte da Alfândega ou no cais número um, trazendo as bandas de música que enchiam de alegria as ruas do Mindelo até o Campo da Salina ou da Matiota, onde se disputavam os desafios de cricket ou de futebol, entre cabo-verdianos e ingleses (apud Barros, 1998, p.11).

Barros (1998) lembra que alguns caboverdianos chegaram a se destacar em outros países por sua habilidade. Esse mesmo autor sugere que essa foi a fase áurea do *cricket* no arquipélago. Posteriormente, especialmente depois que acabou o campo da Salina, em função da instalação de uma organização militar no local, a prática entraria em decadência e em alguns momentos praticamente deixou de existir.

De qualquer forma, o esporte marcou a construção identitária de Cabo Verde e foi apreendido como um dos indicadores que demonstrava a cultura elevada dos caboverdianos, ainda mais dos mindelenses, que se julgavam não poucas vezes como exemplos do sucesso da expansão da cultura lusa pelo mundo. Retomaremos esse tema no ensaio 3.

A ginástica e o escotismo

A primeira agremiação de caboverdianos que concedeu denodada atenção à prática de atividades físicas parece ter sido o Club Mindelo, fundado em 1904. Mesmo se apresentando como uma "associação literária e de instrução", os seus estatutos previam em seu artigo 2º: "proporcionar o desenvolvimento físico por meio da ginástica". Como observa Oliveira (1998): "Note-se [...] a primazia dada às atividades físicas. Talvez resultado da influência britânica, mas que anuncia já os clubes do século XX em que a cultura cede o primeiro lugar ao desporto na motivação dos sócios" (p.95).[34]

A referência à ginástica é um claro indicador da busca de sintonia com um novo conjunto de exigências da modernidade, entre as quais os cuidados com o corpo, com a saúde e com a higiene. Em São Vicente, a atenção a tais parâmetros tinha relação com a influência dos europeus que habitavam em Mindelo e/ou atracavam no seu movimentado porto. A prática de exercícios ginásticos já era, no final do século XIX, uma preocupação e motivo de investimento em muitos países, entre os quais Suécia, Dinamarca, França, Alemanha e mesmo o Brasil.[35]

Mas naquele início de século, a ginástica acabou sendo difundida por outra agremiação. Na década de 1910 foi criado,

---

[34] Devo observar que é conceitualmente equivocada a distinção entre esporte e cultura. O esporte é uma manifestação cultural. Na verdade, o autor parece usar o termo "cultura" como sinônimo de atividades literárias e artísticas em geral.
[35] Para mais informações, ver estudos de Marinho (1953) e Soares (1994).

em Mindelo, um grupo de escoteiros, movimento educacional, com características paramilitares, fundado, em 1907, pelo general inglês Robert Baden-Powell, a partir de suas experiências de condução de jovens em campanhas militares na África do Sul.

Em Cabo Verde, o líder da iniciativa foi Simão Barbosa, notável educador do arquipélago, que esteve também envolvido com a criação do Liceu Infante D. Henrique em São Vicente,[36] personagem importante da sociedade mindelense. Além das atividades de campismo, os *boy scouts* possuíam um grupo de teatro e praticavam diariamente a ginástica: civismo, disciplina e saúde eram valores plenamente incorporados ao movimento.

Graças aos escoteiros, a prática virou motivo de curiosidade, apresentada à população em exibições públicas, como vemos na notícia de 1913:

> A ginástica sueca executada [...] agradou muito, despertando admiração o fato de se não desconectarem os meninos, quando, em outras circunstâncias, poderiam assustar-se e interromper os exercícios.[37]

Os rapazes chegaram a se apresentar em outras ilhas, inclusive na capital, Praia:

> Principiou o espetáculo pela apresentação de um grupo de dezoito alunos, os quais, sob a direção do seu professor, Simão Barbosa, executaram com muita correção e uniformidade vários movimentos livres de ginástica sueca.[38]

Os escoteiros passaram a ser constantemente apoiados por iniciativas diversas, como a organização de récitas. Informa Joaquim Saial (2006):

> Ainda no mesmo ano (1913), em 7 Nov. houve no Mindelo uma récita a favor dos escuteiros (boy-scouts), organizados por

---

[36] Mais informações em: <http://www.falge-cv.org/public/Text.php?text_id=14> Acessado em: 4/3/2010.
[37] *O Futuro de Cabo Verde*, ano 1, n.30, 20/11/1913, p.3.
[38] *Independente*, ano 1, n.15, 12/8/1912, p.2.

Simão Barbosa, que reverteu para o cofre dos mesmos. Cantou-se "A Portuguesa" – acompanhada ao piano por uma miss Eve-leigh, à rabeca por Chaluio e Correia e ao violão por Mariano e Martinho –, representaram-se comédias, cantou-se a "Sementeira", fez-se ginástica sueca, e o filhinho do sr. Frusoni, com uma divina voz, demonstrando a sua veia artística italiana, prendeu a assistência, cantando duas canções napolitanas. Foi justamente mimoseado com um lindo bouquet de flores. Dois italianos participaram também nesta récita: Temistocle Neri, que cantou uma romanza da ópera "Fédora", e P. Bonuci (sic) [Pedro Bonucci, tio paterno de Sérgio Frusoni, longo dono da Loja Central e proprietário da Central Elétrica, como nos conta o professor Mesquitela Lima] que "numa canção napolitana, teve uma entrada primorosa e a execução saiu superiormente cativante".

Enfim, os *boy scouts* estavam plenamente inseridos no quadro sociocultural mindelense do momento, marcado pela influência estrangeira e pela busca de sintonia com os novos padrões da modernidade, entre os quais o combate à monotonia e o desenvolvimento de uma vida pública ativa, mas também pela necessidade, sentida por alguns líderes, de disciplinar e desenvolver hábitos saudáveis, especialmente entre os jovens.

Na verdade, é possível perceber que em muitas colônias africanas: "esforços para organizar a recreação africana atraíram as elites. O escotismo foi visto como um excelente treino-base para formar uma elite que, por sua vez, irá exercer boa influência sobre as massas" (Martin, 1995, p.92). A diferença do caso caboverdiano é que se tratava fundamentalmente de algo que tinha raízes internas, não uma imposição externa, não algo que atendeu estritamente, ou ao menos linearmente, aos desejos do colonizador.

Movimentos como o escotismo e, mais tarde, os Falcões, discutido no próximo ensaio, devem ser entendidos a partir de sua ambiguidade. De um lado inegavelmente eram estratégias de disciplinamento, inclusive no que se refere a uma determinada visão de saúde; de outro lado, fortaleciam elos de autoidentificação e autoafirmação dos jovens envolvidos, induzindo ao desenvolvimento de novos laços de solidariedade que foram importantes para o gestar de um modelo de cidadão mais ativo, crítico e participativo.

Caminhando para a consolidação

Os ingleses também foram os responsáveis pela introdução de outras modalidades em Cabo Verde, entre as quais o golfe. Segundo Barros (1981), já no século XIX, um grupo de britânicos construiu um campo em São Vicente, onde disputavam jogos com certa constância. Provavelmente o autor se refere aos terrenos da Praia da Galé, que solicitaram, em 1853, Thomas e George Miller e George Rendall, onde depois instalaram um clube de golfe e um campo de futebol (Papini, 1982). Maior referência merece a criação do St. Vicent Golf Club, cujo campo de dezoito buracos foi instalado próximo à Cova da Inglesa.[39]

Obviamente nem todos os esportes, a despeito de serem praticados por ingleses, se consolidaram em Cabo Verde. Ramos (2003) lembra que entre os britânicos a prática da natação e das regatas era comum. Nas fontes com as quais trabalhei, encontrei ocorrências dessas modalidades como prática informal ou estratégia educacional em entidades como os Falcões e a Mocidade Portuguesa (discutidas nos próximos ensaios), mas não muitos exemplos de competições estruturadas, o que sempre me pareceu curioso, já que o arquipélago, a princípio, forneceria todas as condições para estimulá-las, inclusive porque muitos caboverdianos se destacaram como bons profissionais da área náutica.

Pelos jornais, eventualmente apareceram mesmo reflexões sobre essa ausência.[40] Em 1980, quando Cabo Verde sagrou-se vitorioso nessas modalidades, em um torneio internacional realizado com a Guiné-Bissau e com o Senegal, o jornalista

---
[39] Esse tema será abordado mais profundamente no ensaio 3.
[40] Por exemplo, em Cabo Verde: *Boletim de Propaganda e Informação*, ano 6, n.72, 1/9/1955.

de *Voz di Povo* comentara ironicamente que o país vencera exatamente naquilo em que se encontrava menos desenvolvido.[41] Aliás, no ano anterior, em um número especial desse periódico, dedicado ao esporte, uma matéria discutia o tema: "Desportos náuticos: uma vocação de Cabo Verde".[42] Uma vez mais se constatava a ausência de competições: "Não estivesse o mar, todos os dias, a banhar-nos a cara, e o corpo de alguns de seus amantes despor-tistas ali e acolá, e teríamos esquecido da sua presença para a prática da máxima romana, mente sã em corpo são" (p.17). No decorrer da matéria ficamos sabendo que quando ocorriam provas de remo ainda não se utilizavam os barcos adequados, mas sim botes de pesca, "por ser o tipo disponível".

Informa-se ainda que havia um plano do governo para fundar um Clube Náutico, que deveria assumir a função de "núcleo dinamizador para o ressurgimento do desporto náutico", responsável por "incentivar o interesse de nosso público pelo mar" (p.17). A título de comparação, o Clube Naval de Luanda foi fundado em 1883, permanecendo ativo até os dias de hoje.

Foi também na virada dos séculos XIX e XX que se introduziu na colônia o futebol. Segundo Barros (1998), o responsável foi Chico Serradas (Francisco Cipriano Serradas), que trouxera a prática de Lisboa. Sem desconsiderar a importância desse personagem, creio que o processo tenha se dado de forma mais difusa. Por exemplo, existem indícios de que o esporte já era jogado anteriormente, de forma espontânea e sem muita estrutura, provavelmente aprendido com os marinheiros estrangeiros ou com os britânicos que viviam em Mindelo.

Era comum também a realização de jogos com as tripulações e/ou passageiros dos navios que aportavam na Baía de Min-delo. Por exemplo, ficamos sabendo que, em 1913, uma equipe

---

[41] *Voz di Povo*, ano 5, n.225, 5/3/1980.
[42] *Voz di Povo*, ano 5, número especial, 1/7/1979.

do Benfica, que voltava de uma excursão ao Brasil, participou, no campo da Salina, de uma partida contra um combinado de ingleses, evento acompanhado por grande público.[43]

Desse momento inicial podemos ainda falar da realização de lutas de boxe, partidas de tênis e corridas de automóveis. Ainda que São Vicente começasse a entrar em declínio econômico, permanecerá seu *ethos* de "local moderno" e logo seriam criados novos clubes e empresas dedicadas à diversão.

Não surpreende, enfim, que seja observável, naquela transição de séculos, a criação de um grande número de sociedades. Nessa primeira fase de formação de agremiações, as dificuldades ainda eram notáveis, inclusive no que se refere a conflitos internos: "Cabo Verde esquecendo-se de que a união faz a força, tem-na desprezado. Não há uma associação de classe e algumas recreativas e políticas que por cá tem existido são de vida efêmera".[44] De qualquer forma, bem resume Oliveira (1998), situando os clubes no cenário político e histórico do arquipélago àquele momento:

> [...] mesmo tendo vida efêmera, tiveram todas a sua utilidade ao proporcionarem aos sócios meios de se cultivarem, ao espevitarem a vida cultural das ilhas, ao desenvolverem o hábito da leitura de jornais, ao levarem os sócios a interessarem-se pela sorte dos mais desfavorecidos, abrindo consciências para os problemas sociais e, quiçá, despertar alguns para a política (p.99).

Referindo-se às primeiras agremiações de Cabo Verde, mesmo ponderando ter havido nelas bom número de crioulos, Gabriel Mariano afirma que: "É possível que estas organizações [...] tivessem sido grupos limitados aos cabo-verdianos" (apud Fragoso, 2004, p.6). A ideia de uma atividade ampliada, que alcançasse um conjunto maior da população, estava por vir. E o esporte seria fundamental nos movimentos que estavam prestes a acontecer.

---
[43] *O Futuro de Cabo Verde*, ano 1, n.17, 21/8/1913.
[44] *O Futuro de Cabo Verde*, ano 1, n.17, 21/8/1913, p.3.

Ensaio 3

O nacionalismo
lusitano-crioulo
e o esporte
(décadas 1920 - 1940)*

Novos debates identitários

Os chamados protonacionalistas caboverdianos terão sido, na verdade, nacionalistas lusitano-crioulos, na medida em que atrelados politicamente à nação lusa, reavivam as bases étnico-culturais que os constituem, a um tempo, como crioulos e cidadãos portugueses. Nas suas relações com o poder, eles se destacam como exímios manuseadores dessa condição híbrida, explorando ora o seu vínculo pátrio, ora sua alma crioula e, com isso, inaugurando uma modalidade nova de ser e sentir-se nacional (Fernandes, 2006, p.128).

Na virada dos séculos XIX e XX se percebe uma nova configuração da elite caboverdiana, em que se destaca a preponderância da ação de intelectuais que entabularam a construção de um discurso identitário, um nativismo que não vislumbrava a autonomia da colônia, mas sim o reconhecimento por parte da metrópole de que Cabo Verde integrava plenamente o império português.

Já as décadas de 1920 e 1940 foram marcadas pelo refluxo das possibilidades de interferência política e por uma decepção

---
* Sugestão musical: "Que belo estranho dia para se ter alegria", de Roberta Sá.

com os caminhos da república portuguesa (iniciado em 1910), que não trouxe as esperadas mudanças para o arquipélago.

A instabilidade e a incapacidade de resolver os problemas de Portugal, além do quadro contextual europeu, levaram, em 1926, à queda da 1ª República e a instauração do que seria um dos mais longos regimes autoritários da história. O impacto sobre as colônias foi sensível: "[...] a ditadura restringiu a autonomia das colônias mediante a promulgação das Bases Orgânicas da Administração Colonial" (Pimenta, 2010, p.59). Com a ascensão definitiva de Salazar à liderança do novo regime (1933), o Estado Novo, o quadro tornar-se-ia ainda mais complicado:

> Relembre-se que com o desaparecimento da República, esgotada em crises e dissenções várias, e a emergência do Estado Novo num Portugal agora entendido, nos termos do Ato Colonial, de 1930, como "uno e indivisível", "de Minho a Timor", são sufocadas as vozes nativistas outrora concentradas na cidade da Praia, [...] e também sonantes em outras ilhas, como S. Vicente e o Fogo [...]. Por outro lado, são liquidadas no ovo todas as tentativas de reforma ou de rebeldia contra o estado crítico das coisas (Almada, 2007).

Em Cabo Verde, novas posturas foram entabuladas, ainda que, em linhas gerais, dessem sequência e aprofundassem a estratégia anterior de construção identitária. É possível afirmar que o discurso lusitano-crioulo referendou a anterior ênfase: "não pela via de rompimento, mas sim de reiteração da lealdade dos filhos da terra à grande Pátria lusitana. É o desejo de plena inclusão nacional que impulsiona a luta contra seu braço colonial" (Fernandes, 2006, p.20). Os crioulos, ao reivindicarem o seu reconhecimento como lusitanos de fato e de direito, esperavam daí extrair elementos para uma disputa mais equânime.

Nesse contexto, o âmbito cultural se apresentou como um dos principais cenários de luta, lócus privilegiado para a construção de representações que se articulavam às reivindicações locais, no sentido de expressar os limites de certas construções coloniais. O momento é marcado pela "consistência do campo cultural, testemunhada pelo protagonismo cada vez maior dos novéis filhos da terra, seja nas instituições de educação, seja nas variadas produções culturais" (Fernandes, 2006, p.112).

A defesa da especificidade, da qualidade e da riqueza cultural do arquipélago passou a ser o investimento central dos intelectuais engajados nas causas caboverdianas. O intuito era entabular a formulação de um discurso alternativo ao que vinha da metrópole, colocando em xeque os preconceitos e estereótipos coloniais.

Para dentro e para fora do arquipélago, parece ter sido alta a eficiência do processo de construção de representações sobre o que é ser caboverdiano: "Em poucos países uma elite consagrada por sua produção cultural, nomeadamente literária, se impôs sobre o conjunto de sua sociedade de forma tão contundente" (Anjos, 2006, p.17).

Nesse novo quadro, recrudesceram os debates sobre o componente majoritário da formação do caboverdiano: África ou Europa? As duas principais cidades dramatizaram esse enfrentamento: Praia estaria mais influenciada pelo continente africano; Mindelo exemplificaria o alto grau da influência europeia; *badios*, como eram chamados os de Santiago, *versus sampadjudos*, os que eram de São Vicente (ou das ilhas de Barlavento como um todo).[1]

A efervescência cultural não foi a mesma em todas as ilhas, destacando-se São Vicente e sua capital, Mindelo. Dada a especificidade do momento, os aspectos da tradição africana parecem ter sido secundarizados em muitos discursos:

> [...] a reivindicação da criolidade cabo-verdiana caminha a par da reiteração da necessidade da desafricanização político-cultural de Cabo Verde e da reafirmação da portugalidade das ilhas achadas pelos portugueses e que melhor comprovariam

---

[1] As ilhas caboverdianas de Barlavento são: São Vicente, Santo Antão, Santa Luzia, São Nicolau, Sal e Boa Vista. As de Sotavento são: Maio, Santiago, Fogo e Brava.

> a excelência da colonização lusitana e da capacidade civilizacional ínsita no "mundo que o português criou" (Almada, 2007).

Um dos intelectuais que melhor expressou esse novo momento foi Baltasar Lopes,[2] por muitos considerado um dos "pais" da caboverdianidade (junto com Eugênio Tavares e Amílcar Cabral). Por suas ações e posições, ele sintetiza duas tendências: "a primeira, de defesa da portugalidade do cabo-verdiano; a segunda, de afirmação da personalidade cultural cabo-verdiana" (Fernandes, 2006, p.146).

Autor de uma das consideradas obras seminais da literatura caboverdiana, *Chiquinho* (1947), Baltasar Lopes foi um dos mais importantes nomes do movimento organizado ao redor da revista *Claridade*, considerada um dos mais notáveis casos de busca de uma identidade literária em uma colônia portuguesa.[3] Segundo Graça (2007):

> [...] a cabo-verdianidade – enquanto atitude filosófico-cultural perante o mundo – surgiu em Barlavento, na Ilha de São Vicente ou São Nicolau, nos finais do século XIX [...]. Mas a originalidade dessa noção, isso é incontestável, ganha maior configuração e expressão com o movimento *claridoso* (p.58).

Enfim, devemos ter em conta as palavras de Fernandes (2006) para entender melhor a peculiaridade da experiência caboverdiana:

> [...] tanto as multifacetadas intervenções culturais dos nativistas [...], quanto o corpo de conhecimento produzido pelos *claridosos* [...] contribuíram para a sedimentação de uma imagem de Cabo Verde e das suas gentes que [...] impossibilitaram a

---

[2] Nascido em 1907, na Ilha de São Nicolau, formado em filologia e direito pela Universidade de Coimbra, foi professor e reitor do importante Liceu Gil Eanes, juiz, advogado, político, poeta, escritor.

[3] Constantemente foi anunciada a influência brasileira nas formulações do movimento, especialmente o diálogo com a produção de Gilberto Freyre, José Lins do Rego e Marques Rebelo. No caso de Cabo Verde há uma peculiaridade na relação com Freyre. Em visita ao arquipélago, tão esperada pela intelectualidade local, ele declarou estar decepcionado com as ilhas, o que desencadeou algumas respostas, especialmente de Baltasar Lopes.

produção de um saber colonial sobre os cabo-verdianos, deixando o colonialismo amputado de um dos seus principais dispositivos de legitimação da sua ação no arquipélago (p.159).

Vejamos como o esporte dramatizou e ajudou a configurar esse momento da história caboverdiana.

Um novo perfil de clubes

Maria Acher foi uma das mais importantes literatas portuguesas das décadas iniciais do século XX. Uma parte de sua obra é marcada pelo fato de ter viajado, desde a infância, com seus pais, por algumas colônias portuguesas na África. Seu primeiro livro é publicado quando estava em Luanda/Angola: *Três mulheres*, de 1935. Em 1940, Acher publica a 1ª edição de *Roteiro do mundo português*, relatando suas experiências de viagem, uma forma de apresentar aos seus conterrâneos informações sobre um mundo que, pensava ela, ainda era majoritariamente desconhecido: as colônias africanas.

Ao falar de Cabo Verde, a escritora destacou o seu "estágio superior civilizacional". Para ela, até por ser ponto estratégico, caminho de várias rotas navais:

> [...] nas cidades, Praia, São Filipe, Mindelo, vive-se com elegância e prazer. São cidades claras, alegres, de arruamentos modernos, com edifícios graciosos. Os grandes proprietários agrícolas, os ricos comerciantes, sejam brancos ou crioulos, seguem um nível de vida que se compara com o das populações abastadas das cidades metropolitanas (Acher, 1940, p.35).

Para Acher, dono de uma visão claramente carregada de preconceitos e estereótipos, não se via em Cabo Verde nada do que se encontrava comumente no continente africano: "inteligentes, aptos ao trabalho industrial, ávidos de instrução, os negros de Cabo Verde são os mais civilizados dos que existem nas nossas colônias" (p.36).

Já no empolgado e ufanista relato de Eduardo Santos, um repórter do jornal português *O Comércio*, que acompanhou, em 1939, a visita à África do presidente de Portugal, General Carmona, e do ministro das Colônias, Francisco Vieira Machado, vemos reforçada a ideia de que: "mais do que em São Vicente, na cidade de Mindelo, é em São Tiago, na cidade de Praia, que o ambiente africano se faz sentir mais sensivelmente, dada a grande população indígena que ali vive" (1940, p.31).

Em sua viagem, o jornalista parece ter ficado mais empolgado com Moçambique, e sua capital Lourenço Marques, que se enquadrava melhor tanto no seu imaginário do continente africano quanto na ideia preconcebida de contribuição de Portugal para a "civilização" de suas colônias. Ao revés, ao falar de Cabo Verde, comenta:

> [...] o que é de lamentar [...] é que em São Vicente, terra bem portuguesa e que desejaria enfileirar no grupo das nossas ilhas adjacentes, não haja bebidas nacionais! Tudo é estrangeiro e abusivamente caro – até a cerveja e qualquer outro simples e modesto refrigerante (Santos, 1940, p.43).

A despeito dessa observação, o curioso é que Santos reforçou uma representação comum na história do arquipélago, a de que não se percebia uma grande separação das classes sociais. A existência de uma maior porosidade social é uma ideia comumente exaltada pelos intelectuais caboverdianos, como vemos nas palavras de Manuel Lopes:

> [...] se acrescentar ao quadro exposto as facilidades normais de intercomunicação entre as classes (muito mais que entre as ilhas ou entre os povoados), a mobilidade vertical e horizontal que está na base do comportamento social deste povo, terei dito muito do que representa para o intelectual cabo-verdiano, a vivência dos problemas de sua terra (Lopes, 1959, p.10).

Desenvolveu-se a noção de que tal ocorrência tinha relação com o fato de os caboverdianos, ainda mais os mindelenses, adotarem um estilo de vida mais leve, mais despojado, mesmo que intelectualmente requintado, em função de uma cultura marcada pelo hibridismo, pela mistura de referências múltiplas. Essas características teriam induzido, inclusive, à adoção de certos esportes:

> [...] certa displicência no trajo, principalmente no vestuário masculino, o cumprimento limitado a um aceno de mão, na forma de um alô que arreda o portuguesíssimo aperto de mão, a generalidade da prática do tênis, do golfe, do cricket, desportos mais ou menos aristocratizantes para quem os pratica, mas que em Cabo Verde se divorciam de tal conceito, na medida em que se deixam permeabilizar por todos os escalonamentos sociais até alcançarem empregados de escritório e balcão (Miranda, 1963, p.37).

Essas representações, eivadas de considerações ideais, não estavam desprovidas de algumas bases concretas. Nesse cenário, é notável que, a partir dos anos 1920, em sintonia com o que ocorria no contexto internacional, cada vez mais tenha surgido na colônia, especialmente em São Vicente:

> [...] um novo tipo de clubes, mais virados para os elementos populares e em que a componente desportiva se sobrepunha a todas as outras. A abertura a todos e a primazia dada ao desporto até não eram novidades no Mindelo, novidade era a quase ausência de referências culturais nos estatutos das novas associações (Oliveira, 1998, p.101).

Na capital, surgem também novas agremiações como o Sport Club de Praia (criado em 1919, em reunião presidida por Viriato Gomes da Fonseca)[4], o Travadores (1928/1930, hoje uma filial do Benfica), o Sporting Club de Praia (1929, uma filial do clube português), o Luzitânia e o Vitória Futebol Clube. Em Santo Antão, é fundado o Grêmio Literário e Desportivo da Ponta do Sol, que tinha por finalidade "promover a educação literária e a cultura física pelo desporto" (Oliveira, 1998, p.101). Em Brava, em 1933,

---

[4] Fonseca teve uma brilhante carreira militar, tendo sido um dos únicos negros que chegou a general do Exército Português; era ainda músico e artista plástico.

funda-se, em homenagem ao poeta, o Club Literário e Desportivo Eugênio Tavares.

É, todavia, mesmo em Mindelo que as atividades públicas de diversão, entre as quais as esportivas, consolidaram-se mais fortemente, marcando definitivamente o perfil da cidade e da Ilha de São Vicente na história de Cabo Verde. Entre os clubes que surgiram nesse momento, alguns devem ser destacados.

Um deles é o Mindelense, fundado em 1922. No decorrer das décadas de 1920-1940, essa agremiação consolidou a sua popularidade, inclusive em função da rivalidade que se estabeleceu com outros clubes de São Vicente, entre os quais a Associação Acadêmica de Mindelo.

Para Luiz Silva,[5] uma das razões dessa rivalidade é que o Mindelense "recrutava seus jogadores na periferia de Mindelo", sendo mais identificado como um clube do povo, enquanto a Acadêmica era um "clube da elite mindelense, que tentou sempre recuperar os maiores jogadores do Mindelense, graças aos meios econômicos que possuía". Segundo o olhar de Jorge Martins, dada sua trajetória, pode ser considerado: "[...] o Mindelense, o mais popular e, talvez, o mais aguerrido de todos, praticando sempre um jogo viril e musculado, mas sempre 'list', cópia de um estilo britânico muito em voga no Mindelo dessa época".[6]

Segundo Martins, um dos indicadores da popularidade do clube era a movimentação do público por ocasião das partidas de futebol:

> Pelas 13 horas, já o movimento denunciava a importância dos jogos. Os *mnins*, esse, ou ficavam à porta da sede do seu clube aguardando que um dos jogadores lhe entregasse as suas botas para ele levar, e assim garantir um entrada sem sobressalto

---

[5] Comentário disponível em<http://www.fotolog.com.br/valdas/25262237>. Acessado em: 20/5/2010.
[6] Comentário disponível em <http://www.fotolog.com.br/djomartins/12464756>. Acessado em: 8/5/2010. Nesse endereço é possível acessar uma foto de um jogo entre o Sporting de Mindelo e o Mindelense.

no campo de jogos, ou entretinham-se a amontoar pedras junto às paredes que circundavam o recinto, tentando ludibriar os guardas e poder deliciar-se com uma tarde de bom futebol.[7]

As posições de Silva e Martins são expressões da paixão pelo clube. Valdemar Pereira comenta essa forte relação entre os torcedores e a agremiação:

> Não me coíbo de dizer – alto e bom som – que todo o adepto do Mindelense era (é?) ferrenho. Por não tê-lo sido e me simpatizar (primeiro) com a Académica e (depois) com o "meu" Castilho, afirmo que o "barulho" que faziam os fans (sobretudo a turma da Craca e do Monte) de um dos mais prestigiosos clubes de Cabo Verde me enervava. Tinha ciúme porque era uma grande "clac" muito difícil de ouvir quando perdia(m) o(s) meu(s) clube(s).[8]

Outro clube popular era o Grêmio Sportivo Castilho, fundado em 1923. Em 1929 é criado o Derby, um ano depois do Sporting Club, fundado por iniciativa do na época reitor do Liceu Infante D. Henrique (futuro Liceu Gil Eanes), Daniel Duarte Silva, ele mesmo goleiro da equipe de futebol.[9]

O Liceu, aliás, teve grande importância no desenvolvimento esportivo de Mindelo. Basta dizer que, criado em 1917, desde o início estava prevista a obrigatoriedade da disciplina "Ciências físicas, naturais, higiene e educação física".[10] Ligada a essa instituição, em 1940 seria criada outra importante agremiação: a Associação Académica do Mindelo, inspirada e relacionada à Associação Acadêmica de Coimbra, tendo entre seus fundadores Luiz Terry,[11] João Barbosa e Joaquim Ribeiro.

---

[7] Comentário disponível em <http://www.fotolog.com.br/djomartins/12464756>. Acessado em: 8/5/2010.
[8] Comentário disponível em <http://www.fotolog.com.br/valdas/25262237>. Acessado em: 20 /5/2010.
[9] Para foto do Sporting, ver <http://www.fotolog.com.br/jovera/26250001>.
[10] Duas interessantes fotos do Liceu podem ser vistas em: <http:// www.fotolog.com.br/djomartins/12397022> e http://www.fotolog.com.br/djomartins/45450978>. Acessados em: 15/7/2010.
[11] Devemos destacar as ações de Luiz Terry nos sete anos em que passou por São Vicente (1940-1947), sempre atuando no importante Liceu e tendo uma vida

Já o Grêmio Desportivo Amarante foi fundado, em 1936, por um grupo de garotos que tinha um time de futebol. O primeiro uniforme foi inspirado no Boca Juniors da Argentina; o nome foi uma homenagem ao goleiro do Clube Setúbal de Portugal, jogador que gozava de grande fama e presença constante nos jornais e revistas que chegavam de Lisboa.[12]

Se Oliveira (1998) tem razão quando aponta um novo perfil de agremiações se delineando, não devemos crer que isso se deu à revelia, na oposição ou descolado do desenvolvimento e valorização da cultura artística.

Uma importante expressão das relações entre as culturas literária e esportiva, e um indicador da valorização progressiva da prática de atividades físicas, é a conferência que ministrou Adriano Duarte Silva, em agosto de 1924, na Câmara Municipal de São Vicente, evento promovido pelo Mindelense.

Personagem histórico da sociedade sanvicentina, intelectual, político e professor do Liceu,[13] Adriano começa sua reflexão narrando que, em certa ocasião, ao se dirigir a um jogo de futebol, foi indagado sobre a propriedade de um docente se envolver com esse tipo de atividades. Para ele:

> Desgraçadamente, no nosso país ainda é esta a orientação geral, considerando-se o desporto incompatível com determinadas

---

política ativa. Conhecido por ter uma relação mais próxima com os alunos, foi um incentivador dos hábitos culturais (apoiou, por exemplo, a publicação de *Certeza*, uma das importantes revistas literárias do país), entre os quais a prática esportiva. Um dado interessante: Terry foi um dos responsáveis por conseguir a bolsa que possibilitou a ida de Amílcar Cabral a Portugal. Para algumas opiniões, ver <http://www.fotolog.com.br/valdas/25997034>. Acessado em: 5/5/2010.

[12] Para mais informações sobre o clube, ver Ramos (1987).

[13] Recentemente sua contribuição voltou à tona por ocasião da demolição de sua casa, fato que causou muitas polêmicas em São Vicente. Para uma posição sobre o assunto, ver <http://liberal.sapo.cv/noticia.asp?idEdicao=64&id=30314&idSeccao=527&Action=noticia>. Acessado em: 27/9/2010.

profissões. É contra esse erro que devemos clamar. Os desportos não só podem como até devem ser praticados por todos (Silva, 1924, p.4).

A posição de Adriano, dirigida aos que se interessam pela educação e pelo bem da mocidade, bem como pelo aperfeiçoamento da raça, dialoga diretamente com a experiência inglesa de valorização das atividades físicas, com ressalvas ao que considera excesso de preocupação com esse tipo de prática: para ele trata-se de coadunar a cultura física com a literária. Mais ainda, de acordo com seu olhar, esporte e arte teriam muitos pontos em comum. Dessa forma, os exercícios seriam um fator fundamental para um projeto educacional mais atualizado, atraente e completo.

Uma das agremiações que merece atenção no que se refere a essa relação entre cultura literária e cultura física é o Grêmio Recreativo Mindelo, criado em 1938, "de caráter recreativo, desportivo, educativo, literário e musical, estranho a quaisquer ideias políticas e religiosas que contendam com as leis do país e instituições vigentes" (Estatutos, 1940). Segundo o capítulo VI, artigo 20, parágrafo 5º, perderiam o direito de sócios "os que tentarem, por qualquer forma introduzir política no grêmio"; de acordo com o artigo 53: "São expressamente proibidas aos sócios discussões políticas, religiosas ou quaisquer outras que possam prejudicar o grêmio".[14]

Tanta preocupação em deixar clara a ausência de intuitos políticos devia-se às exigências do quadro contextual português. De qualquer forma, a agremiação se constituiu em um fórum de participação para a elite e os intelectuais locais. Entre os sócios se encontravam, por exemplo, os envolvidos com a revista *Claridade*.

---

[14] Duas fotos do clube podem ser obtidas em: <http://www.fotolog.com.br/djomartins/13958333> e <http://www.fotolog.com.br/djomartins/45637138>. Acessados em: 8/5/2010.

O Grêmio Mindelo não tinha equipes esportivas, podendo ser considerado um marco da mudança de padrões dos clubes locais, cada vez menos literários:

> Principalmente com a popularização do futebol – por sinal introduzido pelos ingleses – os clubes desportivos imperaram então. Atraindo uma enorme massa associativa e despertando paixões ruidosas que contrastavam com o caráter restrito e a vida aparentemente calma dos antigos clubes estas novas associações impuseram-se no panorama social cabo-verdiano de forma esmagadora (Oliveira, 1998, p.193).

De qualquer maneira, entre os associados muitos tinham algum envolvimento com a prática esportiva, como é o caso do já citado Baltasar Lopes. Quando vivera em Portugal, teve inclusive uma vitoriosa carreira no atletismo (em provas de corrida) e no futebol (era goleiro, jogador do Club Internacional de Lisboa). Foi durante anos praticante de *cricket*. Na verdade:

> Baltasar Lopes, apesar de hoje ser apontado como o intelectual mais completo do movimento (*claridoso*), ao contrário dos seus companheiros, até então não se fizera notado como poeta. O nome de Baltasar Lopes [...] aparece com freqüência nos jornais da época, mas, principalmente, em assuntos ligados ao desporto, quer como dirigente federativo, quer como promotor de campeonatos (Oliveira, 1998, p.469).

O interesse de Baltasar Lopes pelo esporte não era absolutamente uma exceção entre os intelectuais. Outro fundador da *Claridade*, Manuel Lopes, também foi praticante de algumas modalidades, como informa em entrevista a Daniel Spínola:[15]

> Eu saí de um clima extremamente seco, saudável, de São Vicente, aquele clima seco que faz de toda a rapaziada um desportista – eu era um homem que andava nas montanhas [...], joguei futebol, joguei tênis, joguei golfe, gostava muito de jogar golfe, fiz natação e, principalmente, corri [...].

---

[15] Disponível em <http://www.nch.pt/biblioteca-virtual/bol-nch15/n15-10.html>. Acessado em: 3/5/2010.

Devemos ainda lembrar de Jonas Wahnon, amigo pessoal de Baltasar Lopes e um dos dinamizadores e apoiadores da publicação de *Claridade*. Personagem importante da sociedade, da economia e da política de Mindelo, foi presidente do Mindelense, um conhecido jogador nas equipes de *cricket*, além de praticante de tênis.[16]

No âmbito das posições de Baltasar Lopes sobre a ideia de caboverdianidade, o esporte esteve constantemente contemplado. Vejamos um de seus pronunciamentos:

> O cricket, antes de o futebol se impor às massas, era o "desporto-rei" do Mindelo, suscitador de enorme entusiasmo popular até as duas primeiras décadas do presente século. Lamento, disse, a substituição do cricket pelo futebol por duas ordens de razões: o futebol é de aprendizado técnico e de execução mais elaborado e difícil que o cricket; em segundo lugar o desgaste físico produzido pelo consumo de energias na prática do futebol implica o contrapeso de uma alimentação quantitativa e principalmente qualitativamente fora do alcance do jogador comum. Ora, o cricket pelas suas características acomoda-se às potencialidades da cachupa extrema[17] (apud Barros, 1998, p.65).

Lopes promove uma curiosa inversão de sentidos usuais: para ele o *cricket* seria de mais fácil prática do que o futebol, comumente considerado, do ponto de vista material e técnico, como uma das modalidades mais acessíveis. Haveria até mesmo razões alimentares, segundo seus argumentos, para estimular o jogo dos bastões. Independentemente da propriedade dessas afirmações, parece claro que o que está em questão é uma certa visão do que seria mais apropriado tendo em vista a representação de caboverdianidade historicamente construída, da qual Baltasar foi um dos artífices mais privilegiados.

---

[16] Para algumas opiniões sobre Wahnon, ver <http://www.fotolog.com.br/valdas/25825043>. Acessado em: 3/5/2010.
[17] Cachupa é uma comida típica de Cabo Verde.

O esporte, assim, não surpreendentemente, marcará presença em algumas obras literárias. Do próprio Baltasar Lopes, há duas que merecem destaque. Uma é o conto "A caderneta", publicado em *Antologia da ficção cabo-verdiana contemporânea* (lançada em 1960):

> O senhor doutor já não está a lembrar-se do Lela de Tita? [...] Lela contava-me que o senhor doutor se entretinha horas e horas a vê-los jogar futebol e cricket. O senhor não deve estar esquecido (Lela falava sempre dos seus companheiros), era Lela, Ciríaco, Marcelo, sobrinho do Chuche, que hoje está na Argentina, Venâncio e Nhâ Inácia, do Madeiralzinho [...], Mané Pretinho e tantos outros [...]. Ah! Tinha também Outrum, manquinho, mas quíper lá-fora! (p.117).

A prática, mesmo que ocasionalmente, também está em *Chiquinho*, publicada pela primeira vez em 1947, uma das obras mais conhecidas da literatura caboverdiana, considerada uma das origens de uma produção tipicamente local. O *cricket*, o futebol e os clubes aparecem na segunda parte do romance, como costume cotidiano que faz parte da intensa vida festiva de São Vicente.

Enfim, a formação da sociedade mindelense em boa medida passava pelas práticas esportivas, nas quais emergiam questões ligadas à cultura local. Prospectemos mais profundamente o contexto sociocultural dos anos 1920-1940.

Uma cidade efervescente

Nas décadas de 1920-1940, observa-se em São Vicente uma vida pública já estruturada. Segundo Maria Acher, de forma um pouco exagerada, mas de maneira alguma equivocada, os caboverdianos:

> [...] vestem-se pelos figurinos franceses, recebem elegantemente em suas casas, compram automóveis de boa marca, viajam em primeiras classes, interessam-se por assuntos de arte e cultura. As cidades são iluminadas a eletricidade, dispõem de água

canalizada, esgotos, pavimentos modernos, jardins, diversões. Muitas cidades da província, em Portugal, são mais monótonas e rotineiras do que estas. Praticam ali largamente o desporto, quer náutico, quer terrestre, com animadas competições. Brancos e crioulos freqüentam os clubes de natação, remo, vela, tênis, futebol etc. Evidentemente que a bola é o desporto preferido. Os crioulos, se há jornais, também apregoam os diários gritando a indicação animadora: Traz a bola! (1950, p.35).[18]

Depois das primeiras experiências realizadas em Praia, de acordo com Machado (2006), foi mesmo em Mindelo que se inaugurou o primeiro cinema de Cabo Verde, em 1919, de propriedade de Francisco Mascarenhas e A. Freitas. Mas a grande sala, a que permaneceria na história do país e na memória de muitos cabo-verdianos, abriria suas portas em 1922: o Éden Park, de propriedade de César Marques da Silva,[19] natural da Ilha de São Nicolau, antigo funcionário da Western Telegraph, também sócio do Club Mindelo, do qual chegou a ser presidente.

O Éden, na verdade, transformou-se rapidamente, como era comum em muitos países, em um "salão de novidades": além da exibição de filmes, sua programação mesclava peças de teatro, conferências (entre as quais as de Baltasar Lopes e dos *claridosos*), reuniões políticas, atividades circenses, espetáculos musicais,[20] bailes de carnaval, demonstrações de ginástica e lutas de boxe.[21]

Luís Silva (2006), um dos mais ferrenhos defensores das tradições culturais de Mindelo, assim exalta a importância do Éden, em exercício de memória com o qual coadunam muitas lideranças de Mindelo:

---

[18] A primeira edição desse livro é de 1940.
[19] Uma foto de César Silva pode ser encontrada em<http://ww.fotolog.com.br/valdas/25179159>. Acessado em: 3/5/2010.
[20] Ver, por exemplo, foto de apresentação de Amália Rodrigues no cinema em: <http://www.fotolog.com.br/djomartins/12617290>. Acessado em: 3/5/2010.
[21] Por exemplo, no *Notícias de Cabo Verde* de 26/8/1933 (ano 3, n.60) vemos a chamada para o combate entre Aniceto Estrela e Newton, organizada por Joaquim Silva na referida casa. Para mais informações sobre o boxe, ver: <http://www.islasdecaboverde.com.ar/san_vicente/historias_mindlenses/7_boxe_cumeca_as_nov_ones_1930_1960.htm>. Acessado em: 19/5/2010.

De todas as ilhas acorriam pessoas para assistir aos vários espetáculos organizados no Éden Park [...]. Mais do que qualquer outra escola, teve sempre preocupação de servir às classes sociais mais modestas, levando-lhes a instrução e a cultura popular. O Éden Park, graças à passagem de grandes filmes, trouxe aos caboverdianos os exemplos da dignidade e da solidariedade humana e ainda a consciência da liberdade. Mais ainda: também desenvolveu o nosso sentido de revolta contra as traições, o racismo, as injustiças humanas, a esperança dum mundo melhor onde a justiça estaria acima de todos e que seríamos capazes de criar uma elite que fosse o exemplo de dignidade e patriotismo para o nosso povo (Silva, 2006).

Por ocasião da Segunda Grande Guerra, quando Portugal, apesar de ter declarado neutralidade no conflito, a título de garantir a segurança das ilhas, envia forças armadas para São Vicente e Santo Antão,[22] o cinema parece ter vivido seu momento áureo, atendendo às tropas que se instalaram em Mindelo. Seus cerca de 400 lugares viviam lotados. Em 1954, Guilherme de Melo criou um novo cinema, o Park Miramar.[23]

As forças militares que se instalaram em São Vicente, aliás, também contribuíram para a movimentação esportiva. Era comum a disputa de partidas entre equipes de quartéis e de clubes ou grupos locais. Não poucas vezes essas contendas terminavam em conflitos. Muitos anos depois, alguns viram essas brigas como forma de "consciência anticolonial".[24] Não me parece que chegavam a tanto, certamente não no sentido de pensar em alguma forma de autonomia.

Depois de um período de decadência, por motivos diversos, entre os quais alguns apontam o próprio declínio cultural de Mindelo, em 2007 o Éden fechou as portas, desencadeando-se enorme debate em função de uma tentativa de vendê-lo.[25]

---

[22] Para foto da chegada do 1º Corpo de Tropas Expedicionárias Portuguesas: <http://www.fotolog.com.br/djomartins/12660525>. Acessado em: 15/7/2010.
[23] Para foto do Miramar: <http://www.fotolog.com.br/djomartins/23861972>.
[24] Um exemplo é o depoimento de Júlio Vera-Cruz (apud Pereira, 2003), que lembra conflitos em um jogo de basquete.
[25] Para foto do Éden Park e acesso a petição que tenta impedir a sua venda, ver <http://www.gopetition.com/petition/33047.html>. Acessado em: 24/7/2010.

Nas décadas de 1920-1940, se o Éden ocupou espaço de importância, a vida festiva era certamente mais ampla. Em Mindelo, que passava por reformas urbanas e iniciativas de embelezamento, a chegada da luz elétrica (1929) permitiu a diversificação das práticas de diversão, sobretudo as noturnas. Em 1930, constrói-se um edifício para o ensaio da banda municipal, inaugura-se o Estádio da Fontinha e realizam-se as primeiras corridas de automóveis/gincanas automobilísticas na praia da Baía das Gatas (provas repetidas com certa frequência). Nesse mesmo ano, pelo decreto numero 5, de 24 de janeiro, estabeleceu-se oficialmente o descanso semanal aos domingos.

Em São Vicente destacava-se ainda o grande número de atividades carnavalescas, até hoje uma das marcas mais conhecidas dessa ilha. Pelos jornais vemos as propagandas e comentários dos bailes que eram oferecidos no Grupo Cruzeiro, no Belo Horizonte Nacional, no Flor do Oriente, no Fichismo, no Marcaridu, no New Island Star, no Flor do Atlântico, no Sousa Cruz, no Monumental, no Grêmio Caboverdiano, no Éden Park.

Na década de 1930, tenta-se implantar um velho costume português nas ilhas: as corridas de touros, anunciadas enfaticamente pelas páginas dos jornais. Diz o *Eco de Cabo Verde*[26] sobre uma tourada realizada em Praia: "Afinal, afastados pequeninos obstáculos, removidas insignificantes ninharias, tudo se conjugou, como era de se esperar, para que a tourada que amanhã, e pela primeira vez, se realiza na Praça Trindade, resulte brilhante".

Pelas páginas desse periódico podemos ver que se tratou mesmo de um grande evento, seguindo todos os rituais do modelo metropolitano, contando com grande presença de público, inclusive a elite local. Segundo o jornal:

> O povo que enchia a praça gostou da "festa brava", escola de coragem e de valentia. Foi uma das tardes mais bem vividas

---
[26] Ano 1, n.18, 30/3/1934, p.1.

em Cabo Verde pelo que o espetáculo teve de interessante para uns e sensacional para outros. A banda da Praia desempenhou-se bem. É de aconselhar-se sucessivas reprises. O fim é educativo e moral.[27]

O periódico já não é tão enfático ao comentar uma segunda corrida, realizada menos de um mês depois. Apesar do esforço para enaltecer a iniciativa, o jornalista não tem como negar que atraiu menor público e foi mais desorganizada. De fato, a vida festiva da capital não parecia estar no mesmo patamar do que a de Mindelo, ainda que em Praia houvesse, como vimos, alguns clubes esportivos, além de campeonatos de bilhar, xadrez e damas.

Em São Vicente, o frenesi ficava mais intenso quando atracavam navios estrangeiros no Porto Grande, ainda que o fluxo já não fosse o mesmo do século XIX. Por exemplo, em dezembro de 1937, quando aporta um encouraçado alemão, um navio de guerra já relacionado aos movimentos que nos anos seguintes desencadeariam a Segunda Grande Guerra, foi realizada uma série de atividades: passeio de automóvel, concerto da banda municipal, chá dançante, jogos de futebol, partidas de tênis; os alemães retribuíram a recepção com apresentações de ginástica e exibição de seu conjunto musical. Algo similar ocorreu quando atracou, no mesmo mês, uma fragata da Argentina.

Os clubes esportivos contribuíam com o ar de festividade tanto por suas atividades cotidianas quanto por suas comemorações. Bons exemplos foram os festejos do 14º aniversário do Castilho (em março de 1937) e a "entrega de faixas" à equipe de futebol do Mindelense, vencedora do campeonato de São Vicente de 1941.[28]

Os jornais mais comumente, aliás, passaram a abrir espaço para as novidades esportivas. O *Notícias de Cabo Verde*, desde

---

[27] Ano 1, n.18, 30/3/1934, p.4.
[28] A atividade foi capa do *Notícias de Cabo Verde* (ano 10, n. 202, 12/3/1941).

as primeiras edições, tinha uma coluna dedicada ao assunto. A princípio chamava-se "Vida Desportiva", no ano de 1937 foi renomeada para "Sport" e em 1943 para "Desporto".

Em 1940, o periódico criou um suplemento de duas páginas para tratar do tema. Essa experiência levou ao lançamento do primeiro jornal esportivo de Cabo Verde, em dezembro de 1944: o *Goal*, ligado ao *Notícias de Cabo Verde*, mas com existência autônoma. Foram publicados apenas dez números semanais, cuja tônica era a difusão de notícias dos campeonatos de futebol, embora outros esportes também recebessem alguma atenção. Os responsáveis por essas iniciativas foram dois importantes personagens da história do arquipélago: Evandro de Matos, o Evandrita, e Joaquim Ribeiro.

Nascido em Mindelo, ex-estudante do Liceu, praticante de várias modalidades, dirigente ligado ao Grêmio Desportivo Amarante, envolvido com o teatro, Matos foi um dos pioneiros e mais profícuos jornalistas esportivos de Cabo Verde.

Ribeiro também foi um dos líderes esportivos do arquipélago e um dos homens que bem expressou os novos tempos marcados por uma vida pública mais intensa. De família caboverdiana, embora tenha nascido na Guiné, viveu em São Vicente e em Portugal, tendo sido designado, quando retornou à ilha, pelo reitor Luiz Terry, professor de ginástica do Liceu Gil Eanes.

Jogador de futebol, atleta de várias modalidades, ginasta, Ribeiro foi um dos fundadores da Associação Acadêmica do Mindelo, além de dirigente de federações esportivas. Envolvido com várias iniciativas políticas e culturais, atuante em vários periódicos, ficou também conhecido por ser galanteador e namorador. Foi um dos pioneiros da aviação em Cabo Verde. Tinha um perfeito *physique du rôle* moderno.[29]

---

[29] Para algumas opiniões sobre Ribeiro, ver <http://www.fotolog.com.br/valdas/25101603>. Acessado em: 5/5/2010.

Pelas páginas das colunas esportivas podemos acompanhar as tensões do campo em Cabo Verde, especialmente em Mindelo. Alguém que assinava com o pseudônimo de "Penalty", por exemplo, constantemente fazia críticas aos clubes e competições, além de emitir posicionamentos teóricos sobre o papel do esporte, sendo contestado na mesma frequência.

Havia também exaltações. Como um sinal de reconhecimento dos ídolos locais, o *Notícias de Cabo Verde* publica várias caricaturas dos mais relevantes *sportsmen* de Mindelo. Os atletas já eram figuras admiradas. Não surpreende, assim, a comoção pública quando da morte de Jacinto Barbosa Fernandes, tido como grande jogador de futebol.

Frente ao avanço das vivências públicas de lazer, o governo metropolitano frequentemente se posicionou e, em alguns casos, estimulou certas práticas. Por exemplo, pelo decreto n.11, de 17 de março de 1934, baixou impostos e criou privilégios para manter abertos os teatros. As iniciativas de controle e restrição, contudo, foram em maior número. Por exemplo, o uso dos balneários passou a ser mais bem regulamentado (como demonstra o decreto n.35, de 31 de agosto de 1935).

Fundamentalmente sofreram interferências as atividades musicais, especialmente em Mindelo, onde claramente se delineava uma musicalidade própria. O decreto n.24, de 5 de fevereiro de 1934, estabeleceu a obrigatoriedade de pedido de licença para a realização de bailes. Em 1936, foram aumentados os impostos para a promoção dessas atividades que tanto agradavam à população.

Na verdade, já em 1912, um decreto tentara acabar com as bandas de música, o que desencadeou forte reação popular e da imprensa, como se pode ver pelas críticas publicadas no *Independente* e em *O Futuro de Cabo Verde*. Na década de 1930, uma vez mais a Câmara de São Vicente tomou ações contra esses grupos, provocando nova onda de protestos. Na ocasião, a resolução "desgostou os seus munícipes que se viram assim privados de um divertimento muito apreciável em terras de África"; por isso, enfatizava o jornalista: "Protestamos com os munícipes de Mindelo contra tão estranha medida".[30]

O *Eco de Cabo Verde* protestava: "Estamos sobre o regime de terror. Pobre povo! Não podes folgar! Não podes esquecer os teus males que são cotidianos!".[31] Em 1934, o mesmo periódico voltava a criticar: "Porque acabar com este lenitivo do povo que aos domingos se reunia na praça para se esquecer do quadro pungente que tem em casa?".[32]

De um lado, uma vida festiva intensa e o estímulo à busca da excitabilidade; de outro, o excesso de trabalho para as camadas populares e as iniciativas de controle do tempo livre. Esses aspectos, por motivos diversos, fortaleciam as preocupações com a saúde, que também, no caso caboverdiano, estavam relacionadas à própria constituição da ideia de caboverdianidade, encarada como uma expressão de que no arquipélago era alto o grau de sintonia com os "progressos" mundiais.

Enfim, esse era o quadro geral que se apresentava no decorrer das décadas de 1920/40. Consideremos a visão de Mesquitela Lima (1992) sobre a divisão da sociedade mindelense naquele momento. Para ele, havia uma elite, formada por mestiços

---

[30] *Eco de Cabo Verde*, ano 1, n.6, 15/7/1933, p.1.
[31] Ano 1, n.6, 15/7/1933, p.7.
[32] *Eco de Cabo Verde*, ano 2, n.31, 22/12/1934, p.3.

e brancos que atuavam como professores, advogados, comerciantes e funcionários públicos (além dos estrangeiros que mantinham certo isolamento); havia um estrato médio, formado por pequenos comerciantes e empregados de algumas firmas; havia os populares, trabalhadores em geral.

Segundo seu olhar, o Grêmio Recreativo de Mindelo era o preferido do primeiro estrato; as outras agremiações, em diferentes graus, eram frequentadas pelo conjunto maior da população. De qualquer forma, Mesquita Lima (1992) identifica certa porosidade e fundamentalmente que:

> A maior parte dos mindelenses, mesmo o menos dotado, tem o culto da cultura, conhece seus poetas e escritores, cita os seus nomes, possivelmente sem os ter lido. Nos bailes nacionais de Bia de Djaco ou de João de Tolentino, há indivíduos que fazem discursos com pretensões eruditas, o mesmo sucedendo em certos clubes populares como o Castilho, Derby e Amarante (p.37).[33]

Antes de discutir mais profundamente as modalidades esportivas, dediquemos algumas páginas para um importante movimento que se organizou em Cabo Verde na década de 1930: os Falcões, que tinham a juventude como alvo principal, a resolução dos problemas de Cabo Verde como preocupação central e a ginástica como importante ferramenta.

Os Falcões e a ginástica

Na música, no desporto, no mar, em terra, em toda a parte e em todos os domínios, os Falcões Portugueses de Cabo Verde haveriam de dar o que falar. Do fundo da sala foi disparado um "drei, zdrau, zdrau, zdrau", que logo encontrou eco em todo o

---

[33] Outro bom exemplo pode ser encontrado em um comentário de Gabriel Mari-ano (apud Branco, 2004, p.77) acerca de reuniões sociais ocorridas em São Nicolau: "[...] em que participavam, além dos intelectuais do tempo (mulatos e brancos), senhoras com apenas o segundo grau de instrução primária, que se entregavam ao gosto de recitar longos poemas inteiros".

recinto do espetáculo e sacudiu a assistência como se fora um tremor de terra. O administrador rosnou que nem um cão de guarda:

> – Olhe, compadre, cá está outra coisa bonita, esta dos Sokols, né?
> – Completamente de acordo (Teixeira da Silva, 1984, p.157).

Se desde a década de 1910 a colônia já contava com uma entidade de caráter educacional que tinha como público-alvo os jovens, tendo a ginástica como uma de suas estratégias pedagógicas, o escotismo,[34] nos anos 1930 surgiu em Cabo Verde um movimento que ocuparia um espaço ímpar na memória da população local, especialmente de Mindelo: os Sokols/Falcões.[35]

Segundo M. G. Reis, o objetivo do movimento era contribuir para o "levantamento da raça cabo-verdiana [...]. É uma obra que deve ser coadjuvada pelos bons cabo-verdianos e pelo Estado [...]; os resultados far-se-ão sentir: uma nação de espírito levantado, com moral e forte disciplina admirável."[36] De acordo com o *Boletim dos Falcões de Cabo Verde*,[37] o intuito central era mesmo contribuir para que os jovens se envolvessem com a resolução dos problemas e com a construção de uma colônia forte por meio da articulação entre educação cívica e educação física.

Em seu livro de memórias, Manuel de Nascimento Ramos lembra com entusiasmo da instituição que "deu grande contributo na formação sociocultural da juventude de Cabo Verde" (2003, p.16). De acordo com o autor, seu intuito maior era:

> [...] formar uma grande e unida família cabo-verdiana, afastando de seu seio a maldade, a corrupção, enfim, todos os fatores primordiais da decadência física, moral e intelectual de um povo e constituindo um bloco consistente e indissolúvel, com uma mentalidade livre das misérias horripilantes do século presente (2003, p.53).

---

[34] Para mais informações, ver ensaio 2.
[35] Pelo decreto n.52, de 29/12/1934, foram aprovados os estatutos do movimento, que já funcionava desde 1932.
[36] *Notícias de Cabo Verde*, ano 3, n.56, 5/8/1933, p.2.
[37] Ano 1, n.1, janeiro de 1936.

Os Falcões de Cabo Verde seguiam as diretrizes dos Sokols, uma sociedade fundada por Jindrich Fuegner e Miroslav Tyrs, em 1862, em Praga. O movimento surgiu como uma estratégia de afirmação da cultura checa quando o país ainda vivia sob a influência do Império Austríaco. Com forte caráter nacionalista e paramilitar, propugnava a ginástica como principal ferramenta para a criação de uma juventude sadia e preparada para conduzir o país a um futuro mais promissor.

Lembremos que a relação entre a construção da ideia de nação, a necessidade de preparação do cidadão e as propostas de uso da ginástica foram comuns no decorrer da história do Ocidente desde pelo menos a sistematização do método alemão, na virada dos séculos XVIII e XIX.[38] O ideário dos Sokols tinha uma clara conexão com o pensamento de Friedrich Jahn, um dos artífices das sociedades alemãs de ginástica, as *Turnverein*. A proposta dos checos também promovia uma certa leitura da Antiguidade Grega, via Romantismo Alemão.

O movimento se espraiou pelo mundo em grande parte pela ação de migrantes do leste europeu, especialmente por ocasião dos dois grandes conflitos mundiais. Um exemplo curioso pode ser encontrado no Brasil: Axel Grael, notório velejador, lembra da influência de sua avó, Helene Margrete Jelinski, que, na Prússia, fora membro dos Sokols. Em 1913, em Porto Alegre, chegou a ser fundada a Sociedade Esportiva Sokol.

Núcleos dos Sokols foram instalados em vários países, sobretudo naqueles que encaravam o desafio de forjar identidades nacionais e a ideia de nação, como a Iugoslávia, a Polônia e os Estados Unidos, onde o movimento se difundiu rapidamente e existe até os dias de hoje.[39] Houve grupos também que se

---

[38] Para mais informações, ver Marinho (1953) e Soares (1994).
[39] Na verdade, por todo o mundo, com configurações distintas, ainda existem grupos ligados ao movimento de origem checa, reunidos no *International Falcon Movement*. Para mais informações: <http://american-sokol.com/sokol.asp e http://www.ifm-sei.org/>. Acessados em: 7/5/2010.

estabeleceram em localidades em que havia movimentos nativistas, como Eslovênia, Sérvia, Croácia, Galícia e Catalunha, onde, dialogando com a história local, adotaram a bandeira da independência. Devemos considerar essa variável para discutir o caso caboverdiano: a instalação dos Falcões no arquipélago certamente tem algo a nos dizer sobre a peculiaridade de sua construção identitária.

O movimento também teve repercussões em Portugal. Gomes Santos (diretor do Núcleo de Propaganda Educativa do Governo Salazar), Armando de Aguiar[40] (jornalista do *Diário de Notícias*) e o general Ferreira Martins (herói português na Primeira Grande Guerra e membro do Conselho Superior do Exército) chegaram a ir à Praga, em 1932, para acompanhar as atividades de um congresso da sociedade e fazer informes dos seus congêneres no país da Península Ibérica (Hanákova, 2006).

Para Jan Klima (2006), professor da Universidade de Hradec Kralove/República Checa, no arquipélago o movimento se implantou de forma independente e mais forte do que na metrópole: "durante sete anos, a colônia portuguesa Cabo Verde foi provavelmente o segundo mais importante local (depois da Checoslováquia) ligado ao movimento Sokol" (p.59).

Em sua análise, o autor comete alguns equívocos que precisam ser considerados. Para ele, uma das razões do sucesso dos Falcões no arquipélago teria sido a "monótona e pouco inspirada vida dos cabo-verdianos" (2006, p.61). Ao contrário, argumento que sua popularidade, especialmente em Mindelo, teve a ver com o fato de a cidade já possuir tanto uma considerável vida festiva quanto uma antiga tradição de valorização da prática de atividades físicas. A rápida difusão do movimento no arquipélago teve ainda relação com o aumento das preocupações com a saúde, algo

---

[40] Aguiar era de família cabo-verdiana, embora nascido na Guiné. Envolveu-se com o movimento até pelo menos 1938. A despeito disso, não parece ter tido grande influência no seu desenvolvimento no arquipélago.

que tinha motivações locais, mas também conexão com o contexto africano[41] e mundial como um todo.

Indicadores são alguns artigos publicados nos periódicos locais, como o de Augusto Miranda, sugerindo a adoção de práticas saudáveis como as atividades físicas e os banhos de mar. O autor tinha em conta o grande número de problemas com a saúde com os quais a população de Mindelo sempre conviveu, mas também dialogava claramente com experiências internacionais:

> A saúde publica liga-se, portanto, com os assuntos principais da administração do Estado [...]. Assim, o reconheceram os estadistas do Brasil, não poupando a sua nação as despesas enormes para sanear sua grande capital. O aformosamento do Rio de Janeiro resultou das obras importantes ali realizadas a maior riqueza pública, consequente do aumento do vigor físico da população.[42]

Klima afirma ainda que o movimento significou "um esforço preliminar para a emancipação política de Cabo Verde – o mesmo sentido que os mesmos elementos tiveram na Bohemia depois da Primeira Grande Guerra" (2006, p.61). Parece-me que o autor fez uma análise apressada. Os Falcões investiam, sim, na glorificação de Cabo Verde, mas não com intuitos separatistas. Antes pareciam estar mais ligados à linha majoritária de construção identitária caboverdiana naquele momento: convencer Portugal e a própria população local que o arquipélago, dado o seu grau de civilização, fazia efetivamente parte e contribuía para a glória do Império Português.

Os Falcões caboverdianos jamais se alinharam a iniciativas independentistas, que, aliás, não eram sequer observáveis no arquipélago no momento de sua existência. Se houve alguma indisposição com o governo metropolitano, isso se deveu ao enfoque na contribuição para a resolução dos problemas locais:

---

[41] Sobre as preocupações com a saúde no contexto africano, ver Iliffe (1999).
[42] Ano 3, n.57, 11/8/1933, p.1.

[...] somos indiferentes a politiquices de cada um e só nos interessa tratar de assuntos que redundem benefícios de Cabo Verde, de uma maneira geral. Não maçaremos nossos camaradas com leituras fastidiosas, prosas inúteis, ou conversa fiada, mas sim assuntos sensatos, substanciosos, de proveito geral para os Falcões.[43]

De toda maneira, o discurso do movimento tinha sim algo de renovador, de enfrentamento de certos costumes julgados atrasados, no sentido de trazer para o arquipélago os "progressos mundiais", entre os quais as preocupações com a saúde:

Na Checolosváquia são os velhos doutores em lei e medicina, cientistas, fisiologistas, que superiormente dirigem os destinos do Sokol. Em Cabo Verde são os nossos, os pequenos, os sem curso, debaixo do repugnante e vergonhoso indiferentismo dos velhos. Onde está a civilização, nos novos ou nos velhos? Responda o leitor.[44]

O primeiro núcleo em Cabo Verde foi formado em Mindelo, em 1932, em concorrida cerimônia realizada no Éden Park. O líder da iniciativa foi Júlio Bento de Oliveira, importante personagem da história caboverdiana.[45] O movimento logo se espraiou pelo arquipélago; em 1934, chegou à capital. Estima-se que só em São Vicente a instituição chegou a ter dois mil membros.

Os Falcões eram um movimento muito hierárquico e com uma forte base moral e disciplinar. Os líderes eram divididos em oficiais (de 1ª, 2ª, e 3ª classe), suboficiais (de 1ª e 2ª classe), chefes (de 1ª e 2ª classe) e juniores. Para ascender, o candidato devia fazer provas de comando, tática, ginástica, esporte, exercício com armas, além de ser submetido a uma análise da sua vida social e moral; para os postos mais altos, havia também testes sobre os principais problemas de Cabo Verde. Os associados eram divididos

---

[43] *Boletim dos Falcões de Cabo Verde*, ano 1, n.1, janeiro de 1936, p.2.
[44] *Boletim dos Falcões de Cabo Verde*, ano 1, n.1, janeiro de 1936, p.3.
[45] Júlio Bento de Oliveira já estava envolvido com a política de São Vicente desde o século XIX. Na década final daquela centúria liderou um grupo político de oposição a antigas lideranças ("Partido da Câmara Nova") em um embate que ao fim levou à intervenção da metrópole (Silva; Cohen, 2003).

de acordo com a faixa etária: 7 a 12 anos (4ª. Cia.) – Formigas; 13 a 15 anos (3ª. Cia.) – Cigarras; 16 a 20 anos (2ª. Cia.) – Falcões; 21 a 40 Anos (1ª. Cia.) – Falcões (Estatutos, 1934).

Os que aderissem aos Falcões deveriam aprender a marchar, manejar armas, fazer uso da telegrafia, velejar e assumir o compromisso de diariamente praticar esportes e a ginástica. Para tal, se encontravam usualmente na Praia da Matiota, na ocasião já chamada de Step, em função do trampolim instalado em 1908, obra dos ingleses que lá habitavam desde o século XIX.[46]

Na ocasião, esse balneário, segundo informam os memorialistas, já não era tão procurado porque se tornara comum a presença de tubarões, atraídos pelos dejetos jogados no mar pelos navios que atracavam no Porto Grande; tornou-se célebre o episódio que vitimou um estrangeiro (Ramos, 2003).

Os membros do grupo teriam confeccionado e instalado na entrada da baía uma rede de arame de aço que impedia a chegada dos animais, o que tornou possível a volta dos banhos de mar e da prática da natação. Com o apoio da Câmara Municipal, os Falcões por lá construíram uma sede, em 1937.

Não surpreende que aquela parte do litoral tenha ficado conhecida como Praia dos Falcões. Depois que a entidade por lá se instalou, a antiga Matiota recuperou seu brilho, tornando-se espaço constante de exibições atléticas, jogos esportivos, espetáculos, encontros,[47] até que a construção de uma estrada para a Baía das Gatas dividiu o fluxo de público. Na verdade, a posterior transformação desse balneário em zona industrial, com a instalação de um estaleiro e outras fábricas, acabou por deteriorar o espaço.

---

[46] Para mais informações, ver ensaio 2. Para duas fotos, ver: <http://www.fotolog.com.br/djomartins/42557624> e <http://www.fotolog.com.br/djomartins/20304520>. Acessados em: 15/7/2010.

[47] Para uma foto, ver: <http://www.fotolog.com.br/djomartins/19179515>. Acessado em: 15/7/2010.

Os desfiles e as demonstrações de ginástica do movimento eram muito apreciados pela população, sempre exaltados pelos jornais:[48]

> Nada realmente mais belo do que uma parada de ginástica, os corpos musculosos movendo-se em uma rítmica cadência, os braços em harmoniosos movimentos e o perfeito alinhamento das fileiras, formam um conjunto maravilhoso, soberbo, digno de admiração.[49]

O movimento teve ainda um grupo de teatro, liderado por Antonio Bandeira, que se apresentava com frequência no Éden Park.[50] Suas exibições, que normalmente faziam uso de atividades ginásticas, eram muito organizadas e se constituíam em grande acontecimento, esperado por todos na Ilha de São Vicente (Branco, 2004). O autor estima que mesmo que tenham produzido somente em torno de quatro ou cinco peças, foram fundamentais para despertar o gosto da população e semear os grupos cênicos dos clubes esportivos, entre os quais se destacou o do Mindelense.

Apesar do sucesso, os rumos da política iriam determinar, em 1939, o fim do movimento em Cabo Verde. O governo metropolitano o extinguiu quando introduziu compulsoriamente outra associação: a Mocidade Portuguesa.[51] Supomos alguns motivos para tal extinção. Pode ser que a metrópole estivesse precavendo-se em função da força do movimento; conhecendo sua matriz nacionalista, pode ter ficado receosa de alguma

---

[48] Bonitas imagens de exibições dos Falcões podem ser vistas em <http://www.fotolog.com.br/djomartins/20269473>, em <http://www.fotolog.com.br/djomartins/21322619> e em <http://www.fotolog.com.br/djomartins/13121889>. Acessados em: 7/5/2010.
[49] *Notícias de Cabo Verde*, ano 3, n.56, 5/8/1933, p.2.
[50] Branco (2004) lembra que a célebre sala de espetáculos foi fundamental para o desenvolvimento da atividade teatral em São Vicente.
[51] Criada em 1936, pelo ministro da Educação Antonio Faria Carneiro Pacheco, tratava-se de uma organização juvenil criada pelo Estado Novo com o intuito de promover o amor à pátria por meio do desenvolvimento das capacidades morais e físicas dos jovens. Para mais informações, ver Pimenta (2010).

iniciativa separatista. Lembremos que muitos dos Falcões demonstraram sentido de liderança.

Julio Bento de Oliveira desempenhou um importante papel político na Câmara de São Vicente. Manuel Rodrigues, um dos líderes do Partido Africano para a Independência da Guiné e de Cabo Verde (PAIGC) na clandestinidade, também declarou a Lopes (2002) que o seu envolvimento com a política teve relação com seu aprendizado com os Falcões. Luís Rendall, que depois seria administrador da ilha, foi mais um dos envolvidos. Baltasar Lopes e importantes outros intelectuais demonstraram simpatia. Mas isso seria suficiente para criar algum temor na metrópole?

Dois acontecimentos permitem perceber melhor a postura dos Falcões. Em 1934, quando houve uma crise de abastecimento, um grande número de mindelenses, liderados por Nhô Ambrósio (personagem celebrizado pela literatura local), saqueou os armazéns da Alfândega. Segundo Stendall (apud Lopes, 2002), o movimento foi convocado pelo governo para ajudar a conter a turba. A direção, contudo, negou o apoio, argumentando que o grupo não se envolveria em questões políticas. Todavia, por ocasião da crise desencadeada com a extinção do Liceu Infante D. Henrique (1937), os Falcões estiveram entre os que se mobilizaram para reivindicar a sua reabertura (ao fim conseguida com a criação do Liceu Gil Eanes).

O governo metropolitano de cariz autoritário pode ter interpretado essas ações como negativas de alinhamento incondicional (o que era, de fato, verdadeiro). Isso tornaria os Falcões suspeitos e perigosos. Oliveira, aliás, lembra que, se havia certos pontos em comum com a Mocidade Portuguesa, uma diferença significativa era explícita:

> Os Falcões de Cabo Verde não estavam ligados a nenhum partido político nem a nenhum projeto de sociedade. Acei-tavam aquela

sociedade onde se encontravam, mas procuravam formar um tipo de cidadão ideal, fisicamente bem preparado, com um alto sentido cívico, consciente dos seus deveres e participante na sua sociedade. Era assim uma associação que fugia do figurino fascista (1998, p.465).

Enfim, como visto no caso do escotismo, a ambiguidade marca esses movimentos: de alguma forma eram úteis a alguns intuitos coloniais (com as iniciativas de disciplinamento e de respeito às instituições, por exemplo); de outro lado eram encarados com suspeita por gerar iniciativas de organização que supostamente poderiam levar a alguma indesejada contestação.

No mínimo, havia a disposição de acabar com um concorrente da Mocidade Portuguesa. Lembremos que também foram extintos os grupos escoteiros das províncias, por pouco não o sendo os da metrópole, que ainda assim viveram com pouco apoio. Chegava ao fim a trajetória dos Falcões de Cabo Verde, embora eles jamais saíssem da memória de muitos caboverdianos.

Devemos destacar um último ponto. Como demonstra José Neves (2009), na metrópole, até a década de 1930, eram intensas as restrições à prática de atividades físicas. Quando muda esse quadro, mesmo com uma maior valorização da educação física, persistem as ressalvas ao esporte.

É somente na década de 1940 que tanto a ginástica (sueca) quanto o esporte foram definitivamente valorizados e mobilizados tendo em conta a construção de um sentido de nacionalidade que interessava ao governo autoritário liderado por Antônio Salazar: "O Estado Português reconheceu em boa hora todas as vantagens que poderiam advir da pratica da ginástica e dos desportos e, a exemplo do que já se fazia no estrangeiro, chamou a si a orientação superior da educação física" (Neves, 2009). Curiosamente, nesse momento os opositores do regime, notadamente os comunistas, já estavam a tecer loas às práticas físicas, considerando seu potencial como agente de mobilização juvenil.

Como vemos há uma ocorrência curiosa: Cabo Verde estava, anos antes do que a metrópole, sintonizada com o novo papel que as atividades físicas ocupavam no quadro de uma sociedade que se pretendia moderna, articulando-as, como já de costume no cenário internacional, a preocupações com a saúde e com a higiene.

O *cricket* em decadência: a estabilidade do golfe

No seu discurso de saudação a Nhô Fula, um dos grandes esportistas de Mindelo, em homenagem realizada na década de 1980, afirma Baltasar Lopes (apud Barros, 1998, p.67):

> Como será do conhecimento, mais ou menos documentado, de todos, o cricket foi o que hoje se chama o desporto-rei de São Vicente até as duas ou três primeiras décadas neste século. Com os dois "campos" a ele destinados (o esteirado da Salina e o da Chã de Cricket, no Alto da Matiota) o magnífico desporto ("jogo", para ser mais fiel à terminologia vernácula) enchia de sadio entusiasmo as tardes mindelenses. Os seus ases eram outros tantos heróis populares.

Mesmo que o desejo de Lopes sempre tenha sido recuperar o prestígio do *cricket*, o esporte mais popular na transição dos séculos e primeiras décadas do século XX, ele constantemente observou que o futebol se impôs, principalmente a partir dos anos 1930. Entre as décadas de 1920 e 1940, o jogo dos bastões já estava em decadência. Para Barros (1998), dois foram os motivos principais: o menor número de ingleses em Mindelo, em função da redução do movimento do Porto Grande; e o fim do Campo da Salina, com a sua ocupação por uma base militar.

Os ingleses ainda organizavam jogos esparsos de *cricket*, mas pareciam mesmo mais interessados no golfe. Baltasar Lopes e Antonio Gonçalves promoveram algumas partidas. Houve disputas eventuais entre equipes locais. Sob a presidência de Joaquim Ribeiro, a Associação Desportiva de Barlavento organizou o primeiro e único campeonato da modalidade em São Vicente, com a participação de quatro clubes: Mindelense, Castilho, Acadêmica e Amarante. Houve algumas contendas entre agremiações locais e de times de navios que chegavam a Mindelo. Foram promovidos alguns eventos em homenagem a personalidades esportivas, como Luiz Terry e B. North Lewis, na ocasião em que voltaram a seus países de origem. Alguns praticantes, especialmente funcionários da Fábrica Favorita,[52] tentaram improvisar campos no Estádio da Fontinha, no Campo do Dji D'Sal, na Cova Inglesa, na Amendoeira, no Chã do Cemitério; jamais, contudo, recuperou-se um espaço adequado.

Curiosamente, quando em São Vicente estava em declínio, em Praia, na década de 1940, um grupo de mindelenses começou a praticar o *cricket*. Um curioso acontecimento foi a disputa de uma partida entre equipes das duas cidades, realizada na capital, uma iniciativa de Luiz Terry, que organizara e patrocinara a viagem.

Mesmo com essas iniciativas, uma notícia sobre disputas entre equipes do Mindelense, do Castilho, do Sporting (que na verdade era um time da Fábrica Favorita) e da Acadêmica, realizadas em setembro de 1946, dá o tom do que ocorria: "O desaparecimento prolongado a que o *cricket* foi votado fez com que os elementos perdessem algumas qualidades".[53]

Jornalistas e intelectuais assumiram a vanguarda da defesa e da promoção da prática. Lembrando sua suposta contribuição para o forjar de um jeito caboverdiano de ser (obviamente

---
[52] Trata-se da primeira fábrica de moagem e panificação da Ilha de São Vicente, a única até Jonas Wahnon criar a sua Fábrica Sport.
[53] *Notícias de Cabo Verde*, ano 15, n.237, 11/9/1946, p.3.

trata-se de uma construção discursiva), cobravam que as autoridades entabulassem esforços para a manutenção de um hábito que fazia parte da história do país. Seria em vão. O reinado do *cricket* chegara ao fim.

A prática do golfe, ao contrário, manteve-se estável no período. Esse esporte sempre teve um sentido bastante inusitado na Ilha de São Vicente, tão curioso que a destacou mundialmente. Um dos aspectos mais peculiares é o fato de que, em função das condições climáticas, das características do solo e da escassez de água, e logo das consequentes dificuldades para cultivar grama, os campos nunca foram exatamente *greens*, mas sim *browns*. O Clube de Golfe de São Vicente até hoje segue sendo o único do mundo em que as provas são disputadas na terra.

Outro aspecto curioso é que comumente se afirma que no arquipélago, especificamente em São Vicente, trata-se o golfe de uma prática popular, acessível a todos. Vejamos como Baltasar Lopes se refere ao tema no prefácio do livro de Barros (1981):

> Como se sabe, o golfe pertence ao número das atividades desportivas reservadas ao escol social, definido, em regra, pelas suas disponibilidades financeiras. Ora, em São Vicente assiste-se (assistiu-se sempre no que creio poder afirmar) ao fato curioso de a prática do golfe ter sido sempre livre, isto é, aberta a todas as camadas da população, bastando apenas o gosto pela modalidade e o mínimo de aparelhagem técnica (p.5).

Com o golfe teria ocorrido um processo semelhante ao que se dera com o *cricket*: se a princípio era uma prática exclusiva e restrita, logo os nativos dela se aproximaram e se apropriaram. Segundo Lopes, quem vivia próximo dos campos e/ou trabalhava como *caddie* aproveitou para aprender o jogo, criando alternativas para praticá-lo:

> Refiro-me ao fato de, então, os garotos terem os seus "campinhos" espalhados por toda a cidade e adjacências: era cavar um buraco no chão, para meter a bola num *plôche* – crioulização de *approach* –, e com o único pau para todo serviço (era o *lofta*) já estava o jogo instalado e implantado (apud Barros, 1981, p.6).

Será que isso pode ser mesmo observado ou trata-se de mais uma construção ideal relacionada aos sentidos e significados que adquiriu a caboverdianidade no decorrer da história?

Como vimos no ensaio 2, desde o século XIX havia um campo de golfe em São Vicente. Segundo Barros (1981), um importante impulso foi dado por funcionários da Western Telegraph, nos anos finais daquela centúria. Na década de 1920 foi criado o St. Vicent Golf Club. Em 1933, da fusão dessa agremiação com outras fundadas pelos britânicos no decorrer das primeiras décadas do século XX,[54] foi criado o St. Vicent Golf Cape Verde Island and Lawn Tennis Club, restrito a ingleses.

Em 1938, estimulados pelo sucesso de um campeonato aberto, alguns mindelenses fundaram uma sociedade própria, o Lord Golf Club. Na verdade, já existia um clube de futebol chamado Lord, que muda de perfil e passa exclusivamente a se dedicar ao *cricket* e ao golfe, especialmente este último (Barros, 1981). Nesse momento já havia também competições entre os sócios de outras agremiações locais (o Mindelense e o Castilho, por exemplo) e disputas festivas, como as de Telegrafistas X Não Telegrafistas, que procuravam seguir o ritual britânico da prática.[55]

Segundo Barros, na ocasião, em Mindelo, três grupos praticavam o golfe: "Os ingleses utilizavam o Campo da Amendoeira (Big Tree) e parte do antigo Campo da Cova Inglesa; os 'portugueses' (liderados por Virgílio Malheiros) e os jogadores do Lord utilizavam esse ultimo campo" (1981, p.18).

Aproveitando que os ingleses do St. Vicent mudaram definitivamente de sede (da Cova da Inglesa para o Campo da Amendoeira) para se afastarem dos nativos e dos portugueses, de forma a manter o sentido de exclusividade, os ligados ao governo colonial e liderados pelo Capitão Ferreira Pinto,

---

[54] The Western Athletic Club, St. Vicent Sport's Club e St. Vicent Lawn Tennis Club.
[55] *Notícias de Cabo Verde*, ano 1, n.5, 17 maio 1931.

administrador de São Vicente, fundaram a agremiação Clube de Golfe de São Vicente, autorizada pelo decreto n.14 de 6 de abril de 1940. Com isso, os mindelenses, que já encontravam restrições para jogar, foram impedidos de frequentar o campo da Cova da Inglesa. Barros (1981), que presidiu o Lord desde a fundação até 1951, sugere que inclusive havia policiamento para que a ordem fosse cumprida.

Os membros do Lord, então, conseguiram autorização governamental e construíram, em poucos meses, com seus recursos, um campo de dezoito buracos, onde ficaram por quatro anos. Ao comentar o que considerou um grande esforço e um exemplo de organização de todos que contribuíram para tal empreitada, Barros afirma que o fizeram por "amor à terra natal". Mas amor a uma terra que lhes extraía a possibilidade de jogar (Portugal)? Ou aqui se refere a Cabo Verde? Ou tratava-se mesmo de uma declaração de amor ao esporte que tanto significava para os envolvidos? Parece mesmo uma clara mobilização de memória.

Ao fim, Barros (1981) lembra: "[...] o golpe do Capitão Ferreira Pinto estava condenado a um fracasso, na medida em que o golfe tinha raízes muito profundas na massa popular do Monte, Dji de Sal e Monte Sossego" (p.19). Os caboverdianos teriam sido convidados a integrar o Clube de Golfe de São Vicente, já que os portugueses não davam conta de mantê-lo; com isso deixa de existir o Lord.

A construção de narrativas heroicas ao redor do golfe é uma ocorrência comum na história do arquipélago. Elas se articulam plenamente com a mobilização identitária desse esporte: a difusão da prática por entre vários estratos da população teria ocorrido porque o caboverdiano, educado o suficiente para entender o valor do jogo, teria constantemente lutado para garantir algo que lhe parecia um direito, um valor que construíra no próprio processo de forja do seu jeito peculiar de ser.

O fato é que o golfe teria uma vida mais longa do que o *cricket*. Até hoje o Clube de Golfe de São Vicente existe e o esporte continua sendo praticado e mobilizado em debates identitários, tema central do ensaio 6.

O futebol em ascensão

Se o futebol já era praticado em Cabo Verde desde a transição dos séculos XIX e XX, em termos de popularidade e de número de ações, era a grande novidade esportiva local dos anos 1920-1940, já se delineando o grande espaço que ocupará nas décadas seguintes.

No período, estruturaram-se melhor as equipes das muitas agremiações que se fundaram, além de seguir existindo os times menos formalizados, grupos que compartilhavam jogadores. Ramos (1987), ao lembrar que o Amarante surgiu exatamente de uma dessas iniciativas menos formais, nos dá indícios da variedade de times que existia:

> O grupo desses garotos chamava-se "Portugal" e jogava o futebol com um grupo vizinho que tinha o nome de "Espanha". Mais tarde o "Portugal" jogou também com os grupos desportivos "Tic-Tac", da Rua de S. João, "Bar" e "Marítimo" da vizinha e tempos depois com o grupo "Juventude Vicentina" de outra zona (p.9).

Ainda seguiam sendo realizados jogos com estrangeiros que aportavam no arquipélago. Por exemplo, em 1931, uma disputa entre marinheiros ingleses e sócios do Mindelense, vitória do time local por 2 x 1, foi anunciada solenemente no *Notícias de Cabo Verde*.[56] Percebe-se, todavia, uma maior estruturação das competições, como é o caso da Taça Alain Gerbault, uma homenagem ao desbravador náutico que passara uma temporada na

---

[56] Ano 1, n.5, 17/5/1931.

colônia,[57] e dos campeonatos de São Vicente. Já se observam as primeiras notícias de jogadores locais que foram atuar em clubes do exterior, na Guiné[58] ou em Portugal, ocasiões em que eram lembradas as grandes qualidades do povo caboverdiano.

Em 1931, houve a primeira tentativa de formação de uma associação dos clubes de Mindelo, a Federação Desportiva de São Vicente, cujos associados eram o Castilho, o Sporting Club, o Derby e o Mindelense. Em 1936, oficialmente foram criadas a Associação Desportiva de Barlavento, e, em Praia, a Associação Desportiva de Sotavento.

Nas páginas dos jornais, o velho esporte bretão passa a reinar quase absoluto. Os relatos das partidas, os debates dos resultados, as críticas, as tensões, as notícias, enfim, suplantam qualquer outra modalidade. Quando não havia competições de futebol, não era incomum que sequer fosse publicada a coluna dedicada à prática esportiva.

Ao redor do futebol é possível perceber debates sobre as questões identitárias, inclusive o limite de certas representações. Pelo menos três temas merecem destaque nesse sentido: a) a questão da suposta cordialidade do caboverdiano; b) as vinculações a Portugal; c) as relações entre São Vicente e Santiago.

A cordialidade caboverdiana

Logo no segundo número de *Notícias de Cabo Verde*, vemos a notícia de interrupção de um campeonato de futebol em São Vicente em função de conflitos entre os clubes, fato que se

---

[57] Gerbault foi um aventureiro francês que, com um barco inglês, deu sozinho a volta ao mundo, ficando dez meses em Cabo Verde, onde preparou um de seus livros. Foi herói da Primeira Grande Guerra, jogador de futebol e campeão francês de tênis. Sua presença no arquipélago fez parte da memória local, inclusive por ter se integrado à população, até mesmo na prática esportiva. Sobre seu tempo em Cabo Verde, ver Silva (2010).

[58] A ida de jogadores caboverdianos para a Guiné portuguesa será melhor discutida no ensaio 4.

tornou comum na história da ilha em decorrência de motivos diversos, especialmente discordâncias com os árbitros e/ou regulamentos. O jornal empenha-se em fazer uma reprimenda a essa ocorrência, lembrando: "O desporto deve ser praticado pelo desporto, cuja finalidade é o revigoramento da raça".[59]

Esse tipo de ocorrência foi muito comum no futebol caboverdiano. O *Goal*, por exemplo, desde seu primeiro número[60] e durante sua breve existência, constantemente criticava a violência, a arbitragem e a qualidade técnica dos jogos. Tais posicionamentos comumente desencadeavam um grande debate. Já no segundo número do *Goal*,[61] vemos uma dessas polêmicas, em função dos comentários de Joaquim Ribeiro na edição anterior; o jornalista foi acusado de ser parcial por ser ligado à Acadêmica.

O Derby era uma das agremiações mais criticadas pelo comportamento de seus jogadores, dirigentes e torcedores nas pelejas; seus dirigentes na mesma medida discordavam dessas considerações e saíam em sua defesa. Por exemplo, no *Notícias de Cabo Verde*, de 15 abril de 1937,[62] o seu presidente refuta as acusações de que o clube era baderneiro, desorganizado e fazia mal ao desenvolvimento esportivo do arquipélago, lembrando que há mais de uma década "prestava serviços" à causa do esporte em São Vicente.

De fato, o futebol expunha os limites das representações cavalheirescas construídas ao redor do *cricket* e do golfe. Se essas duas práticas eram enaltecidas como sinal de que o caboverdiano era um *lord*, os campeonatos do velho esporte bretão feriam tal imaginário, já que os conflitos eram constantes, algo que incomodava profundamente as lideranças intelectuais, posições que não poucas vezes tocavam na própria questão da identidade.

---

[59] Ano 1, n.2, 5/4/1931, p.2.
[60] Ano 1, n.1, 2/12/1944.
[61] Ano 1, n.2, 9/12/1944.
[62] Ano 7, n.143, 15/04/1937, p.5.

Curioso é perceber como a construção de memórias, na relação com a representação da suposta elevação civilizacional dos caboverdianos, choca-se com os fatos, o que leva à busca de justificativas e atenuantes. Um exemplo interessante pode ser visto no *post* "O menino terrível do Mindelense", disponível no Valdas's Fotolog Page.[63] Já no título percebemos que se trata de uma referência, com certa ironia, a um importante personagem do clube Mindelense. A foto é de João da Mata Costa, conhecido como Damatinha, notório jogador de *cricket*, golfe e futebol.

No debate perceptível pelos comentários que se seguem ao *post*, de um lado todos lembram as "confusões" das quais Damatinha tomou parte. Valdemar Pereira recorda:

> Uma que presenciei e que ficou nos anais foi quando entrou no campo de futebol, dirigiu-se ao árbitro que acabara de expulsar o filho, dizendo 'dá-me o relogio que o meu filho te emprestou para o jogo porque vou levá-lo para casa, seu pritim de merda'.

Outra história célebre lembrada pelo mesmo informante:

> Do tempo do futebol na Salina (Praça Estrela) ficou célebre a bofetada que partilhou entre o Zeca de Djô Dado e o Capitão dos Portos, Daniel Duarte Silva, num jogo entre o Mindelense e o Sporting. Voltando-se ao Capitão dos Portos, Daniel Duarte Silva, então guarda-redes do Sporting, disse: "No campo de futebol somos todos iguais. O senhor é Capitão dos Portos é fora do terreno; aqui não".

Por outro lado, todos ressaltam que se tratava de um grande homem. Valdemar Pereira faz questão de lembrar:

> Não há jogador do Mindelense ou simples cidadão do Mindelo que não se lembra do seu humor e das brigas no campo de futebol. Mas eram coisas de momento e que ficavam no ângulo do desporto; era na verdade um desportista rigoroso que também sabia ser um homem solidário com os desportistas, sem escolher a cor da camisola, quando se tivesse necessidade dos seus préstimos.

---

[63] Disponível em <http://www.fotolog.com.br/valdas/25210967>. Acessado em: 7/5/2010.

Conheci-o melhor quando da minha passagem pela Administração do Conselho de São Vicente; ajudava as pessoas doentes que deviam continuar os tratamentos em Portugal, na documentação e no plano financeiro, tratava de passaporte de pessoas que pretendiam emigrar, ocupava-se das pensões de reforma de muitos emigrantes e continuamos a trocar correspondência depois da minha chegada em França sobre a situação de muitos emigrantes que teriam possibilidades de receber pensões da França ou de outros países.

Narrativas como essas não são uma exceção. Quando alguém fere o ideal cavalheiresco, mesmo que o "desvio" seja lembrado, ao fim se recordam os aspectos positivos que tornam o personagem um "verdadeiro" caboverdiano, de acordo com a representação construída; afinal, Cabo Verde é a terra da "morabeza".[64]

Obviamente se trata de uma construção ideal: ao olhar a história caboverdiana, inclusive no esporte, prática na qual tipicamente os comportamentos são exacerbados, os caboverdianos podem assumir posturas comuns a qualquer povo quando as situações chegam ao limite.

Vinculações sentimentais a Portugal

As páginas dos jornais mostram que o futebol foi utilizado também como forma de reforçar vínculos com Portugal. Algumas vezes isso ocorria de forma menos explícita. Por exemplo, na edição de *Notícias de Cabo Verde* de 19 de abril de 1931,[65] ao comentar o conflito que na metrópole se estabeleceu entre a Federação de Futebol de Portugal e a Associação de Futebol de Lisboa, o jornal conclama que tudo se resolva em breve e da melhor forma possível, afinal, o que estaria em jogo é a "seleção nacional".

Não havia dúvida, para o jornal, de que a equipe do continente europeu é a que representa o arquipélago. Isso fica

---

[64] *Morabeza* não tem uma tradução exata. Trata-se de um termo utilizado com o sentido de gentileza, hospitalidade, amabilidade.
[65] Ano 1, n.3, 19/04/1931, p.3.

ainda mais claro quando dá a notícia de dois jogos do selecionado português: "Há muito que não éramos derrotados em casa. Este ano perdemos com a Espanha por 1 a 0 e com a Itália, dia 12 do corrente, por 2 a 0".[66] Na verdade, era usual que os resultados do Campeonato de Futebol de Portugal encontrassem espaço de divulgação nos periódicos de Cabo Verde.

Em outras oportunidades a vinculação era explícita. Em 1931, por exemplo, reivindica-se que as equipes de futebol do arquipélago sejam aceitas no campeonato português de futebol, já que, se argumentava, as ilhas *não são africanas*, mas sim *europeias*.[67]

O futebol, enfim, não fugia à ideia de dupla vinculação identitária caboverdiana: a glória dos jogadores locais demonstraria a qualidade da colônia, mas deveria servir à exaltação da nação Portugal.

As relações entre São Vicente e Santiago

Já em 1891, acerca das relações entre as ilhas de Sotavento e as de Barlavento, observa Martins:

> Essas diferenças de interesses, de tendências de orientação, que tanto contrastam, constituem desde muito um motivo de rivalidades, nem sempre inocentes, com que surda e mais ou menos lealmente, se gladiam esses dois grupos na preponderância e na primazia dos melhoramentos e das medidas a adotar (1891, p.87).

Almada (2007) afirma que esse processo tem origem já em meados do século XIX, ainda que tenha sido a partir dos anos 1930 que os enfrentamentos ficaram mais claros. Para esse autor, as rivalidades entre São Vicente e Santiago (mais especificamente entre Mindelo e Praia) dramatizam significativamente as tensões históricas pelas quais passou a construção da ideia de nação em

---
[66] *Notícias de Cabo Verde*, ano 1, n.3, 19/4/1931, p.3.
[67] *Notícias de Cabo Verde*, ano 1, n.10, 8/8/1931, p.5.

Cabo Verde. O campo esportivo de diferentes formas reproduziu e mesmo exponenciou esses embates. Todavia, isso somente será observável mais claramente em momentos posteriores. Nas décadas de 1920-1940 começam as visitas de equipes de uma ilha à outra, marcadas por um tom de cordialidade, embora sutilmente as diferenças, sempre que possível, fossem ressaltadas, notada-mente pelos de São Vicente.

No *Notícias de Cabo Verde*, de 14 de outubro de 1933,[68] vemos uma breve crônica de uma viagem do Mindelense à Praia, para disputar uma partida de futebol. Encontro semelhante, ainda mais estruturado, tornou a ocorrer no ano de 1935, como anuncia o *Eco de Cabo Verde* com letras garrafais: "EMBAIXADA DESPORTIVA".[69]

Os jogadores do Mindelense uma vez mais se deslocaram à capital, a convite do Vitória Futebol Clube, sendo saudados como portadores da mensagem do esporte e dos votos de união entre as duas maiores cidades de Cabo Verde:

> A vinda a esta ilha dos valentes rapazes de São Vicente foi o acontecimento mais notável dos últimos anos na vida desta pacata cidade [...]. Os jogadores de futebol, modernos embaixadores, sabem melhor do que os melhores diplomatas estabelecer a união entre os povos (p.2).

Em Praia foi realizada uma série de atividades: dois jogos de futebol, espetáculo musical, luta de boxe, sempre celebradas com discursos de saudação. Os de Praia assumiam que seu desenvolvimento esportivo era menor e diziam que um dos objetivos do intercâmbio era promover o fortalecimento do esporte na cidade e em Cabo Verde como um todo. As declarações mútuas expressavam a compreensão sobre a necessidade de ocorrer mais encontros dessa natureza, com o intuito de aprofundar laços de amizade e reconhecimento entre os caboverdianos.

---

[68] Ano 3, n.68, p.6.
[69] Ano 3, n.56, 5/6/1935, p.2.

Como vimos, em meados da década de 1940, também Luiz Terry organizou e patrocinou a ida de uma delegação esportiva à Praia, formada por futebolistas e jogadores de *cricket*, atividade que foi marcada por cenas de confraternização e cavalheirismo.

No futuro, veremos, nem sempre serão tão amistosas as relações entre os esportistas de Mindelo e Praia.

O esporte está em crise, a colônia está em crise

Mesmo com tanta movimentação, havia um ar de insatisfação entre os dirigentes esportivos e as lideranças intelectuais da Ilha de São Vicente. Um exemplo pode ser encontrado nos textos que, com certa frequência, escreveu Luiz Terry para o *Notícias de Cabo Verde*.

De acordo com o seu olhar: "Aqui em São Vicente, nestes dois anos que cá tenho estado, só tenho visto nos campos do desporto, o futebol e o tênis. O primeiro, largamente vulgarizado, é de qualidade inferior".[70] Mais ainda, Terry procede a uma crítica bastante contundente à organização de clubes e campeonatos em Mindelo: "Perguntamos uma vez, pode-se criar um espírito desportivo em Cabo Verde? E respondemos afirmativamente. Pois bem, comecem por aí, por organizarem-se convenientemente, indo depois à prática das modalidades acessíveis" (p.4).

Para o jornalista que assina como Evatos (seria o conhecido Evandrita?), na década de 1940 assim poderiam ser classificadas as práticas esportivas em Cabo Verde: futebol – é o rei; *o cricket* – em declínio; o boxe – é apreciado, mas pouco organizado; o atletismo – recebe pouco investimento; o voleibol – é pouco praticado.[71] Um jornalista do *Goal* parece concordar que o quadro não era dos melhores:

---

[70] *Notícias de Cabo Verde*, ano 12, n.310, 11/4/1942, p.4.
[71] *Goal*, ano 1, n.1, 2/12/1944, p.2.

A pobreza do panorama desportivo cabo-verdiano é manifesto sem que contudo se justifique. Não é de admitir que somente uma modalidade, o futebol, prensa a atenção do público, dos praticantes e, mais grave ainda, das entidades dirigentes do desporto, as duas associações regionais de Barlavento e Sotavento.[72]

Essas posições podem refletir e/ou ter relação com a sensação de decadência que começava a imperar em Mindelo em função da redução do fluxo de navios no Porto Grande. Podem também expressar a apreensão com o novo espaço que o futebol passou a ocupar, desestabilizando as representações antes construídas ao redor do esporte, ligadas às ideias de cavalheirismo e de *fair play*, cujos exemplos mais notáveis eram o *cricket* e o golfe.

Luiz Terry fazia claramente uma relação entre a redução do interesse das lideranças intelectuais da ilha e o que chama de declínio da prática esportiva:

> Ora, entre nós, é lamentável o afastamento dos intelectuais dos interesses desportivos. Basta olhar para as várias agremiações às quais se confina o desporto para se ver que delas andam, inexplicavelmente, arredios os valores dessa terra [...]. Em São Vicente vemos este setor à espera de quem melhor possa e melhor deva se interessar por ele.[73]

Talvez não houvesse mesmo declínio das práticas esportivas, mas uma grande transformação, sentida com mais força na Ilha de São Vicente, em função das mudanças econômicas pelas quais passava. As crises do esporte também eram as crises da colônia e essas semeariam um novo conjunto de tensões coloniais, que criariam as condições para a independência, na década de 1970. Vejamos no próximo ensaio como a prática esteve inserida nesse novo momento.

---

[72] *Goal*, ano 1, n.9, 20/1/1945, p.1.
[73] *Goal*, ano 1, n.3, 16/12/1944, p.1.

Ensaio 4

Novos rumos, novas tensões:
o esporte na encruzilhada
da nação
(décadas 1950 - 1960)*

Sob suspeita: o império em ebulição

No pós-Segunda Guerra, Portugal colocava-se na contramão do quadro geopolítico internacional, negando-se a encerrar seus laços coloniais e a promover a autonomia jurídica de seus territórios espalhados pela África e Ásia. Havia por trás dessa postura uma dupla dimensão: a ideia de nação portuguesa se confundia com a representação de império; uma forte relação entre o projeto político do Estado Novo e o colonialismo, de tal ordem que o fim de um era entendido como possibilidade de destruição do outro (Pimenta, 2010).

De um lado, múltiplas foram as pressões sobre o governo português, havendo inclusive indisposições com organismos internacionais, como com a Organização das Nações Unidas.[1] De outro lado, em alguns setores havia uma ideia corrente de que Portugal construíra uma sociedade multirracial, o que dificultava,

---
* Sugestão musical: "Cantigas de Maio", de Zeca Afonso.
[1] Em função das pressões, Portugal somente foi aceito na ONU em 1955. Para mais informações, ver Pimenta (2010).

a plena participação dos líderes dos movimentos pela independência das colônias portuguesas no âmbito das lutas panafricanas.[2] Na verdade, o governo metropolitano se ajustara ao novo quadro: em 1951, revogara o Ato Colonial, um dos sustentáculos da política salazarista, transformando as colônias em províncias ultramarinas; basicamente uma estratégia de ajuste retórico.

Ainda que tenham sido encaminhadas algumas propostas de distensão, expressas, por exemplo, em algumas posições de Adriano Moreira e mesmo de Marcelo Caetano, essas iniciativas não foram avante.[3] Assim, as colônias africanas de Portugal entraram em ebulição: se fortaleceram os movimentos anticoloniais e, na década de 1960, conflitos armados foram desencadeados em Angola, na Guiné e em Moçambique. Cabo Verde sentiu desdobramentos desse novo contexto, mesmo que não tenham ocorrido embates bélicos em seus limites. Como bem resume Fernandes (2006):

> Na década de 1950, essa situação tende a alterar-se consideravelmente. De fato, a despeito do predominante peso do discurso nacionalista lusitano sobre o universo simbólico arquipelágico, começa a despontar um novo grupo de agentes culturais e políticos que, dotados de uma nova ideologia, imbuídos de novos ideais e movidos por novos propósitos, questionam abertamente a perfilação e reprodução no arquipélago (p.18).

Com o acirrar dos conflitos e a descoberta de que alguns clubes eram focos de organização de atividades de contestação (na Guiné, em Angola e em Moçambique, como vimos na apresentação), a metrópole percebeu que o esporte não era alheio à política. Assim, ampliou as iniciativas de controle sobre as agremiações esportivas.[4]

---

[2] Para mais informações, ver Tomás (2008).
[3] Para mais informações, ver Pimenta (2010).
[4] No caso de Angola, devemos lembrar que, em 1922, as agremiações foram fe- chadas por Norton Matos, sob suspeita de envolvimento com movimentos autonomistas. A partir da década de 1930, as sociedades voltaram a ser abertas.

Os clubes angolanos[5] sentiram com bastante força esse processo. Além de investigações constantes, os nomes dos componentes das diretorias deveriam ser submetidos à autoridade governamental local, que antes de se posicionar (aprovando ou não) os submetia ao Conselho Provincial de Educação Física[6] e à Polícia Internacional e de Defesa do Estado (PIDE).[7]

No Arquivo Histórico da Torre do Tombo (no fundo da PIDE/DGS) foi possível consultar milhares de processos sobre as agremiações esportivas de Angola. Alguns exemplos demonstram como o controle foi exercido. Percebem-se casos de:

■ aprovação direta dos nomes da diretoria sem nenhuma ou com pequenas observações, que podiam ser: de natureza política, caso do processo n.2.328/65 – S. R. Confidencial, que avaliou a diretoria do Sporting Clube de Benguela, apontando apenas um indivíduo com "leves pensamentos separatistas"; ou de natureza moral, caso do processo n.2.333/65-S. R. Confidencial, que avaliou o Clube Recreativo e Beneficente do Bocoio, indicando que um dos diretores consome álcool com muita frequência;

■ reprovação de nomes sem maiores explicações: este foi o caso do processo n.2.332/65-S. R. Confidencial, que não aprovou os nomes de José Joaquim Diogo Branco, Etardo Alberto Palhares Costa e Manuel da Silva Antunes para a direção do Sport Club Portugal;

■ reprovação de nomes por razões políticas: caso do processo n.2.701/66-S. R. Confidencial, que não aprovou o nome de

---

Para mais informações, ver Bittencourt (1999).
[5] Fonseca (2009) estima que, às vésperas da independência, Angola possuía 144 clubes esportivos, que somavam mais de 63 mil sócios.
[6] Órgão ligado à Secretaria Provincial de Educação, instalado em cada uma das províncias portuguesas.
[7] Substituindo a Polícia de Vigilância e Defesa do Estado (PVDE), funcionou de 1945 a 1969. Com as mudanças no quadro político português, desencadeadas com a morte de Salazar, a PIDE passa a se chamar Direção Geral da Segurança (DGS).

Luís Vasconcelos Câmara Pires, por ser oposicionista ao regime, para a diretoria do Sport Novo Redondo e Benfica;

■ reprovação de nomes por razões morais: caso do processo n.5.673/67-S.R.1ª.Confidencial, que não aprovou o nome de Amandio Silva, por viver amancebado com uma angolana, Olívia Margarida Pacheco, ex-empregada de uma *boite*; o processo deixa claro que o referido não tinha qualquer problema político.

Quanto às observações de natureza política, iam desde "uma leve demonstração de tendências separatistas", passando por escolhas individuais, como ter apoiado a candidatura de Humberto Delgado à presidência de Portugal,[8] chegando até a denúncia de envolvimento explícito com atividades de contestação, entre as quais a proposta de independência de Angola ou a demonstração do que era denominado de sentimentos "antiportugueses". Do ponto de vista moral, eram levantados casos de homossexualidade, adultério, desonestidades, existência de dívidas, problemas com a polícia e com a justiça. As vidas privada e pública eram esquadrinhadas.

Houve casos em que as investigações foram minuciosas. Por exemplo, ofício de Fernando Alberto Ramalho Moutinho, chefe da subdelegação da PIDE de Carmona, datado de 25 de março de 1964, comentando as eleições para o Clube Recreativo de Uige, infere que Teófilo Pereira de Sousa, supostamente discordante do regime, teria tentado se eleger graças à manobra de Raul Jorge Gonçalves Figueiredo, "objeto de intensa vigilância". Ao narrar as atividades de outros grupos divergentes, conclui:

> Continuará esta subdelegação com a máxima atenção a esse grupo (já era o mesmo do cine clube que "morreu") solicitando que V.Exa. se digne ordenar que seja remetido a esta dependência o que consta a respeito do chefe de produção da Rádio

---

[8] Para mais informações sobre a campanha de Delgado, inclusive sua importância e repercussão nas províncias, especialmente em Angola, ver Pimenta (2010).

Clube do Congo Português, que parece ter estado bastante tempo em Benguela, Elísio de Lacerda.

Algumas agremiações eram consideradas mais suspeitas. Por exemplo, em ofício de 9 de setembro de 1967, relativo ao Clube Atlético Lobito, a PIDE relacionou nomes da diretoria que, segundo a investigação, estariam ligados ao Movimento Popular de Libertação de Angola (MPLA): Manuel Carlos da Piedade, Augusto Reis Francony, Antônio Domingos Pitra e Hermano Gonçalves da Costa. Observa ainda que: dos 21 dirigentes, apenas três são europeus, dos quais dois são suspeitos; as reuniões são secretas, sendo impedido de participar Carlos Alberto de Oliveira Pereira, identificado como colaborador do regime; por fim, que o grupo não é de confiança e parece propagar sentimentos antiportugueses:

> O clube é frequentado quase exclusivamente por africanos que, vendo-se isolados dos europeus, não só nas reuniões que têm por fim tratar assuntos de interesse do mesmo, como naquelas que todas as noites ali podem efetuar e nas quais à vontade podem tratar problemas de caráter político-subversivo, sem que qualquer pessoa afeita ao regime possa tomar conhecimento.

Esse clima de constante suspeita desencadeou uma certa paranoia em algumas agremiações, até porque os julgamentos nem sempre tinham grande coerência, sendo possível mesmo encontrar divergências entre os responsáveis pela investigação. Por exemplo, o Club Beneficente e Recreativo do Cubal enviou uma carta à PIDE perguntando se haveria algum inconveniente em convidar para uma conferência o medico José Carolino Serrado da Fonseca Santos.

A subdelegação de Lobito encaminhou uma consulta ao subdiretor geral, informando que estranhara o presidente do clube afirmar que não conhecia o médico, "[...] tanto mais que um e outro são sobejamente conhecidos desta Policia como oposicionistas e até professando ideias separatistas" (ofício de 3 de junho de 1965).

A subdireção geral, contudo, responde que a PIDE não tem que se pronunciar, sendo de inteira responsabilidade da agremiação a atividade, sugerindo ainda que se apure quem indicou o nome de José Carolino como conferencista (29 de junho de 1965).

A PIDE chegou mesmo a receber cartas denunciando atividades políticas de algumas agremiações. Ofício de 2 de julho de 1968 comenta missiva anônima que citava como subversivos um grupo de angolanos. O órgão de segurança observa que todos eles estavam ligados ao Clube Recreativo e Desportivo Maxinde.

É bom lembrar que, conforme foi avançando a década de 1960, a militância mais ativa foi saindo das cidades e se envolvendo com os conflitos armados. A questão relevante é perceber os clubes como uma alternativa de atuação política de quem ficou e atuou na clandestinidade.

Processo semelhante de controle pode ser identificado em Moçambique e na Guiné portuguesa. Já em Cabo Verde, as tensões foram de distintas ordens, provavelmente pela lealdade à metrópole que sempre foi uma marca do arquipélago. Ainda assim, pode-se também perceber um maior cuidado com o funcionamento das agremiações esportivas desde que Salazar assumiu o Conselho de Ministros.

No Fundo da Repartição Provincial do Arquivo Histórico de Cabo Verde, encontramos muitas cartas e telegramas à administração governamental, comunicando e pedindo aprovação de diretorias e/ou estatutos de clubes. Se isso sempre houvera, ampliara-se o rigor com o decorrer do tempo. Os dirigentes eleitos para as agremiações, por exemplo, tinham de assinar documentos como estes:

> Nos termos do artigo 3º da lei n.1.910 de 21 de maio de 1935, declaro pela minha honra, que não pertenço nem jamais pertencerei a associações ou institutos secretos definidos no artigo 5º da lei acima mencionada.

> Declaro por minha honra que estou integrado na ordem social estabelecida pela constituição política de 1933, com ativo repúdio do comunismo e de todas as ideias subversivas.

Os clubes eram inspecionados de várias formas e as tensões eram constantes. Vejamos a carta que Felisberto Nunes de Almeida, administrador do Conselho de Praia, enviou para Amílcar Carvalhal, dirigente de uma agremiação, em 29 de julho de 1939:

> Tendo-me constado que V.Exa. pretende realizar hoje uma reunião da assembleia (geral) do grupo (desportivo) Luzitânia, queira ter a bondade de suspender qualquer medida que para tal fim tenha tomado, e comparecer no meu gabinete no dia 31 do corrente pelas 15 horas e 30 minutos.

Essa convocatória é ainda posteriormente reforçada:

> Rogo a V. Exa. se digne comparecer no meu gabinete no dia 31 do corrente pelas 15 horas e 30 minutos, devendo V.Exa. fazer-se acompanhar dos restantes membros da direção, do conselho fiscal, da mesa da Assembleia Geral e ainda dos 3 sócios em que a direção, em 28 de novembro de 1938, delegou a administração do grupo.

Situação semelhante pode ser observada nos conflitos entre o presidente da Associação Desportiva de Sotavento (ADS), Orlando Luiz de Oliveira, e o administrador do Conselho de Praia, Antônio Policarpo Sousa Santos. O grupo esportivo intentava organizar uma quermesse e sofreu repreenda por não ter cumprido a legislação em vigor. Vejamos o ofício de setembro de 1947:

> Cumpre-me elucidar V.Exa. que a quermesse que essa associação pretende levar a efeito tornou-se pública [...]. Não tem V.Exa. que lastimar a forma como o assunto chegou ao meu conhecimento, porquanto sou obrigado, por lei expressa, a conhecer tudo o que se passe na área sob minha jurisdição e não vim aprender a ser administrador nesta colônia, porque exerço essas funções há quinze anos. Conheço perfeitamente a autoridade que me confere a lei e não desconheço a forma de a exercer e de a fazer respeitar, se para tanto for necessário.

A tensão se estabeleceu porque a administração também pretendia organizar uma festividade em data semelhante. A ADS respondeu que marcara sua atividade anteriormente e provoca Antônio Policarpo afirmando que ele também não pedira autorização. Este, por sua vez, contesta:

> Eu procurei ser calmo ao ler a nota a que estou respondendo e a portaria 1.686, onde nada encontro que me obrigue a pedir autorização a essa Associação para a realização do meu projeto, que tem o fim de assistência aos necessitados deste Conselho. Nem se pode admitir que o Governo legislasse subordinando uma autoridade a uma associação desportiva. O contrário seria de lastimar, mas não é como V.Exa. pretende.

A partir daí, parece ter ficado difícil a relação entre ambos. Em dezembro de 1947, Antônio Policarpo envia nova carta à associação: "Peço V. Exa. o favor de me mandar informar quem foi que autorizou a realização do desafio de futebol que teve lugar no ultimo domingo 7 do corrente". Jorge Santos, secretário da ADS, responde remetendo a quantia de Esc.10$00 referente à multa por ter realizado sem autorização a partida entre o Boavista e o Vitória. Antônio não baixa a guarda, parecendo ainda mais ofendido, declara:

> [...] não posso deixar de chamar a atenção dessa associação para o fato de ter enviado a quantia referente ao jogo depois deste realizado, sem o cumprimento do que se encontra expressamente determinado por quem de direito e ainda como era costume anteriormente.

A ADS simplesmente contesta que pagou a multa prevista em lei. Em carta de 15 de dezembro de 1947, o administrador responde que acolhe as explicações, diz que não tem razão para não acreditar nas boas intenções da ADS, pede que se cumpra a lei e conclui: "[..] não tenho qualquer má vontade contra essa associação, mas não abdico da autoridade que a lei me confere e que tenho de prestigiar". A despeito dessa manifestação de aparente boa vontade, vemos que em 14 de fevereiro de 1948, Antônio Policarpo envia outra mensagem:

> Lamento ter de informar V.Exa. que o desafio de futebol projetado para amanhã no campo dessa associação, não pode ter lugar, visto o programa não ter sido submetido como é de lei e já por várias vezes tenha chamado a atenção dessa associação à aprovação prévia desta administração.

Na verdade, esses embates não estavam relacionados *stricto sensu* a tensões coloniais no sentido separatista. Até poderiam ser considerados anticoloniais no sentido de que se tratava de reações ao excesso de intervenção da metrópole nas coisas locais, algo que incomodava profundamente as elites caboverdianas, mas jamais no mesmo sentido do que era possível observar em outras colônias.

Vejamos que Antônio Policarpo até mesmo chegou a ser considerado como entusiasta do esporte, segundo informa Aristides Pereira (2003):

> [...] era um indivíduo controvertido, que se aclimatou depressa, praticamente ele passou a conhecer toda juventude de Praia. Nos desafios de futebol, ele ia e gostava, fazendo claque pelo clube que ele gostasse mais [...]. Extremamente popular aqui e, nessa questão do desporto, o fraco dele era o Boavista (p.359).

O autor lembra que quando o Boavista, de cuja diretoria fazia parte, resolveu fazer um quadrangular para homenagear o administrador, que se despedia do arquipélago, foi chamado pela polícia para explicar o porquê do evento. Segundo a sua memória, essas teriam sido as palavras do comissário:

> Lá que vocês façam um jantar, muito bem, num recinto fechado, não há problemas. Mas se vocês se atrevem a fazer uma manifestação pública! [...] ou vocês acabam com essa história de futebol já, ou então eu posso ir lá e acabar com isso tudo. E, digo-lhe mais, por muito menos está muito gente no Tarrafal (2003, p.359).

Não podemos desprezar que pode haver algum exagero na fala de Aristides Pereira, uma mobilização de memória reforçando o aspecto da repressão; de qualquer forma trata-se de mais um indicador de que havia algum grau de controle e tensão ao redor da organização de eventos esportivos no arquipélago.

Em Cabo Verde, os maiores problemas parecem ter sido mesmo de ordem burocrática. Vejamos um exemplo. Quando interpelado por irregularidades, em carta de 21 de maio de 1951, o secretário da ADS responde que nunca regularizara os estatutos por problemas financeiros (as agremiações tinham que pagar todas as taxas do processo), pedindo que a administração ao menos concedesse gratuidade no que se refere à publicação no *Boletim da Província*. Aproveita para criticar o governo, sugerindo que as dificuldades se devem à falta de incentivo ao desenvolvimento do esporte, ao contrário do que ocorria na gestão de antigos governadores. Orlando Morazzo, chefe da 2ª seção, responde dizendo que o problema é mais grave: os estatutos sequer poderiam ser apreciados por inadequação com os termos legais exigidos. A divergência, na verdade, se dava porque a ADS relutava em cumprir na íntegra o que determinava a administração provincial.

Em 1955, o governador de Cabo Verde[9] chegou a promover uma intervenção na ADS, nomeando uma comissão administrativa para dirigi-la. A motivação principal foi garantir a organização das atividades esportivas que fariam parte da recepção do presidente de Portugal, Craveiro Lopes.[10]

Houve também divergências com a Associação Desportiva de Barlavento (ADB), que passava por dificuldades financeiras. O relatório de Mota Carmo, administrador do Conselho de São

---

[9] Manuel Marques de Abrantes Amaral.
[10] A intervenção foi suspensa no mesmo ano. Pelos jornais podemos ver que um dos pontos altos das festividades foram as atividades esportivas. Isso se tornou uma constante: eventos festivos, como os de comemoração pelo meio milênio do achamento de Cabo Verde, em 1960, contavam sempre com a participação de clubes e atletas, celebrados como expressão do alto grau de civilidade dos caboverdianos.

Vicente, de 17 de setembro de 1945, já informava que as agremiações de Mindelo tinham grandes dívidas, se mantendo graças a apoios individuais (por ele chamados de "carolas"). Para Carmo, até mesmo o fato de existirem muitos clubes contribuía para tais problemas, como podemos ver pelo ofício, datado de 4 de março de 1948, enviado ao chefe da Repartição Central dos Serviços da Administração Civil, prestando contas de sua análise nas documentações e livros de contas das agremiações de Barlavento.

A administração provincial, contudo, nem sempre parece ter seguido os mesmos critérios. Identificamos uma carta, de dezembro de 1957, do presidente do The St. Vicent Cape Verde Island Golf and Lawn Tennis Club, agremiação até então restrita aos ingleses,[11] solicitando que fossem aceitas mudanças em seus estatutos, para que não britânicos pudessem ser aceitos como sócios. Uma nota manuscrita afixada à carta dá conta da decisão da administração: "Foi mandado arquivar sem se mandar ao Conselho de Educação Física, em virtude de ser uma situação irregular, que não podia merecer deferimento. Mas quase seria um incidente diplomático, tão antigo é o clube". Houve o reconhecimento de que o funcionamento fora autorizado por uma portaria, mas não se deu o ajuste necessário em função das bases legais posteriores.

De caráter mais explícito de contestação, encontramos apenas duas experiências, nenhumas delas de caráter esportivo propriamente dito. Abílio Duarte, no final dos anos 1950, liderou, em Mindelo, uma iniciativa de conscientização por meio de atividades culturais chamada de Grupo do 3º Ciclo, por estar ligado aos estudantes do Liceu Gil Eanes. Muitos militantes lembram a importância dessa ação. Humberto Bettencourt Santos, por exemplo, afirma que:

---

[11] Para mais informações, ver ensaios 2 e 3.

Foi uma forma de introduzir novos dados na nossa mentalidade. [...]. Até proibiram Cabo Verde de participar nos jogos de futebol que se faziam antigamente com o Senegal, a Guiné etc. A partir das independências na África Ocidental, Cabo Verde já nem podia participar nesse tipo de manifestação desportiva (apud Pereira, 2003, p.451).

A segunda experiência foi liderada por Carlos Reis, militante do Partido Africano para Independência da Guiné e de Cabo Verde (PAIGC). Segundo informa (apud Pereira, 2003), quando retornou a Cabo Verde, em 1965, se envolveu com a dinamização do clube Benfica de Assomada, procurando reunir os jovens em um grupo de teatro, que montou duas peças, "em crioulo e procurando sempre denegrir a Administração Colonial [...], contribuindo para aumentar o descontentamento do povo" (p.424).

Enfim, o quadro caboverdiano era bastante distinto do angolano. De toda maneira, também no arquipélago houve tensões e iniciativas de controle das associações esportivas.

■

No novo cenário internacional e como desdobramento das tensões nos territórios portugueses na África e na Ásia, o esporte passou a também ser motivo de suspeita. Portugal tinha lá razões para ampliar suas ações de controle sobre as outrora insuspeitas agremiações esportivas. Mesmo em seu território, essas experiências chamaram a atenção. Vejamos as experiências da Casa dos Estudantes do Império e do Clube Marítimo Africano.

Cultivando a discórdia na terra do inimigo

O Clube Marítimo Africano (CMA) foi fundado em Lisboa, em 1954, por trabalhadores de origem africana, que atuavam na Marinha Mercante Portuguesa, e por membros da Casa dos

Estudantes do Império (CEI). Assinaram o pedido de autorização para funcionamento Humberto Machado, estudante de agronomia, e Raul Francisco Caterça, marítimo.

Os estudantes da CEI já tinham em conta as experiências desenvolvidas nessa instituição, criada em 1944, com o intuito de apoiar e em boa medida também controlar os originários das colônias/províncias portuguesas na África e na Ásia que vinham dar continuidade à sua formação escolar na metrópole. Entre as suas ações, as relacionadas ao esporte desempenharam um importante papel.

Faria (1995) informa que, já na primeira gestão, a Casa "teve uma atividade limitada pelo calendário do ano letivo, mas organizou campeonatos de *ping-pong*, futebol e hóquei em patins" (p.15). Com o decorrer do tempo, constantemente foram promovidos diversos torneios internos. Além disso, equipes da Casa participavam de competições esportivas externas. Um exemplo:"O desporto tem tomado grande incremento nesses últimos tempos, estando a interessar vivamente o torneio de futebol, organizado pelo Ateneu Comercial de Lisboa e o Club Internacional de Futebol, em que participa a equipe da CEI, que tem alcançado brilhantes resultados"(1948, p.21).[12] Essas práticas contribuíam para dar uma maior visibilidade para os jovens africanos no cenário metropolitano, gestando uma alternativa de promoção de alguma integração, tanto entre os estudantes quanto com a população em geral:

> Em boa hora nos inscrevemos neste torneio, porque ele tem contribuído não só para demonstrar a boa categoria e correção de nossos jogadores, mas também para unir ainda mais a nossa massa associativa que no decorrer do Torneio só tem tido um pensamento: a vitória da CEI (1948, p.26).

---

[12] A referência é de *Mensagem* – Boletim da Casa dos Estudantes do Império, que mudou de nome e de periodicidade no decorrer de sua existência (de 1948 a 1964). Todas as edições consultadas foram compiladas por Orlanda Amarílis e Manuel Ferreira (1996).

Importa destacar que a CEI se transformou em uma das sedes do desenvolvimento de um pensamento anticolonial, um local onde se gestaram oportunidades de conscientização política, o que induziu à emergência de importantes lideranças, como Amílcar Cabral, Agostinho Neto, Lúcio Lara, Eduardo Mondlane, entre outros, muitos deles partícipes ativos das atividades esportivas da Casa (envolvidos também com as iniciativas do Clube Marítimo Africano). Na verdade, na CEI havia uma série de limi-tantes para as ações de contestação, tanto porque o governo metropolitano estava sempre atento aos movimentos de seus membros, quanto porque o seu corpo de associados era muito heterogêneo.[13]

Assim, se a ideia da criação do CMA parece ter surgido inicialmente entre os marítimos, que procuraram alguns estudantes para ajudar na oficialização da iniciativa (os primeiros movimentos parecem ter ocorrido em 1952), para esses havia uma boa razão para se envolverem com a agremiação: lá não haveria filhos de colonos e de funcionários da administração colonial, comuns na CEI.[14] O clube perspectivava-se de múltiplas formas e poderia contribuir com o processo de preparação das lutas anticoloniais.

Nos estatutos do CMA informava-se, no seu artigo 1, que se tratava de uma "agremiação desportiva dos marítimos africanos e dos africanos em geral residentes na metrópole"; no seu artigo 3, apresentava-se o intuito de "promover a educação física e a prática de desportos entre seus associados, proporcionando-lhes também meios de recreio e de cultura", explicitando-se que "são vedadas quaisquer atividades ou participação em manifestações de caráter político e religioso". Todavia, de fato:

> O Clube Marítimo Africano mantinha uma fachada lúdica e desportiva, que encobria uma grande atividade política,

---
[13] Para mais informações sobre a CEI, ver Bittencourt (1999) e Faria (1995, 1997).
[14] A foto que abre o livro de Faria (1995) não deixa dúvidas: na CEI havia muitos brancos, alguns mestiços e poucos negros entre os associados.

espalhando as ideias nacionalistas provenientes de Luanda e Bissau e constituindo, como foi a Casa dos Estudantes do Império, mais uma onda na tumultuosa maré nacionalista (Zau, 2007, p.25).

A articulação entre marítimos e estudantes, por exemplo, foi estratégica no sentido de garantir o trânsito de informações entre os movimentos de contestação em organização nas províncias e na metrópole: "Embora discreto, o Clube Marítimo Africano [...] cumpriu um papel da maior relevância histórica em prol da independência das colônias portuguesas em África" (Zau, 2007, p.91).

Com o decorrer do tempo, inclusive, os navios passaram a ser mais fortemente policiados, especialmente depois que membros do CMA conseguiram enviar uma máquina policopiadora para Angola, muito útil entre grupos de contestação.[15] Nos arquivos do fundo PIDE/DGS/Arquivo da Torre do Tombo há vários informes de busca e apreensão; agentes policiais passaram a se infiltrar nas embarcações para identificar as ligações "subversivas" entre a metrópole e as colônias.

A agremiação, que inicialmente se instalou na casa de Humberto Machado e depois teve várias sedes espalhadas por Lisboa, promovia com constância bailes, concursos de dança, piqueniques; oferecia alguma assistência médica, aulas de alfabetização, acesso a práticas esportivas, especialmente ao futebol, no qual o clube foi muito ativo e por vezes vitorioso em competições diversas. Nas atividades era comum a presença de cônjuges, filhos e parentes em geral.

O CMA congregava pessoas com interesses diversos. José Bançanza Tomo lembra que:

> Nos bailes que organizávamos, enquanto Agostino Neto, Eduardo Mondlane, Amílcar Cabral, Humberto Machado e outros ficavam num quarto a fazer suas reuniões, nós na sala ficávamos

---
[15] Para mais informações, ver Bittencourt (1999).

a dançar, mas sabíamos o que se estava a passar lá dentro com eles. Era uma forma de desviar as atenções da PIDE (apud Zau, 2007, p.131).

Enquanto alguns sócios, como João de Deus Telvino, que organizava as atividades de futebol, pareciam mesmo mais interessados nas atividades recreativas, outros tinham interesse prioritário nas questões políticas. De toda forma, nesse cenário alguns começaram a tomar consciência das lutas coloniais, passando a se engajar mais diretamente nas ações de contestação. Para Fernando da Costa Campos: "Politicamente, nós aos poucos íamos trabalhando a mentalidade dos marítimos, [...] nem todos estavam integrados ao nosso problema [...], mas aos poucos nós íamos dando a volta à sua mentalidade" (apud Zau, 2007, p.145). Na verdade, desde o início já havia marítimos fortemente envolvidos com os movimentos nativistas, como é o caso de Zito Van Dunem e Francisco Jack.

O clube era também uma possibilidade de gerar alternativas de sociabilidade para negros e mestiços em um ambiente social preconceituoso, como era o de Lisboa à época. Podemos ver algo dessa dimensão em um ofício de um agente da PIDE, Jacinto Corvo, de 29 de setembro de 1959.[16] Descrevendo um piquenique realizado em Feijó-Cova da Piedade, ele informa que quinze casais, com seus filhos, estiveram presentes. Segundo seu olhar:

> Não se constatou a interferência ou contato com qualquer continental, pois, segundo consta no local, onde é hábito reunirem várias vezes, não gostam do convívio dos brancos, naquelas reuniões. Por nada de suspeito se ter constatado, tudo leva a crer que o piquenique em referência, se algo tem relação com a política, deve tratar-se de questão racial.

As ações do Marítimo pareciam ser inspiradas e ter conexão direta com a experiência da Liga Nacional Africana, agremiação

---

[16] Disponível no fundo PIDE/DGS, Arquivo Histórico da Torre do Tombo, pasta do Clube Marítimo Africano.

angolana, criada em 1930, de caráter assistencial, cultural e esportivo. Esse clube chegou a receber apoio direto do governo colonial, mas, no decorrer da década de 1950, a PIDE percebeu que muitos de seus membros estavam envolvidos com movimentos nativistas e grupos de contestação.[17] De acordo com o ofício de 6 de junho de 1956,[18] a Liga:

> [...] não tem correspondido satisfatoriamente aos fins para que foi criada e está referenciada nessa polícia como centro de propaganda separatista. Desde a sua fundação e através de seus dirigentes e associados teve sempre procedimento de aparente fidelidade e obediência ao governo, no entanto, vem-se notando que o seu fim principal é a separação da mãe-patria, para o que tem muito contribuído os acontecimentos registrados na África do norte.

É fato que compunham a direção da Liga alguns envolvidos com as lutas anticoloniais, muitos dos quais foram presos e investigados: Jaime de Araújo, cônego Joaquim Mendes de Neves, André Rodrigues Mingas Junior, João Van Dunem, Idílio Machado, entre outros. Em ofício de 20 de setembro de 1956, o tenente Sebastião Artur Ribeiro Galvão chegou a afirmar que todos os membros da diretoria do clube "são suspeitos de separatistas". Vale destacar que João Van Dunem, André Mingas e Idílio Machado tinham relações diretas com Zito Van Dunem, Rui Mingas e Humberto Machado, sócios e dirigentes do CMA. A relação entre as agremiações foi aventada na primeira vez que o clube de Lisboa foi investigado pela PIDE, motivada por uma denúncia minuciosa de Serafina de Assis,[19] ex-namorada de Agostinho Neto.

Na carta, Serafina informava que Neto possuía, segundo ela, "ideologias avançadas" e junto com Humberto Machado e Júlia

---

[17] Bittencourt (1999) demonstra que em muitas agremiações angolanas, entre as quais na Liga Nacional Africana, grupos radicais, motivados pelos mais jovens, foram responsáveis pelo incremento das reivindicações; muitos depois envolver-se-iam diretamente nas lutas coloniais.
[18] Disponível no fundo PIDE/DGS, Arquivo Histórico da Torre do Tombo.
[19] Carta de 1954, disponível no fundo PIDE/DGS, Arquivo da Torre do Tombo, pasta do Clube Marítimo Africano.

Machado estavam preparando a criação de um clube. O primeiro impulso era fundar uma associação assistencial exclusiva para marítimos; somente depois teria surgido a ideia de criar uma seção esportiva, tendo havido debates sobre sua pertinência (se chegou a pensar na criação do Grupo Desportivo do Ultramar). Por fim, decidiu-se que seria uma única associação de caráter cultural, esportivo e assistencial. A finalidade real, contudo, alertava Serafina, era a propaganda antinacionalista. A carta informava ainda que se chegou a pensar em só se aceitar na agremiação indivíduos de cor, o que ao fim foi desconsiderado. A acreditar em algo do teor informado, mesmo reconhecendo que é comum haver exageros em denúncias desse tipo, percebe-se que fora bem planejada a fundação do clube.

Em resposta à denúncia, a PIDE foi à sede do clube, na época a residência de Humberto Machado, recolheu muito material considerado "suspeito" (algumas coisas que realmente demonstravam algum grau de ligação com as turbulências em Angola, mas outras mais inocentes, como cartões-postais) e o convoca a prestar depoimento. No Auto de Declarações, lavrado em 9 de junho de 1954,[20] temos acesso à íntegra das desconfianças do órgão policial e às posições do depoente. Em resumo, afirma:

> O CMA está em organização. Há cerca de um ano uns marítimos africanos realizaram um desafio de futebol em Lisboa e daí veio-lhes o desejo de terem um clube próprio. Como o declarante conhece muitos marítimos pediram sua colaboração [...]. O Clube destina-se a desporto e recreio. Que até a presente data foram organizadas cerca de quatro festas.

A forma de organização da agremiação confundia mesmo alguns agentes da PIDE. Vejamos um relatório, datado de 10 de fevereiro de 1955, asseverando que a iniciativa só tinha mesmo fins não políticos:

---
[20] Disponível no fundo PIDE/DGS, Arquivo Histórico da Torre do Tombo.

> O Clube Marítimo Africano, ainda sem sede, foi fundado por Humberto Machado [...] e Raul Francisco Caterça. Aqueles indivíduos fundaram esse clube com o fim de reunirem todas as pessoas oriundas das nossas províncias africanas, que se encontram a viver nesta cidade de Lisboa, bem como suas famílias, tendo em vista arranjarem casa própria a fim de darem bailes; é por conseguinte um clube somente recreativo (apud Zau, 2007, p.85).

No ano de 1958 a PIDE recebe outra denúncia anônima:

> [...] tem esta o fim de lhe participar que na Rua Leite Vasconcelos, 82 – cave esquerdo e direito, existem umas determinadas pessoas que falam contra a situação e fazem comitês com homens de cor, até altas horas da noite, à porta fechada, tendo envolvido em grande barulhada, não só na residência indicada, como também num Clube que tem por nome Clube Marítimo Africano [...]. Era bom que mandasse investigar como mesmo prender certo pessoal que ali habita (apud Zau, 2007, p.86).

A PIDE, assim, envia o agente Lourenço para averiguar "quem são os indivíduos que falam contra o governo na Rua Leite de Vasconcelos, n.82, e bem se ali está instalado o Clube Maritimo [...]. Procure averiguar quais são as frases proferidas contra o governo e se possível fazer a prova".[21] Segundo o agente o clube não estava instalado no endereço citado, no qual se encontrava, na verdade, a residência de Humberto Machado, que frequentemente reunia "pessoas de cor", a título de assistencialismo, notadamente promovendo jantares para os que tinham dificuldades financeiras. Para ele, as reuniões se estendiam até tarde, mas não incomodavam a vizinhança. Por fim conclui: "[...] segundo me informaram, nada tendo a ver com política. Isto não quer dizer que alguns dos que tomavam parte em tais reuniões não fossem contrários a atual situação, mas a sua finalidade não era essa".

Mais ainda, Lourenço encheu de elogios Humberto Machado, considerado pacato trabalhador: "Politicamente, [...] é

---

[21] Relatório n.1.342/1958, de 6/8/1958. Disponível no fundo PIDE/DGS, Arquivo Histórico da Torre do Tombo.

elemento afeto ao atual regime, nada me constando também em desabono de sua esposa". Não surpreende que haja no documento uma marca de lápis vermelho, uma interrogação: alguém que leu o material parece ter se surpreendido com a ingenuidade das observações do agente da PIDE.

Foi constante esse acompanhamento dos órgãos governamentais. Em outro ofício da PIDE, ao governador civil de Lisboa, datado de 19 de outubro de 1959, vemos a seguinte informação:

> [...] dada a suspeita política que recai sobre a grande maioria dos seus associados e nomeadamente sobre os membros que compõem a direção, vêm sendo, na medida do possível, controladas por esta Polícia as atividades do referido clube.

A PIDE, depois de perseguir sistematicamente alguns membros do CMA, fechou sua sede e apreendeu arquivos e documentação. Em 1959, por esse motivo, mas também pela constante mobilidade dos marítimos e da fuga de algumas de suas lideranças estudantis, que saíram de Portugal e se engajaram mais ativamente nas lutas anticoloniais, o clube encerra suas atividades.

Ainda houve uma tentativa de manutenção da agremiação. Uma assembleia, realizada em janeiro de 1959, no Clube Desportivo da Graça, designou uma comissão diretiva para reorganizar as atividades e resolver "a situação extraordinariamente crítica"; os responsáveis informaram que pretendiam o quanto antes possível voltar a oferecer excursões, jogos de futebol, consultas médicas. Pelo informe do agente Fernando Palma, da PIDE, ficamos sabendo que compareceram a essa reunião 37 pessoas, "quase todos negros, somente dois homens e cinco mulheres brancas". O esforço foi em vão.

Enfim:

> O Clube Marítimo Africano, legalmente constituído, em 1954, como uma agremiação essencialmente desportiva, proporcionava, aos seus associados, meios de cultura e de recreação. Funcionava também como um centro de alfa-betização e,

clandestinamente, como um núcleo de consciencialização política para a luta contra o fascismo e colonialismo português. O transporte de panfletos, jornais, mensagens, dados estatísticos, policopiadora e outros, que seria impossível numerar, foi feito sob responsabilidade de marítimos, naquela época, politicamente mais esclarecidos, que conseguiram iludir a apertada vigilância da PIDE (Zau, 2007, p.189).

De fato:

O Clube Marítimo haveria de servir de modelo para futuras atividades políticas. O Estado Novo, restringindo as liberdades individuais, proibia a formação de sindicatos e associações, mas tolerava as agremiações de caráter desportivo e cultural. Daí terem estes jovens africanos pensando na possibilidade de desenvolverem atividades ilegais no quadro de organismos reconhecidos pelo regime (Tomás, 2008, p.71).

Como vimos, Amílcar Cabral, um dos mais importantes líderes e intelectuais das lutas anticoloniais, foi membro ativo do CMA e da CEI. Sobre o seu envolvimento com esta última, Antônio Faria é explícito:

[A CEI] foi um lugar de passagem determinante para o trabalho político de Amílcar Cabral, engenheiro agrônomo originário da Guiné, estudante de Cabo Verde, grande figura de pensador e de dirigente político, à credibilidade de quem se deveu grande parte do auxílio europeu e americano aos países africanos onde se utiliza a língua portuguesa (1995, p.10).

Sua experiência é para nós bastante interessante por estar diretamente relacionada a Cabo Verde e por sua compreensão sobre o papel e a importância do esporte.

Novos rumos, um novo líder: Amílcar Cabral e o esporte

> Distinguindo com maior ou menor profundidade o que era imposto pelas leis de guerra, pelos interesses que sustentavam a política do governo português, pelos direitos à autodeterminação e à coexistência pacífica dos povos, é Amílcar Cabral quem dá à luta pela independência a dimensão revolucionária, quer dizer, pelo humanismo contra a arbitrariedade, pelo conhecimento contra a ignorância, pela ação contra o imobilismo, aquilo que o governo português designava com obsessiva contumácia por terrorismo – o que abriu clivagens irreversíveis onde podia ter havido diálogo e entendimento (Faria, 1995, p.11).

Nas décadas de 1950-1960 vai se destacar o terceiro dos chamados "pais da caboverdianidade": Amílcar Cabral, que, ao contrário dos outros dois (Eugênio Tavares e Baltasar Lopes), forjou uma visão de nacionalismo com base na ideia de africanidade e na reivindicação explícita não só de qualquer autonomia jurídica, mas sim de independência propriamente dita. Ele tornou-se:

> [...] expoente máximo dessa nova geração, não só por perfilhar a concepção de intelectual engajado, como também por tê-la levado até as últimas consequências [...]. As motivações políticas, segundo ele existentes, mesmo que latentes, passariam a influenciar em moldes diferentes dos até então prevalecentes as produções culturais dos ilhéus (Fernandes, 2006, p.185).

Desde o tempo em que fora aluno de destaque no importante Liceu Gil Eanes, o futuro líder esteve envolvido com agremiações esportivas e associações juvenis, nas quais começou a tomar consciência da situação das colônias. Bom jogador de futebol, era apaixonado pelo esporte em geral, como seu irmão Luís Cabral, futuro primeiro presidente da Guiné-Bissau independente, na juventude atleta de voleibol.

Em 1945, Amílcar se deslocou para Lisboa, para estudar, como bolsista, no Instituto Superior de Agronomia. Por lá esteve envolvido, além da CEI e do CMA, com as atividades da Casa de

África e do Centro de Estudos Africanos, instituições nas quais também se formou uma parte importante das lideranças das lutas anticoloniais. Como lembra Tomás (2008): "[...] aberto, simpático e desenvolto, integrou-se igualmente com bastante facilidade no meio social do seu Instituto" (p.60).

Cabral era uma presença constante nos eventos esportivos, destacando-se por sua habilidade nas diversas equipes de futebol que integrou.[22] A sua paixão pelo esporte pode ser vista na caricatura realizada por um colega de turma, José Carlos Sousa Veloso, publicada no livro de final de curso (1945-1946) do Instituto Superior de Agronomia: é retratado de uniforme, meiões e chuteiras; nas mãos tem livros de Engels e Dostoievski; seu amor por Cabo Verde é explicitado por suas lágrimas caindo sobre a representação do arquipélago em um globo.[23]

Caricatura de Amílcar Cabral feita por José Souza Veloso.
Arquivo Amílcar Cabral/ Fundação Mário Soares
(Lisboa, Portugal)

---

[22] Algumas referências sugerem que chegou a ser convidado a integrar a equipe do Benfica. Não é difícil que isso tenha de fato ocorrido, mas não conseguimos comprovar tal informação.
[23] É possível também que as lágrimas estejam imitando a chuva, uma referência a um de seus trabalhos sobre a seca em Cabo Verde.

Como vimos anteriormente, Cabral, com múltiplos intuitos políticos, teve a ideia de criar, ao regressar à Guiné-Bissau, já na condição de engenheiro agrônomo a serviço do Ministério do Ultramar de Portugal, o Clube Desportivo e Recreativo de Bissau. Vejamos o que ele mesmo diz (apud Melo, 1974):

> Antes de darmos início à luta armada, decidimos criar organizações africanas. Em 1954 começamos por criar organizações recreativas, já que era impossível nessa altura dar-lhes um caráter político. Isso foi importante não por causa da ideia de criar uma associação, mas porque o colonialismo não o permitiu, o que provou às grandes massas de jovens que se tinham entusiasmado por estar ideia, que sob o domínio português os africanos não tinham quaisquer direitos. Isso deu-nos mais coragem para outras ações, para difundir outras ideias e para fazer avançar a luta (p.161).

Essa foi, na verdade, uma estratégia comum na sua trajetória política:

> [...] formar pequenos grupos para discutir diversos assuntos culturais, relacionados com a literatura e poesia, por exemplo, e, ao mesmo tempo, ir destacando os elementos mais conscientes para, numa fase posterior, desenvolver um trabalho mais político e mais arriscado (Tomás, 2008, p.88).

Cabral, comumente, ao conclamar a juventude a participar dos movimentos anticoloniais, explicitava sua visão acerca da importância do esporte como estratégia de aglutinação, que precisa, contudo, depois ser superada com outro tipo de envolvimento "mais sério":

> Nessa grande batalha da justiça contra a injustiça, a juventude guineense e cabo-verdiana tem de desempenhar um papel importante. E é por isso que a nossa juventude se organiza cada vez mais, abandona o campo de futebol ou de basquetebol e todos os divertimentos fáceis, para se preparar cuidadosamente para, no campo de batalha, empregar todas as suas forças, toda a sua inteligência, pela vitória da causa de nossos povos (Cabral, 1977, p.17).

Essa postura era coerente com a sua ideia de que a cultura popular deveria formar a base para a luta anticolonial. Para ele, inclusive, não se tratava de negar, mas sim de reavaliar as bases culturais coloniais, as utilizando para fins de contraposição, de construção de uma nova ordem social. Como lembra Fernandes (2006, p.201): "Em Cabral, os traços de cultura são reinterpretados e cotejados com as necessidades concretas de inserção universal do homem africano".

No caso do futebol, antes mesmo da iniciativa de criação do Desportivo e Recreativo de Bissau, Cabral já atuara como técnico de equipes locais na Guiné, vislumbrando uma possibilidade de aliar o prazer dos envolvidos com o esporte com a organização das lutas anticoloniais. Na verdade, como o grupo inicial de engajados com suas propostas era formado majoritariamente por caboverdianos, tratava-se também de uma alternativa para buscar maior proximidade com os guineenses. Abílio Duarte lembra:

> O Cabral destinou-me ao Sporting, que era o clube mais anticabo-verdiano naquela altura. Entretanto, as coisas foram andando [...]. Do meu lado, quebrei a vidraça da cachupa: acabei por estabelecer um relacionamento profundo com os guineenses, sem romper contudo os meus laços com os cabo-verdianos. Havia um casulo em que os cabo-verdianos viviam. Formavam um mundo à parte, só seu (apud Lopes, 2002, p.48).

Aristides Pereira (2003) também lembra que, até por não haver muitas possibilidades de falar sobre política, se interessava muito: "pela camada jovem guineense, principalmente desportistas, e procurava incutir-lhes o gosto e a necessidade de aprender para além da instrução primária a que estavam confinados por lei" (p.79).

O futebol foi, portanto, uma das estratégias perspectivadas para tentar romper as desconfianças históricas que existiam entre caboverdianos e guineenses, o que não era de se estranhar já que muitos originários de Cabo Verde ocupavam postos na administração da Guiné; praticamente tratou-se de uma colonização pelo colonizado. Os nativos, na sua própria terra, sequer podiam frequentar os mesmos espaços que os oriundos do arquipélago, que não estavam submetidos às restrições estabelecidas pelo governo metropolitano aos "indígenas".[24]

O testemunho de Aristides Pereira (2003) ajuda a ampliar a compreensão e perceber os limites dessa alternativa de aproximação. Ao comentar a primeira viagem que fez à Guiné, afirma:

> [...] estive em Bissau de uma semana a dez dias, 'encostado' em quarto de amigos cabo-verdianos – jovens, principalmente futebolistas, que nos últimos tempos tinham sido atraídos pelas boas condições de emprego na Guiné" (p.74).

Desde o momento em que o esporte começou a melhor se estruturar na Guiné,[25] aparentemente no período em que Sarmento Rodrigues esteve como governador-geral[26] (1946 a 1949), começou a tornar-se comum que jogadores caboverdianos integrassem as equipes locais de futebol: eram contratados por empresas por lá estabelecidas, gozando de alguns privilégios para participar de jogos e treinos. Uma foto da seleção provincial da colônia, de 1954, demonstra que era formada majoritariamente por atletas originários do arquipélago.[27]

---

[24] Na verdade, os conflitos jamais vão se resolver totalmente, sempre persistindo o desconforto de ambos os lados. Essa tensão terá como desdobramentos futuros a morte de Amílcar Cabral (1973) e o fim do projeto de Estado binacional Cabo Verde-Guiné (1980). Para mais informações, ver Pereira (2003).
[25] No decorrer de nossa pesquisa, não encontramos estudos sobre o esporte na Guiné-Bissau. Algumas poucas informações foram recolhidas em livros que abordam outros temas.
[26] O estádio de futebol de Bissau (como o de São Tomé e Príncipe) inclusive recebeu seu nome (ver uma foto em <http://actd.iict.pt/view/actd:AHUD1686>, acessado em: 27/9/2010).
[27] Disponível em: <http://blogueforanadaevaotres.blogspot.com/2010/08/guine-6374-p6853-futebol-e-nacionalismo.html>. Acessado em: 27/9/2010. Vemos na foto que Júlio de Almeida, um dos fundadores do Partido Africano para Independência da Guiné e Cabo Verde (PAIGC), atuava como goleiro nessa equipe.

Essa grande presença de caboverdianos nas equipes da Guiné não poucas vezes acirrou as rivalidades com os guineenses.[28] Pereira (2003), todavia, minimiza essas tensões, embora reconheça que nos campos de futebol se percebiam as clivagens sociais:

> Havia a UDIB (União Desportiva Internacional de Bissau), conhecida por agrupar o que se dizia a elite de Bissau, quer dizer, brancos; o Benfica, enquadrado por colonos benfiquistas, mas tido como clube dos cabo-verdianos, por ter muitos jogadores recrutados em Cabo Verde; o Sporting, também enquadrado por portugueses, particularmente pelos irmãos Peralta [...], que se esforçavam para dar uma conotação nativista ao clube (p.77).

Para ele, essas rivalidades, que se manifestavam nos dias de jogos, não extravasavam para outros espaços, havendo mesmo certa harmonia entre caboverdianos e guineenses no cotidiano. De acordo com o seu olhar, as principais tensões eram observáveis entre as diversas etnias da Guiné.

De qualquer forma, Tomás (2008) argumenta que não foram exatamente tranquilas as reuniões que prepararam a fundação do Desportivo e Recreativo de Bissau. Um dos pontos de tensão foi exatamente a desconfiança que havia entre os caboverdianos e os guineenses. Uma polêmica final se deu quando Cabral sugeriu que não assinasse o pedido de autorização do funcionamento do clube, para não ser identificado como um dos líderes da iniciativa. Isso foi encarado, pelos guineenses presentes, como um ato de covardia, o que chegou a decepcionar Amílcar, que achava estar clara a sinceridade de sua motivação política.

Ainda que nascido na Guiné, Cabral era mais identificado como caboverdiano, além de ser funcionário do governo metropolitano e de ter um padrão de vida mais elevado; efetivamente, tratava-se de alguém suspeito. Muitos, inclusive, não acreditavam que fosse aderir aos combates armados; no decorrer do tempo,

---

[28] Sobre a rivalidade entre guineenses e caboverdianos no futebol, há interessantes opiniões em <http://blogueforanadaevaotres.blogspot.com/2010/08/guine-6374-p6815-memorias-de-um.html>. Acessado em: 27/9/2010.

várias foram as críticas ao fato de que com frequência viajava para divulgar a causa e conseguir apoio, o que, na verdade, foi fundamental para o sucesso do movimento.

Ainda que supostamente disfarçado o aspecto político, a PIDE não tardou a desconfiar da iniciativa de criação do Clube Desportivo e Recreativo de Bissau, logo a proibindo:

> [...] o Engenheiro Amílcar Cabral e a sua mulher comportaram-se de maneira a levantar suspeitas de atividades contra a nossa presença nos territórios de África com exaltação de prioridade de direitos dos nativos e, como método de difundir as suas ideias por meios legalizados, o Engenheiro pretendeu e chegou a requerer, juntamente com outros nativos, a fundação de uma agremiação desportiva e recreativa de Bissau, não tendo o Governo autorizado (arquivos da PIDE, apud Amado, 2006).

O órgão de segurança identificou que os envolvidos com a criação da agremiação faziam parte de movimentos contrários à condição colonial:

> [...] eram anti-situacionistas o João Vaz, ajudante de mecânico, de 33 anos, natural de S. Tomé, Carlos António da Silva Semedo Júnior, de 21 anos, estudante, a estudar em Lisboa; Pedro Mendes Pereira, enfermeiro de 1ª classe de 52 anos, Inácio Carvalho Alvarenga, 42 anos; Julião Júlio Correia, de 50 anos de idade, Martinho Gomes Ramos de 35 anos, Victor Fernandes, de 30 anos, Bernardo Máximo Vieira, de 33 anos, tendo esses mesmos indivíduos assinado a petição referida no sentido da criação de um clube denominado clube desportivo e recreativo de Bissau, destinado ao desenvolvimento de atividades nativistas, superiormente orientadas pelo engenheiro Amílcar Cabral (arquivos da PIDE, apud Amado, 2006).

A PIDE não estava equivocada. Hoje se sabe que a experiência do clube foi certamente uma das significativas iniciativas que antecederam e contribuíram para a criação do PAIGC. Segundo o próprio Amílcar:

> As tentativas de organizações coletivas situam-se a partir de 1953. Os elementos ditos "assimilados" ou "civilizados" organizam-se a princípio nas zonas urbanas. Em 1954 um grupo de nacionalistas

> da Guiné e de Cabo Verde tinha em vista fundar uma associação desportiva e recreativa, cujo objetivo secreto era o desenvolvimento da luta anticolonial. As autoridades opuseram-se à sua formação com o pretexto de que os estatutos inseriam uma cláusula segundo a qual os "indígenas" podiam ser admitidos como membros. Perante este obstáculo, um grupo de assalariados e comerciantes, funcionários e estudantes, criou o MING (Movimento para a Independência da Guiné). Finalmente, em setembro de 1956, no meio de uma reunião realizada em Bissau, o MING cede lugar ao PAIGC (apud Melo, 1974, p.163).

Um indício interessante da importância do esporte enquanto espaço de tomada de consciência pode ser visto em depoimento de Bobo Keita (in Lopes, 2002), que chegou a ser jogador da Seleção Provincial da Guiné. Segundo ele, o futebol foi sua via de entrada na política. Keita, inclusive, lembra que já conhecia Cabral dos jogos da Granja do Pessubé,[29] a princípio não relacionando o treinador com a imagem do líder que estava à frente dos movimentos de contestação.

Vejamos também esse depoimento de Mamadu Lamarana Bari, ao lembrar de sua infância:

> Quantas vezes não carreguei a sacola de equipamentos de jogos destes mesmos jovens que se reuniam na casa da minha avó porque eram amigos e colegas do meu tio Bobo Djaló para o campo de barro de Banculém? Lembro-me muito de todos eles: Bôbo Djaló, Hospede Djassi, Quebá Mané, Agostinho Sambu, Mama Lamine (Arcanju), Eugénio Silá, Cuíno, João de Deus, Lai Seck, Julião Lopes, Bôbo Keita, Korca Só, Umaro Djaló, Lino Correia, Amará Keita e outros tantos cujos nomes hoje não lembro mais, mas de fisionomia eu sei quem são. Independentemente da pelada que jogavam, todos iam para Ponte Cimento, na Granja, tomar banho. Ouvia-se falar da reunião com um Engenheiro que trabalhava na Granja de Pessubé (Amílcar Cabral).[30]

Para Keita, um contato mais concreto com a questão da independência se deu quando fora jogar em países que já tinham

---
[29] Estação de agronomia onde trabalhou Cabral entre os anos de 1952 e 1955.
[30] Disponível em: <http://www.didinho.org/RECREACAODAJUVENTUDE60.htm>. Acessado em: 24/6/2010.

rompido os laços coloniais, como Gana e Nigéria. Posteriormente, quando teve conhecimento das lutas do PAIGC, junto com outros sete jogadores:

> Deixamos a Guiné no dia 30 de dezembro de 1960 e chegamos a Conacri no dia 12 de janeiro de 1961. O futebol foi nosso trampolim, fomos jogando pelo caminho até chegarmos a Conacri. Quiseram integrar-me na Seleção da Guiné-Conacri, mas não aceitei, porque o que eu queria era lutar pela independência de meu país (apud Lopes, 2002, p.662).[31]

Entre os caboverdianos envolvidos com as tensões pré-independência, também alguns tinham forte relação com o esporte. Um exemplo é Leitão da Graça, que, em Mindelo, foi jogador do Derby e da Acadêmica. Sua ida a Coimbra se deu em função de seu baixo aproveitamento escolar, mas também porque tinha o sonho de ser jogador de futebol. Em Portugal, chegou a jogar no Sporting, mas imerso no contexto de construção de iniciativas de contraposição toma consciência da situação das colônias e acaba por se engajar nas lutas.

Processo semelhante ocorreu com Manuel Faustino e Silvino Manuel da Luz: o sonho de ser jogador de futebol os levou a se transferirem para Coimbra e à participação ativa em movimentos políticos. O mesmo se passou com o já citado Júlio de Almeida: de goleiro da seleção provincial da Guiné a um dos fundadores do PAIGC. Aristides Pereira chegou a ser um dos dirigentes do Boavista de Praia.[32]

---

[31] Os que deixavam a Guiné portuguesa e iam para Conacri, preparando-se para participar dos conflitos armados, eram recebidos, alojados e treinados no Lar dos Combatentes, criado e dirigido por Cabral, que lá inclusive lecionava aulas de ginástica; havia, na sede, um espaço para a prática esportiva. É sabido que, já durante a guerra, sempre que podia Amílcar acompanhava as aulas de ginástica das Escolas-Piloto instaladas nas áreas conquistadas (Tomás, 2008).
[32] Algumas referências indicam que Amílcar Cabral fez também parte da direção desse clube; contudo, não consegui confirmar tal informação.

Enfim, a visão de esporte de Amílcar Cabral estava plenamente articulada com seu pensamento e sua perspectiva estratégica. A questão não era mais mobilizá-lo em projetos identitários, como fora comum na história caboverdiana, mas sim instrumentalizá-lo a partir de claros intuitos políticos, partindo do princípio de que o intelectual a serviço do povo deve aproveitar as possíveis empatias para implementar o processo de tomada de consciência. Como lembra Fernandes (2006):

> Nesse contexto de luta, em que se impunha reunir condições para destruir o sistema, as formas de intervenção também se alteram rapidamente [...]. Na geração de Cabral optou-se por uma estratégia de confrontação direta [...] voltada para o total desmantelamento das estruturas coloniais de dominação (p.231).

Com as lutas coloniais já a explodir na Guiné, em Angola e Moçambique, em Cabo Verde o que se passava? Como se encontrava o esporte naquele momento? Expressariam as experiências esportivas as tensões que percorriam o território do glorioso império português?

Discutamos mais profundamente esse rico momento da história caboverdiana: os anos 1950-1960, instantes que antecedem a independência.

Novos rumos? Consolidando o campo

Nas décadas de 1950-1960, em Cabo Verde, se de um lado permanecia, especialmente entre os mindelenses, a sensação de decadência, o fato é que o campo esportivo melhor se estruturava, mesmo enfrentando dificuldades.

Um dos indicadores era o aumento do trânsito de informações sobre o tema. Em 1954, houve o lançamento, no *Cabo Verde:*

Boletim de Propaganda e Informação, de uma coluna fixa chamada "Boletim Desportivo", sob responsabilidade de Joaquim Ribeiro. Antes as notícias eram constantes, mas não necessariamente publicadas em todas as edições. O jornalista justifica assim a criação:

> Nada há que justifique o alheamento do cabo-verdiano das coisas do desporto. Assim, o entendeu e bem o diretor deste Boletim, que resolveu criar uma seção dedicada ao desporto [...]. Não é muito rica a Província em manifestações atléticas, mas a sua posição não é, de forma nenhuma, tão pobre que deixe de merecer a atenção do Boletim.[33]

A grande novidade, contudo, foi que o assunto não estava mais só presente nas páginas dos periódicos: já era tema constante de programas veiculados pelas emissoras de rádio inauguradas em Praia, em 1945 (a Rádio Clube de Cabo Verde), e em Mindelo, em 1947 (a Rádio Clube de Mindelo); em 1954, os sócios do Grêmio Recreativo Mindelo se envolveram com a criação da Rádio Barlavento.[34]

Segundo Oliveira (1998), nos anos 1960 e 1970, já que, por motivos diversos, mais pessoas conseguiram adquirir um aparelho de rádio, as emissoras mudaram sua programação:

> [...] desde cedo, compreenderam que tinham uma vasta gama de ouvintes e fizeram os seus programas adaptados às exigências desses ouvintes, desde a música até a ênfase posta nos programas desportivos (p.671).

Alguns esportes, como podemos ver pelas notícias, mantinham atividades mais ou menos sistemáticas: basquete, tênis, boxe.[35] O *cricket* seguirá sendo lembrado, pelos mindelenses, como

---

[33] Cabo Verde: Boletim de Propaganda e Informação, ano 6, n.61, 1/10/1954, p.33.
[34] Em 1974, já no período de transição, essa Rádio foi tomada por partidários do PAIGC acusada de ser a voz dos que não desejavam a independência. Para mais informações, ver ensaio 5.
[35] Para uma fotografia de uma luta de boxe, disputada em 1960, ver: <http://www.fotolog.com.br/07tsantos/9154524>. Acessado em: 16/7/2010.

importante prática, mas as partidas serão muito esporádicas, especialmente realizadas com equipes de estrangeiros.[36]

Como fato relevante, destaca-se a realização de um desafio internacional, realizado em 1969, em Portugal, entre uma equipe do Lisbon Sports Club e outra de caboverdianos que viviam em Lisboa. Na representação de Barros (1998), esse evento merece destaque pela "mística desportiva dos cabo-verdianos, o desportivismo cabo-verdiano, o fair-play e a vontade de bem fazer" (p.54). Ainda que não pareça ter tido maiores desdobramentos no arquipélago, ele não perde a oportunidade de retomar o velho apelo:

> [...] aos responsáveis pelo desporto cabo-verdiano no sentido de não deixarem morrer esta modalidade, não só por ser a primeira que se praticou em Cabo Verde, mas também por Cabo Verde ser o único território africano não colonizado pelos ingleses onde ela é praticada (p.55).

O golfe seguiu estruturado, ainda que tenha enfrentado dificuldades e passado por profundas mudanças. Como vimos, em função da redução do número de ingleses em Mindelo, o St. Vicent Cape Verde Golf and Lawn Tennis, o tradicional clube de britânicos, mudara seus estatutos para ampliar a base de associados. O Clube de São Vicente também sentia os problemas da decadência econômica de Mindelo, como informa o ofício, de 28 de abril de 1956, em que a ADB solicitava apoio governamental para a manutenção da agremiação:

> Ao contrário das generalidades dos clubes locais, cuja fundação partiu de iniciativa particular, o Club de Golf de São Vicente foi fundado por determinação do governo da província, em sua portaria n.2.157, de 6 de abril de 1940. Esta circunstancia é suficientemente eloquente quanto ao reconhecimento, por parte do governo local, da conveniência, não só sob o ponto de vista desportivo como também no que ao interesse turístico se refere [...]. É verdade que o número de estrangeiros em

---

[36] Para uma fotografia de um jogo realizado nos anos 1950, ver: <http://www.fotolog.com.br/djomartins/22564381. Acessado em: 16/7/2010.

trânsito pelo porto de S. Vicente que tem utilizado o campo de golfe local não tem sido aquilo que seria para desejar, circunstância que depende dos vários fatores que infelizmente até hoje têm contribuído para que o turismo nesta ilha ainda esteja longe de atingir o mínimo que as nossas condições poderiam justificar. Estamos certos, contudo, de que uma vez que sejam melhoradas as condições de atração de turistas a esta ilha, e que o Club de Golf de São Vicente tenha conseguido os auxílios de forma condigna, a sua existência virá a traduzir-se em um valioso elemento a colaborar com os restantes fatores de valorização turística de nosso meio.

Nesse quadro, em 1969, o St. Vicent Cape Verde Golf and Lawn Tennis e o Clube de Golfe de São Vicente fundiram-se, dando origem ao Clube Anglo-Português de Golfe de São Vicente. Nos estatutos aprovados percebe-se que tênis e *cricket* também estavam entre as modalidades praticadas.[37]

Curiosa essa união. Quando se observam as fotos dos dois clubes (disponíveis, por exemplo, no livro de Barros, 1981), se percebem as diferenças. As imagens do antigo Lord Golf e do Clube de Golfe de São Vicente são marcadas pela majoritária presença de crioulos, com nomes portugueses; praticamente não há mulheres. Já os instantâneos do St. Vicent são marcados pela presença exclusiva de brancos, com nomes ingleses; há muitas mulheres e crianças.

Se um dos motivos da fusão foi a redução da presença de britânicos na ilha, segundo o olhar de Barros (1981) houve ainda outra razão relevante, que merece ser discutida por referir-se a uma construção identitária. Uma divergência interna no clube de crioulos teria levado à presidência José Duarte Fonseca e Mário Matos, que, de acordo com a visão do autor, promovendo um elitismo incomum na história da agremiação, tramaram com o governo central a possibilidade de junção, aproveitando que

---

[37] Para fotografias de jogadores de golfe nos anos 1960, ver: <http://www.fotolog.com.br/djomartins/22795642> e <http://www.fotolog.com.br/valdas/25817305>. Acessado em: 16/7/2010.

algumas lideranças esportivas se encontravam fora de São Vicente ou mesmo de Cabo Verde.

Nessa época ocorre um fato que entrou para a memória do arquipélago. Quando Adriano Moreira, ministro do Ultramar, simpático a ideia de transformar Cabo Verde em ilhas adjacentes a Portugal, esteve em Mindelo, onde teria sido marcado um almoço no Clube de Golfe. A PIDE informou que faria uma inspeção nas instalações, levando a direção a tentar cancelar a recepção, ultrajada que se sentira pela desconfiança. Ao saber dessa decisão, por meio do governador da província, Silvino Silvério, Moreira determinou que a PIDE não se envolvesse. Segundo Barros (1981), o órgão acabou, como vingança, incomodando o clube durante meses. A representação propalada é de dupla ordem: o caboverdiano não pode ser tratado como suspeito; o caboverdiano tem fibra e sempre resistiu.

A visita de Moreira a Mindelo foi cercada de tensão e rejeição. A questão não era mais só a velha reivindicação de que Cabo Verde era parte de Portugal, o que seria conformado com a adoção da adjacência, mas sim a necessidade de resolver definitivamente os problemas das ilhas, especialmente da decadente São Vicente. Além disso, ainda que não majoritariamente, o pensamento da nova geração já estava sendo semeado, apontando a independência ou ao menos uma autonomia administrativa como diretriz a ser buscada.

Barros (1981) também faz questão de exaltar um jogo realizado entre uma equipe de Cabo Verde e um misto de Lisboa (jogadores do Lisbon Sports Club, do Club de Golf de Miramar e do Oporto Golf Club):

> A população de São Vicente aderiu por completo à iniciativa, comparecendo em massa a assistir os jogos, durante os dois dias em que durou a prova. Não sei se, no futuro, haverá outra competição de golfe em São Vicente que possa atrair ao campo tanta assistência (p.57).

Segundo o autor, o evento colaborou para a retomada da popularidade do golfe em Mindelo, combatendo a tendência de elitismo, bem como contribuiu para a difusão do esporte em Praia, liderado por Joaquim Ribeiro, com apoio dos órgãos estatais e comércio local. Em 1964, foi fundado o Clube de Golfe, Cricket e Tênis de Praia.

Nos ensaios 5 e 6, como vimos neste e nos ensaios 2 e 3, perceberemos a força do discurso de que é popular o golfe em Cabo Verde. A representação seguirá existindo até os dias de hoje, sempre mobilizada em construções identitárias, como expressão do idealizado jeito caboverdiano de ser.

No período em tela, percebe-se a definitiva conformação do reinado do futebol. Um dos destaques foi a realização dos primeiros desafios internacionais, dentro e fora do arquipélago.

Em 1950, foi convidada uma equipe caboverdiana para participar de um torneio de futebol a ser realizado no Senegal. A euforia rapidamente se espalhou por Mindelo. Antero de Barros, na condição de presidente da ADB, em 12 de março do mesmo ano envia uma carta ao chefe da Repartição Central dos Serviços de Administração Civil pedindo apoio para o que chama de "batismo internacional do futebol cabo-verdiano".[38] Segundo Barros, a notícia "espalhou-se pela cidade do Mindelo como uma bomba, entusiasmando todos os clubes filiados e a população em geral". Seu pedido principal era o transporte da delegação, pelo navio *Senhor das Areias*.

As primeiras notícias não foram animadoras: o navio não estaria disponível. O governador, Carlos Alberto Garcia Alves

---

[38] Documento consultado no Fundo da Repartição Provincial dos Serviços de Administração Civil (1907-1979); pasta referente às associações e clubes desportivo.

Roçadas,[39] contudo, acabou intervindo, apoiando a iniciativa. A documentação disponível no Arquivo Histórico de Cabo Verde mostra os trabalhosos preparativos para a viagem, em função dos rigores da legislação, e demonstra o quanto foi considerado importante o evento.

Outras viagens ocorreriam. Em 1952, uma equipe caboverdiana foi a Bissau participar da comemoração do décimo quinto aniversário do Sport Bissau e Benfica. No decorrer da década, times guineenses também visitaram o arquipélago.[40] Em 1958 e 1960, a seleção provincial de Guiné fez visitas a Cabo Verde, a primeira vez em Mindelo, a segunda em Praia.[41] Em 1959, um time de Cabo Verde tomou parte em campeonato de futebol da África Ocidental, que contou com a participação de times de Gâmbia, Guiné, Dakar. Em 1961, uma representação insular disputou a Taça de Ouro em Gana, com Guiné e o país sede. Em 1963, o clube de futebol campeão da temporada, o Boavista de Praia, participou do Torneio Ultramarino, em Luanda, depois de muita polêmica e muito esforço para angariar os recursos necessários (campanha que contou com o envolvimento ativo da população, dos clubes e das associações esportivas de Barlavento e Sotavento).

Com o acirrar dos conflitos e dos movimentos de independência no continente africano, essas viagens tornaram-se cada vez mais restritas, em muitos momentos sendo proibidas, o que causou indignação em muitos dos envolvidos com o campo esportivo em Cabo Verde.

---

[39] O capitão-médico Carlos Alberto Garcia Alves Roçada, governante de Cabo Verde entre 1950 e 1953, implantou um novo ritmo na província, dedicado a resolver os problemas do arquipélago e disposto a abrir espaço para alguns debates. Acabou por tornar-se querido da população. Solteiro, apreciador de festas e, dizem, das mulheres, acabou sendo vítima de intrigas da igreja e do poder metropolitano. Ao ser transferido, foi reconhecido pelos locais, inclusive por suas ações de incentivo ao esporte.

[40] Uma foto de um jogo entre o Derby e a UDIB pode ser acessada em: <http://www.fotolog.com.br/djomartins/23297249>. Acessado em: 16/7/2010.

[41] Devemos lembrar que, como já vimos, as equipes da Guiné portuguesa contavam com bom número de caboverdianos.

Pari passu, internamente melhor se estruturaram as competições esportivas, especialmente as de futebol. Já no início da década de 1950, Evandrita, no conjunto de suas posições sobre a necessidade de desenvolver o esporte em Cabo Verde, lançara a ideia de realização dos Jogos Desportivos Caboverdianos, clamando para que se possa definitivamente integrar o arquipélago:

> Cabo Verde desconhece-se a si próprio [...]. O intercâmbio, pelo menos entre Sotavento e Barlavento nas modalidades esportivas mais populares, impõe-se como processo simples de se conseguir uma aproximação mais íntima dessa população que a natureza dispersou.[42]

Segundo seu ponto de vista, o esporte deveria ser entendido como um elemento de união do povo:

> Porém, por mais que se ventile a dura necessidade dum intercâmbio desportivo Barlavento-Sotavento, nada tem sido possível. O certo é que, a reatar-se o passado e a tornar-se – o intercâmbio – em caso definitivo, muito se ganharia no respei-tante ao desenvolvimento social e, quiçá, intelectual entre as diversas camadas que constituem o agregado das nossas ilhas.[43]

Em 1953, finalmente realiza-se um campeonato de futebol que envolve toda a província. O *Notícias de Cabo Verde* saúda:

> Como o desporto foi e será sempre considerado um elemento básico na comunhão de ideias e estreitamento de relações sociais, consideramos o campeonato de Cabo Verde como uma das obras mais eficazes, levadas a efeito na Província durante a última década, no desenvolvimento social de nossa gente.[44]

As equipes foram divididas em dois grupos, de Sotavento e de Barlavento, cujos campeões se enfrentariam em um jogo decisivo. Na primeira edição, saiu vencedora a Acadêmica, de Mindelo. Em 1954, a final foi disputada pelos tradicionais Travadores e Mindelense, sagrando-se campeã uma vez mais uma equipe de São Vicente.

---

[42] *Cabo Verde: Boletim de Informação e Propaganda*, ano 2, n.13, 1/10/1950, p.17.
[43] Idem.
[44] *Notícias de Cabo Verde*, ano 23, n.285, 15/4/1953, p.6.

O Mindelense venceu ainda em 1955, 1960 e 1962. Entre 1956 e 1959 não houve competição. Em 1961, a primeira vitória de uma equipe de Praia: o Sporting. Em 1963, já percebemos uma competição mais disputada, da qual participaram os seguintes clubes: Campeonato de Sotavento – Acadêmica de Praia, Boavista Futebol Clube (que se sagrou campeão geral), Sporting Clube da Praia, Sport Assomada e Benfica, Travadores, Vitória; Campeonato Barlavento – Castilho, Derby, Amarante, Shell, Acadêmica. A final foi uma bela festa no Estádio Municipal de Praia.

Essas realizações teriam significado uma maior união entre as principais ilhas de Cabo Verde e amenizado as insatisfações dos líderes do campo esportivo? Veremos que não.

Novos rumos? Antigas tensões

A despeito dos avanços, nos discursos seguia o mesmo tom pessimista e lamurioso que marcou os anos finais das décadas anteriores (1920-1940). Não saía da pauta de reivindicações das duas associações (ADS e ADB) a solicitação de um maior apoio governamental, como podemos ver na seção "Desejos para 1954", publicada em *Cabo Verde: Boletim de Propaganda e Informação*.[45] Quando lhe perguntam sobre o seu desejo para o ano que se iniciava, Joaquim Ribeiro, na condição de presidente da ADS, afirma: "o progresso do desporto cabo-verdiano e o interesse dos elementos oficiais no seu desenvolvimento" (p.20). Já José Duarte Fonseca, presidente da ADB, responde:

> Reestruturação dos campos desportivos danificados pelas últimas cheias, manutenção do Campeonato de Cabo Verde de futebol e vôlei; concessão à ADB de meios de vida que lhe permitam preencher a função orientadora e disciplinadora do desporto local (p.54).

---

[45] Ano 5, n.52, 1/1/1954, p.2.

As críticas eram constantes. Evandrita, ao comentar a já citada viagem ao Senegal (1950), narra os problemas encontrados e aproveita para mais uma vez lamentar a falta de zelo com o esporte: "Quantas esperanças vividas, quanta boa vontade desperdiçada e quanto trabalho lançado pela borda fora na eterna luta de se querer fazer algo de belo pela nossa querida terra."[46] Para ele, era importante perceber que a prática não se tratava de um mero passatempo, mas uma ferramenta de formação, educação, saúde e higiene. Por isso, se indignava: "Existem praticantes, existe público, mas não existem dirigentes capazes de cumprir sua missão na totalidade. A água continua a cair no balaio furado."[47]

Para o notório jornalista, portanto, uma parte dos problemas tinha relação com a própria ineficácia das associações esportivas, que não atuavam no sentido de diversificar as atividades, colaborando para a perpetuação da monocultura do futebol:[48]

> O cricket, o golfe, o tênis, estes desportos que tanto atraem pelos virtuosismos de seus lances, que tantos praticantes possuem em nossa terra – não têm sido considerados pela entidade correspondente que em conformidade com os estatutos – deve adotá-los, também com seus torneios respectivos.[49]

De acordo com o seu olhar, isso traria prejuízos principalmente para a juventude:

> E note-se, enquanto praticam desporto, esquecem por completo os perigos que pairam por todo o mundo, mas estarão preparados para suportar a carga e defender a terra natal e a Pátria das tentativas inimigas para transportarem o que é nosso desde os princípios de nossa história.[50]

---

[46] *Notícias de Cabo Verde*, ano 20, n.264, 15/4/1950, p.6.
[47] *Notícias de Cabo Verde*, ano 20, n.265, 15/8/1950, p.6.
[48] Joaquim Ribeiro também criticava a falta de ação da ADB e da ADS, lembrando que o governo da Província repassou, em 1951, às entidades um significativo subsídio financeiro (*Cabo Verde: Boletim de Informação e Propaganda*, ano 3, n.32, 1/5/1952).
[49] *Notícias de Cabo Verde*, ano 21, n.276, 6/10/1951, p.6.
[50] *O Arquipélago*, ano I, n.52, 8/8/1963, p.5.

Uma das apreensões mais comuns dizia respeito à baixa qualidade técnica do futebol caboverdiano. A década de 1950 trouxe uma esperança: o retorno de Daniel Leite, ex-aluno do Liceu, primeiro caboverdiano formado em educação física.[51] O professor lecionou no Liceu Gil Eanes, atuou como jogador e técnico da Acadêmica, contribuiu com seus conhecimentos no treinamento de equipes locais; escreveu ainda vários artigos sobre o tema nos periódicos.[52] Depois de permanecer um período em São Vicente, para lamento geral, foi para Angola, onde atuou no Liceu Salvador Correia e foi inspetor e presidente do Conselho Provincial de Educação Física.

Ao contrário do que se esperava, seguia forte, e com a criação do campeonato provincial de futebol talvez ainda maior, a rivalidade entre Mindelo, que ainda tinha uma vida esportiva mais intensa, e Praia, onde a prática crescia e melhor se estruturava. Como lembra Fernandes (2006):

> Em Cabo Verde, tradicional e recorrentemente, as manifestações bairristas e particularistas surgem em contextos de disputa, em que o que está em jogo são [sic] a melhoria das condições sociais de existência dos indivíduos e grupos envolvidos, ou ainda o pleito pela potencialização de seu protago-nismo político e seu espaço de enunciação (p.172).

Uma expressão dessas tensões foi o debate que Evandrita e Gustavo Roçadas travaram pelas páginas de *Cabo Verde: Boletim de Propaganda e Informação*. Em uma dessas ocasiões, o mindelense afirmou:

> Talvez eu seja um dos mais cabo-verdianos dos cabo-verdianos e nunca discuti nem apresentei problemas bairristas [...]. Mas

---

[51] Leite se formou no Instituto Nacional de Educação Física de Lisboa, ocasião em que frequentou a Casa dos Estudantes do Império, atuando nas equipes de basquete e futebol da agremiação, bem como em clubes locais, como o Atlético Club.
[52] Exemplo: em *Cabo Verde: Boletim de Informação e Propaganda* (ano 3, n.32, 1º de maio de 1952), publicou artigo sobre a preparação física de equipes de futebol, na verdade uma conferência que proferira em evento organizado pela ADB.

> confesso-lhe, o desporto da capital é criança e infante em relação ao de São Vicente. Sou amigo da Praia, sou amigo de seus habitantes, mas eles têm de convencer-se dessa realidade – o ambiente é pequeno, tem pouca capacidade realizadora e produtora.[53]

Mesmo quando reconhece que as coisas estão mudando, com o fortalecimento do futebol em Praia, os argumentos de Evandrita são bastante curiosos: a capital tem mais gente; Santiago é agrícola, por isso a comida é melhor; tem menor número de festas, por isso os jogadores dispersam menos; na ocasião chegavam poucos barcos a São Vicente, o que resultava em menor intercâmbio. Assim, assume: "Todos esses fatores concorrem, positivamente, para a anulação da diferença que existia entre o desporto de São Vicente e de Santiago – tão grande antigamente e hoje quase desaparecida".[54]

Evandrita acaba reconhecendo as dificuldades pelas quais passava o esporte mindelense, ainda que ressalvasse que, em certa medida, tratava-se de algo observável no arquipélago como um todo:

> Quando pensamos que já tivemos equipes de cricket de primeiro plano e que bem poderiam ser consideradas de categoria internacional, e que hoje nem se proporciona a nosso público desportivo tomar contato com a sua prática, lamentamos que tenhamos descido a tão baixa capacidade de organização.[55]

As intensas críticas à situação do esporte não atingia as representações de caboverdianidade. Pelo contrário, o argumento central era que o descaso acabava sendo responsável pelo desperdício dos talentos locais. Evandrita, por exemplo, ao falar da vitalidade do atleta de Cabo Verde, argumenta que ele tem grande poder de adaptação por ser resultado do cruzamento de raças:

---

[53] Ano 7, n.78, 1/3/1956, p.48.
[54] *O Arquipélago*, ano 1, n.52, 8/8/1963, p.5.
[55] Idem.

> O cabo-verdiano é um místico rácico possuidor de grande vitalidade, aliás demonstrada em várias atividades da vida social. Portanto, não se julga um indolente, mas sim um elemento vivo, de inteligência maleável, de grande força física, capaz de vencer tudo, mesmo quando tudo lhe é adverso.[56]

O valor do caboverdiano era também constantemente ressaltado quando se falava da emigração de jogadores, o que acontecia com frequência desde a década de 1930. Esses atletas eram comumente considerados como representantes do arquipélago no exterior:[57]

> Nem sempre se tem dado o devido realce ao comportamento do atleta cabo-verdiano fora de sua terra. Este fato faz com que a maioria das pessoas não saiba que lá fora muitos conterrâneos nossos honraram sua terra, tornando-se campeões ou atuando em plano superior. Bastantes têm sido os desportistas de Cabo Verde nessas condições [...]. A par destes e mais afastados de nós, há atletas que, em meios bem difíceis, fazem subir alto o nome de sua Pátria (p.47).[58]

A questão que se coloca é: que pátria? Portugal ou Cabo Verde? É possível sugerir que as duas (o arquipélago entendido como parte da pátria Portugal). Aliás, uma das dimensões que ainda se observa nas notícias esportivas publicadas nos periódicos da ocasião é a vinculação com a metrópole. Discutamos esse tema.

Novos rumos? Antigos vínculos

Após um longo debate, em que se aventou que a ADS e ADB deveriam de forma distinta se ligar à Federação Portuguesa de Futebol, foi criada a Associação de Futebol de Cabo Verde, que conseguiu, em 1963, a filiação à referida entidade. No ano seguinte, foi aceito que os representantes das províncias participassem

---

[56] *Notícias de Cabo Verde*, ano 22, n.283, 10/11/1952, p.8.
[57] No ensaio 6, veremos que tal postura se repete até os dias de hoje.
[58] *Cabo Verde: Boletim de Informação e Propaganda*, ano 6, n.64, 1/1/1955.

da Taça Portugal, estabelecendo-se, todavia, que teriam de jogar as partidas na metrópole, o que seria inviável economicamente.

Na verdade, desde 1949 muitas lideranças locais defendiam enfaticamente a realização dos Jogos Desportivos Portugueses, com o envolvimento das colônias. Podemos também ver a ideia de promoção de Jogos Imperiais em *Mocidade*, órgão oficial do comissariado provincial da Mocidade Portuguesa.

Com o lema "Nada contra a Nação, Tudo pela Nação", a Mocidade Portuguesa tornou-se uma das mensageiras da metrópole em territórios africanos. Ao contrário dos outros dois movimentos juvenis caboverdianos, o escotismo e os Falcões,[59] fundados a partir de motivações internas, essa instituição tinha um intuito claramente colonial: "é um gigante, que une, numa solidariedade inquebrantável, numa fraternidade absoluta, a mocidade portuguesa do continente, das ilhas e do ultramar."[60]

Entre as ferramentas de intervenção, o esporte ocupava espaço de grande importância:

> O desporto tem tido um papel de relevo na vida da Mocidade Portuguesa, porque é sabido que não há nada como este professor, para disciplinar a vontade, para controlar os nervos e para enrijar o corpo, unindo companheiros e raças diferentes, em campos de combate, onde a vitória não significa domínio e derrota, vexame.[61]

Para Joaquim Ribeiro, essa postura seria uma grande novidade em Portugal, que historicamente manifestara certo desprezo pela prática de atividades físicas: "O Estado Português reconheceu em boa hora todas as vantagens que poderiam advir da prática da ginástica e dos desportos e, a exemplo do que já se fazia no estrangeiro, chamou a si a orientação superior da educação física."[62]

---

[59] Já discutidos nos ensaios 2 e 3.
[60] *Mocidade*, ano 1, n.2, 18/12/1955, p.3.
[61] *Mocidade*, ano 1, n.2, 18/12/1955, p.3.
[62] *Mocidade*, ano 1, n.4, 15/1/1956, p.6.

Pelas páginas de *Mocidade*, periódico oficial da entidade, especialmente nos escritos de Virgílio Évora, podemos claramente ver como havia uma compreensão de que o esporte se tratava de uma importante ferramenta para catequizar o jovem, para convencê-lo de suas responsabilidades e possíveis contribuições para a manutenção da grande nação Portugal (o que incluía seus territórios no ultramar).

Na memória de Humberto Santos (apud Pereira, 2003), é fato que a Mocidade deu impulso para a prática de esportes no arquipélago. Contudo, sua atuação se dava por meio de coerção. Um caso contado por Antero Barros parece ser uma interessante ilustração (embora devamos ter em conta possíveis mobilizações de memória). Tendo sido um reconhecido líder do esporte cabo-verdiano e reitor do Liceu Gil Eanes, ele também parece não ter escapado do olhar da PIDE, o que o levou a ser transferido para Praia e depois para Lisboa (ocasiões, aliás, em que manteve seus hábitos esportivos e continuou atento ao que ocorria no arquipélago). Segundo seu olhar, o que teria desencadeado uma ação mais concreta do órgão de segurança foi um incidente com a Mocidade Portuguesa. Por ocasião de umas jornadas esportivas organizadas pela entidade, as equipes do Liceu se negaram a usar o uniforme do movimento, fazendo questão de trajar os calções verdes e camisas brancas que caracterizavam o colégio (Lopes, 2002).

De qualquer forma, no novo cenário, a compreensão de que o esporte é uma potente forma de educação torna-se ainda mais corrente em Cabo Verde, como se vê nas páginas do novo jornal lançado na ocasião: *O Arquipélago*, que desde a primeira edição já apresentava uma coluna dedicada ao esporte, sob a responsabilidade de Orlando Mascarenhas (depois substituído por Antero Barros).

Se no primeiro número basicamente se encontravam informações sobre os resultados do campeonato de futebol, no segundo publica-se o artigo "A juventude e o desporto", de Marques de Oliveira, exaltando a prática como estratégia de formação:

> É o complemento da educação moral e intelectual pelo revigoramento físico [...]. E este revigoramento físico vai ao encontro simultâneo das preocupações do Estado e do sentir geral da massa juvenil de nosso tempo.[63]

Ainda que o esporte fosse largamente representado como um território alheio à política, embora jamais o fosse, como visto no enfoque das posições anteriores, por vezes tais questões apareciam de forma mais explícita nas notícias esportivas. Por exemplo, em 1954, vemos um posicionamento sobre os conflitos entre a Índia e Portugal pela posse de Goa:[64] "Ao desporto não interessa a política, mas quando se trate da defesa da terra portuguesa, o desportista reage com o mesmo sentimento patriótico geral."[65] Alguns anos mais tarde, o mesmo jornal informa que, tendo em vista os conflitos armados que estavam a ocorrer em Angola, o Boavista Futebol Clube de Praia fez uma campanha de recolhimento de donativos e liderou a criação de uma Comissão, "com um alto sentido patriótico e de fraternidade humana", para as vítimas "do terrorismo" (p.4).[66]

Voltamos ao ponto inicial de nosso ensaio: em Cabo Verde, com enfoque bastante distinto daquele observado nas ações entabuladas pelos líderes das lutas anticoloniais nos outros territórios portugueses na África, o esporte também não ficou alheio ao novo quadro político. De qualquer forma, se compararmos com Angola, Guiné e Moçambique, perceberemos menor reflexo dos conflitos. Se o esporte caboverdiano espelhou certas

---

[63] *O Arquipélago*, ano 1, n.2, 30/8/1962, p.6.
[64] Depois de Portugal ter se negado a negociar, em dezembro de 1961 as tropas da União Indiana ocuparam Goa, Damão e Diu, dando fim à presença portuguesa naquela região; fato comumente considerado como o início do fim do Império Português.
[65] *Cabo Verde: Boletim de Propaganda e Informação*, ano 5, n.60, 1/11/1954, p.30.
[66] *Cabo Verde: Boletim de Propaganda e Informação*, ano I2, n.140, 1/5/1961.

tensões, essas estavam mais afeitas às peculiaridades históricas do arquipélago: seus conflitos identitários internos e a velha tensões, essas estavam mais afeitas às peculiaridades históricas do arquipélago: seus conflitos identitários internos e a velha reivindicação de ser plenamente integrado ao império, algo que, contudo, estava prestes a ruir.

Com o processo de independência, que ocorreria nos anos iniciais da década de 1970, de forma inesperada para alguns, novas questões desembarcariam no arquipélago, trazidas pelos que lutaram nas selvas da Guiné. Serão bruscas as mudanças e, como de costume na história de Cabo Verde, o esporte fará parte desse novo momento. É o que veremos no próximo ensaio.

Ensaio 5

Somos africanos: o esporte e a construção da nação no cenário pós-independência (1975 - 1982)*

A nação está em festa

A independência de Cabo Verde em 5 de julho de 1975, realizou um objetivo que alguns anos antes só residia na imaginação de relativamente poucos cabo-verdianos. Como qualquer outra invenção humana, ela primeiro teve que se tornar pensável, teve que ser portada por um grupo de pessoas dotadas dos instrumentos cognitivos para desenvolver esse imaginário e dos instrumentos políticos e militares para efetivá-lo [...]. Para tanto é instrumentalizada uma multiplicidade de mecanismos e de princípios de dominação e legitimação que concorrem entre si e se complementam hierarquizando-se (Anjos, 2006, p.72).

O palco foi um campo de futebol. Certamente o motivo principal para tal escolha foi de natureza operacional: acolher o maior número de pessoas. De qualquer forma, não deixa de ser simbólico o fato de que justamente o Estádio da Várzea, na cidade de Praia, tenha abrigado a cerimônia de proclamação da independência de Cabo Verde: "[...] logo as suas bancadas se mostraram insuficientes para a quantidade de gente, vinda dos mais diversos lugares do arquipélago e do estrangeiro" (Lopes, 2002,

---
* Sugestão musical: "Africa Brasil", de Jorge Ben.

p.22).¹ Evento semelhante, aliás, foi organizado no Estádio da Fontinha, em Mindelo. O esporte, mesmo que nesse caso ocasionalmente, uma vez mais fazia parte de um momento-chave da história caboverdiana.

Quem de forma desavisada mergulhou naquele clima de festa não podia ter uma ideia mais profunda das tensões que precederam aquele momento. Os grupos eram muitos, os embates múltiplos: militantes do Partido Africano pela Independência da Guiné e de Cabo Verde (PAIGC), que participaram dos conflitos armados, na Guiné, e voltavam ao arquipélago, reivindicando o reconhecimento de seu protagonismo; os que eram ligados ao partido e tinham ficado na clandestinidade nas ilhas; os vinculados à causa que moravam em outros países, especialmente Portugal e Estados Unidos; os que tinham ação política, mas discordavam do partido de Cabral e/ou tinham dúvidas acerca da pertinência da independência, perguntando-se se não seria melhor reivindicar a manutenção da relação com a antiga metrópole, ainda que com alguma autonomia administrativa (como ocorreria com os Açores e com a Madeira).²

Para complicar, Amílcar Cabral estava morto: fora assassinado, em 1973, em Conacri, não em conflitos armados, nem pela ação direta da Polícia Internacional de Defesa do Estado (PIDE, já chamada de Direção Geral de Segurança, DGS) ou do exército português, mas sim em uma emboscada tramada e executada por um grupo de guineenses descontentes, antigos companheiros na guerra colonial.³

Adenda-se a isso uma situação bastante instável em Portugal, no momento pós-Revolução dos Cravos, marcada por

---

[1] Um breve filme sobre a cerimônia de independência pode ser visto em <http://www.youtube.com/watch?v=pCuLF458_gs&feature=PlayList&p=41BC408BB050257A&playnext_from=PL&playnext=1&index=17>. Acessado em: 25/5/2010.
[2] Há, obviamente, várias interpretações sobre essas tensões. Algumas delas podem ser encontradas nos livros de Querido (1988), Lopes (2002) e Pereira (2003).
[3] Para mais informações e um debate sobre essa ocorrência, ver Tomás (2008).

tensões entre os diferentes grupos de poder e projetos para um país que saia de quase 50 anos de ditadura. Mais um problema não era desprezível: os cofres da futura nação estavam vazios e a antiga metrópole não podia ajudar muito, pois também estava imersa em problemas financeiros que se agravavam com a precária situação política.

De qualquer forma, fora linda a festa. A partir de então os caboverdianos definitivamente pegavam as rédeas do país em suas mãos. Ao fim, por motivos diversos, o PAIGC assumira o comando, adotando um regime de partido único, nos moldes dos países socialistas, embora oficialmente não alinhado ao bloco do leste europeu.[4]

A compreensão do que deveria ser a nação, a partir de então, apontava para algo bastante distinto do que fora majoritário na história do arquipélago, inclusive por um controvertido projeto de construção de um Estado em comum com a Guiné-Bissau: a opção pela "africanidade" estava clara nos discursos, em algumas ações e nos símbolos oficiais – a bandeira e o hino nacionais eram expressão desse novo momento.

Fernandes (2006) se pergunta se:

> [...] nessas condições e moldes o projeto nacionalista africano não encerraria em si a preterição ou até negação da nação cabo-verdiana, fosse ela pré-existente e latente, baseada na peculiaridade sociocultural cabo-verdiana, ou virtual, baseada num sentimento subjetivo, voltado para o futuro (p.201).

Já não mais colônia, nem tampouco uma nação no sentido retórico, mas sim *stricto sensu* a nação independente Cabo Verde. O presente ensaio pretende discutir, nesse novo quadro, os posicionamentos e debates sobre o esporte, que, como vimos,

---

[4] Iliffe (1999) demonstra que a adoção de partidos únicos foi uma ocorrência comum no cenário africano pós-independência: "Quando o Muro de Berlim caiu em 1989, apenas sete dos quarenta e cinco estados subsaarianos eram adeptos do pluralismo político" (p.338).

sempre ocupou espaço de grande importância na história caboverdiana, inclusive no que se refere às construções identitárias.

Veremos que a prática esportiva ocupou um importante espaço nas tensões pós-independência. No momento em que o governo do novo país tentava construir uma nova tradição, um conjunto de representações destinadas a conformar uma nova nacionalidade, que inclusive ia de encontro a antigas compreensões sobre a caboverdianidade, houve ações no sentido de "combater" a memória do glorioso passado esportivo do arquipélago, uma ideia que tinha grande força em São Vicente. Esse olhar passou a ser considerado não só um exagero dos mindelenses, como também uma típica expressão dos males ocasionados pelo colonialismo.

Para alcance de nosso intuito, trabalhamos basicamente com os periódicos da época: o *Alerta!*, de pouca duração, somente cinco números, substituído pelo *Novo Jornal de Cabo Verde*, editado entre agosto de 1974 e julho de 1975, período de preparação da independência; o *Voz Di Povo*, publicado sob responsabilidade do partido único do país já independente (PAIGC); e o *Terra Nova*, dirigido pela Igreja católica.

Talvez esse seja o ensaio em que mais se sentem os limites da adoção exclusiva de fontes escritas, notadamente da imprensa (opção explicada na apresentação, relacionada ao caráter transversal da investigação que deu origem a este livro). Certamente estudos futuros terão a oportunidade de aprofundar alguns dos *insights* aqui apresentados, que, de qualquer maneira, pensamos, delineiam um bom quadro das tensões do momento.

Não mais aquele desporto

O *Alerta!*, dirigido por David Almada, teve vida curta até mesmo por se assumir como "anticolonialista, antifascista, antiburguês, revolucionário, pró-africano e pelo PAIGC"⁵ (Oliveira, 1998, p.593) em momento que se fazia necessário, pelo menos nos discursos, um pouco mais de equilíbrio em função da situação de transição.

Desde o primeiro número, notícias sobre o esporte foram publicadas. Na seção "Noticiário de Cabo Verde" sabemos de uma ocorrência comum na história do futebol caboverdiano, que sempre incomodou as lideranças intelectuais no período colonial e seguirá incomodando os partidários do regime que está para começar:

> Lamentáveis incidentes assinalaram a tarde desportiva do domingo, no Estádio da Várzea. Devido a ameaças de agressão ao árbitro, feitas por jogadores, o desafio Acadêmica-Boavista não passou dos trinta minutos na primeira parte.⁶

O que difere nesse caso é o grau exacerbado (tanto do conflito quanto da forma que foi noticiado) e o desfecho dos tumultos, algo que parece estar relacionado com o momento tenso pelo qual passava o arquipélago, ânimos acirrados que induziam a confrontos com as autoridades.

Fato semelhante ocorreu em um jogo entre o Sporting e os Travadores. A princípio, observa-se situação já conhecida: um grupo de descontentes tentou agredir o árbitro, que se escondeu, com a ajuda da polícia, no carro de um particular. O confronto, contudo, não cessou: o veículo e os policiais foram atingidos por pedras e garrafas. Os agentes reagiram, atirando para o alto, e acabaram acertando um indivíduo. Os envolvidos transformaram o fato em uma manifestação política, que caminhou rumo ao Palácio do Governo com o ferido em mãos.

---

⁵ O próprio Almada assim apresentou o periódico no editorial do primeiro número (ano 1, n.1, 27/7/1974): "O *Alerta!* será sempre o veículo de conscien-cialização, mentalização e politização de um povo a quem, durante mais de quinhentos anos, não se ensinou sequer pronunciar essas palavras. Será a voz da revolta, será a voz da verdade, será a voz da solução, será a voz da vitória" (p.1).
⁶ *Alerta!*, ano 1, n.1, 27/6/1974, p.3.

Na mesma edição do jornal ficamos sabendo que em Mindelo houve confrontos semelhantes, o que levou cerca de três mil pessoas, "representando as forças políticas mais representativas de São Vicente", a se encontrarem no Grêmio Desportivo Castilho, "aprovando uma moção, na qual condenaram a provocação, seguida de violência, contra a população, por parte da PSP".[7]

O confronto em Praia mereceu ainda mais destaque na coluna dedicada aos esportes.[8] Na matéria "Balanço geral – Jogo – Hostilidade, expulsões, agressões, polícias, tiros, ferimentos, tudo isto atentando contra o Desporto", A. Correia e Silva afirma:

> Não é novidade afirmar que o desporto entre nós está em crise: sempre esteve. Crise de valores. De jogadores. De árbitros. De dirigentes. As poucas exceções não contam. A "futebolite" é epidêmica. Tudo doente. Mas, sobretudo, crise de estrutura. Pior que os doentes é a doença.[9]

Já anunciando o que virá quando chegar o tempo do PAIGC, Silva relaciona esses problemas ao quadro histórico cabo-verdiano: "O que se passa no âmbito desportivo é o que também acontece noutros aspectos da vida social, ou dito inversamente. Para evitar doentes, só eliminando a doença" (p.9).

O tema, com outro enfoque, voltará à coluna de esporte do segundo número de *Alerta!*. Ao comentar a final de um campeonato de futebol em Santiago, afirma o jornalista:

> Há alguns anos [...] que a final do Campeonato de Cabo Verde nos vem oferecendo um espetáculo horroroso, manchando não só a ética desportiva como também alimentando o forte bairrismo que opõe a maior parte dos naturais desta ilha à igual facção do "desporto-rei" de São Vicente.[10]

Para ele, isso tem relação não só com o quadro político nacional, mas também com a "ação maléfica" dos meios de

---

[7] Polícia de Segurança Pública. *Alerta!*, ano 1, n.1, 27/7/1974, p.4.
[8] A responsabilidade da coluna era de Félix Gomes Monteiro e Rui Gonçalves.
[9] *Alerta!*, ano 1, n.1, 27/7/1974, p.9.
[10] Ano 1, n.2, 4/7/1974, p.7.

comunicação, que contribuíam para a degradação do esporte. Supõe que não será possível fazer mudanças para a próxima final, mas reivindica que sejam pensadas alterações urgentes, tendo em vista que: "A tentativa de união de todos os cabo-verdianos nunca foi tão necessitada como agora, devendo ela impor-se acima de quaisquer reivindicações que não dizem respeito à maior parte da população" (p.7).

Nessa edição é ainda publicado o texto "Desporto – parte integral da Educação", assinado por Félix Gomes Monteiro, dividido em "Do direito de todos a praticar o desporto", "Das obrigações do desportista", "Dos deveres dos técnicos desportivos", "Dos deveres dos dirigentes desportivos". Trata-se de uma primeira tentativa de anúncio em meio ao grande número de denúncias que marca o momento de transição.

Nós números seguintes do jornal continuaram as críticas e a apreensão com os problemas relacionados ao futebol. A última edição, por fim, anuncia algo mais das tensões a serem enfrentadas em breve pelo governo a se constituir. Orlando Mascarenhas comenta a péssima qualidade técnica do jogo final da competição da capital, disputado entre Travadores e Vitória:

> Foi uma modestíssima final [...] como aliás modestíssimo é tudo quanto se relaciona com esta nossa pobre terra. Uma final com todo o seu amadorismo, todas as suas falhas, toda a sua pobreza, todo o seu primitivismo, enfim, um futebol voltado ao esquecimento.[11]

O mais curioso é que, naquele quadro, não se previa a realização da final entre Santiago e São Vicente. Na matéria "Quem tem medo da final do Campeonato de Cabo Verde?", Correia e Silva ataca:

> O comportamento dos "reacionários da bola", a verificar-se, poderá ter, sim, um aspecto negativo. Existirão formas melhores

---
[11] Ano 1, n.5, 25/7/1974, p.11.

de contatos entre nossas duas cidades: festivais de música, de poesia, de teatro, de desporto não competitivo [...]. Mas a pensar em reacionários muitos passos ficariam por dar [...]. Venha pois a final! (p.11).[12]

Que desporto?

No *Novo Jornal de Cabo Verde*, majoritariamente o debate fazia referência ao futuro do país, sendo claramente perceptíveis os embates e as tensões entre os diversos grupos políticos locais. Até mesmo por esse quadro, com tantas questões a serem tratadas, o esporte demora a aparecer em suas folhas. Somente no número 8, de 19 de setembro de 1974, vemos uma breve notícia sobre um jogo entre Travadores e Sporting, vencido pelo primeiro.

No número 13, de 24 de outubro de 1974, publica-se uma reportagem sobre a organização dos Jogos Olímpicos de 1980, a serem realizados em Moscou. Demonstra-se simpatia pelo governo soviético, mas nada que denuncie claramente uma relação que futuramente seria estabelecida. Na verdade, o que ocorre é que as discussões sobre o socialismo na ainda metrópole ecoavam diretamente nos debates locais.

Não surpreende que no número 23, de 16 de janeiro de 1975, tenha sido publicado um extrato de um jornal português (não informado), com o título "Para um esporte democrático". Devemos ter em conta que, em Portugal, onde se discutia o futuro a partir da crítica ao longo período da ditadura Salazar/Caetano, também se estava a repensar o papel da prática esportiva para o novo país que se esperava construir.

---

[12] No período que antecedeu a independência, o campeonato de futebol tivera sequência, a exceção do ano de 1970: vitória do Mindelense, em 1971, do Travadores, em 1972, do Castilho, em 1973. Posteriormente, o Mindelense ainda sagrou-se vitorioso nos anos de 1976 e 1977; depois de dois anos sem ser realizado (1978 e 1979), em 1980 pela primeira vez ganhou um clube não originário de Praia ou de Mindelo, o Botafogo de São Filipe (Ilha do Fogo).

A primeira posição mais categórica sobre o esporte publicada no *Novo Jornal de Cabo Verde* pode ser observada no número 22, de 9 de janeiro de 1975, um artigo de Jorge Pereira, intitulado "Que desporto [...]". Segundo o autor:

> Antes propriamente de fornecer os meios necessários à prática de tal ou tal desporto, nesta ou naquela localidade, impõe-se um difícil trabalho de sensibilização e mentalização das pessoas em relação aos benefícios e necessidade de uma prática desportiva livre (p.7).

Como se pode ver, segue sendo apontada, ainda de forma tímida, a necessidade de que a prática esportiva estivesse sintonizada com os novos tempos. Para tal, segundo o autor, o intuito de uma política de esporte deveria ser o de democratização e dinamização cultural, sustentada em três eixos: a escola, o local de trabalho, as associações civis e religiosas.

Tratava-se de um posicionamento bastante impreciso, o lançar de algumas noções que depois seriam referendadas nos discursos do partido único. Naquele momento de transição ainda era possível perceber menos um tom propositivo e mais um caráter de conclamação:

> Que todos participem na elaboração, discussão e concretização de programas que, no domínio da educação física e desportiva, sejam criadas as condições mínimas permissivas de levar a prática de um desporto para todos aqueles que sempre por ele pugnaram, por todos os que queiram e sejam capazes (p.7).

Depois de uma série de breves notícias espalhadas por vários números, nota relevante relacionada à prática esportiva pode ser encontrada no número 32, de 20 de março de 1975. O Grêmio Amarante organizara um torneio de futebol para comemorar seu aniversário[13] e solicitara a Aristides Pereira (na

---

[13] Durante o governo de transição, segundo informa Ramos (1987), o Amarante recebeu 100 mil escudos para concluir suas instalações esportivas. Já recebera antes incentivos de Antonio Adriano Faria Lopes dos Santos, governador da província: 160 mil escudos, cinquenta sacos de cimento e empréstimo de uma betoneira.

época ainda não presidente de Cabo Verde, mas já secretário-geral do PAIGC) autorização para homenageá-lo com o nome da taça. A resposta do líder, na forma de um telegrama, é bastante indicadora de como o esporte passaria futuramente a ser tratado pelo governo:[14]

> Sinto-me honrado vossa proposta a qual aceito muito agrado convencido libertação nossa terra pressupõe necessariamente fundamentalmente nossa libertação cultural isso exige esforço crescente campo desportivo fim permitir sobretudo nossa juventude de realizar-se totalmente sã física espiritualmente nosso partido garante no seu programa trabalhar sentido criar condições necessárias indispensáveis nosso povo realizar uma política campo desporto totalmente aberta dignos filhos nossa terra sem discriminação valorizando melhor forma aqueles merecedores confiante futuro desportivo nosso país independente (p.7).

É interessante essa ação do Amarante, pois destoa de uma linha de contraposição ao PAIGC muito forte em São Vicente: a ilha foi a sede da União Democrática de Cabo Verde (UDC) e da União do Povo das Ilhas de Cabo Verde (UIPCV), grupos que contestavam até mesmo se a independência era a opção mais adequada para o arquipélago.[15] Nesse contexto, o Grêmio Recreativo de Mindelo e a Rádio Barlavento foram as sedes das tensões, sendo a última mesmo invadida por partidários do PAIGC, em dezembro de 1974.

Humberto Santos (apud Pereira, 2003) apresenta um ponto de vista interessante sobre essa ocorrência. Para ele, o problema do Grêmio era o seu alinhamento com o governo metropolitano. Havia uma representação de que era: "um bastião da presença colonial" (p.451). Todavia, reconhece que havia sócios envolvidos com os problemas de Cabo Verde, alguns deles inclusive com iniciativas ligadas à Rádio. De qualquer forma, a sua invasão,

---

[14] Como curiosidade, vale dizer que nesse torneio o jogo final não foi concluído por brigas relacionadas aos erros de arbitragem.
[15] Para mais informações, ver Pereira (2003).

para Santos, "teve um significado simbólico importante, por aquilo que ela representava como caixa de ressonância do *establishment*" (p.451).[16]

Voltemos ao *Novo Jornal de Cabo Verde*. É somente no número 39, de 15 maio 1975, que identificamos uma ação mais concreta do governo de transição: a criação de uma comissão para tratar das questões do esporte, formada por três portugueses, três representantes das ilhas de Sotavento e cinco representantes das ilhas de Barlavento, o que demonstra que, pelo menos simbolicamente, São Vicente continuava sobrepujando Santiago em prestígio no tema. Esse órgão deveria propor políticas, propostas e programas a partir de um inventário das ações, dos fundos e dos bens do antigo Conselho Provincial de Educação Física.

Todavia, não houve muito tempo para tal comissão atuar: a independência estava próxima, os discursos seriam radicalizados, novos tempos estavam para chegar. Os desafios eram muitos, como era de se esperar para um país que nascia. Não se tinha grande certeza do que deveria ser a nova política esportiva, mas já se elegia o inimigo e o culpado por tudo: o colonialismo.

Por um desporto novo

Com o fim do período de transição, extinguiu-se o *Novo Jornal de Cabo Verde* e é lançado o *Voz di Povo*, periódico oficial do partido único, em 17 de julho de 1975, no mesmo dia em que toma posse o primeiro governo. Carlos Reis[17] ficou responsável pela pasta de Educação, Cultura, Juventude e Desportos.

---

[16] Esse episódio até os dias de hoje desencadeia polêmicas, não sendo poucos os que consideram a tomada da Rádio Barlavento um ato de violência injustificada, uma agressão à importante instituição da história de Cabo Verde. Interessante observar que o episódio está presente em muitos dos depoimentos publicados no livro de Pereira (2003).

[17] Nas lutas coloniais da Guiné, Reis trabalhou na Escola-Piloto e na Marinha. Participou ativamente das representações do PAIGC em Cabo Verde no período de transição para a independência.

No novo quadro, o esporte passou a ser concebido como uma das estratégias de construção de uma nacionalidade caboverdiana que superasse o passado colonial. Depois de algumas notícias esparsas no jornal, o tema é abordado na matéria "Por um desporto novo":

> Com efeito, o vedetismo, o sensacionalismo, o desporto comercializado, com venda e compra constante de jogadores, o atleta escravizado, são fatos que não podemos deixar de deplorar, dado que são a negação do desporto como atividade saudável, não só para o corpo, como para o espírito.[18]

Segundo o posicionamento do jornalista, havia um excesso de atenção para com o futebol, que no tempo colonial teria servido como forma de alienação e divisão do povo caboverdiano, uma chave usada para entender os constantes tumultos e a má organização dos torneios. Assim, afirma: "Não pretendemos minimizar o chamado 'desporto-rei', mas tão-só chamar a atenção dos nossos desportistas para outras modalidades" (p.4). A promessa era de que com a independência tudo mudaria. Os jogos agora deveriam ser encarados como forma de confraternização e união, "tanto da parte dos jogadores, como do público, finalmente conscientes de serem filhos da mesma terra e de se estar a viver uma situação totalmente nova" (p.5).

A visão de esporte dialogava e promovia uma certa leitura das ideias de Amílcar Cabral, de que a pequena burguesia devia suicidar-se como classe para renascer em outra condição, supostamente mais antenada com os desejos do povo. O líder não demonstrava grande adesão à ideia de tradições que deveriam a todo custo ser preservadas; se fosse o caso, os aspectos considerados equivocados, ultrapassados, negativos, deveriam ser combatidos, reformulados, eliminados, mantendo-se somente aqueles que tivessem um caráter positivo. Os novos dirigentes,

---

[18] *Voz di Povo*, ano 1, n.18, 21/11/1975, p.4.

dialogando com esse olhar, assumiram "como uma das urgentes tarefas trabalhar para a 'emergência de um homem novo', que pudesse encontrar vias ascendentes da sua cultura e se habilitasse a contribuir para o desenvolvimento do seu entorno e de toda a humanidade" (Fernandes, 2006, p.207).

No âmbito do esporte, é possível ver a mobilização dessas ideias em dois aspectos: um combate à tradição, cuja mais forte expressão era a compreensão proveniente de Mindelo; propugnou-se constantemente que a prática deveria expressar e ajudar a forjar o "novo homem cabo-verdiano".[19]

Na verdade, a compreensão sobre o esporte estava plenamente adequada à linha de ação geral do PAIGC: o uso de rituais e discursos típicos do nacionalismo, o estímulo ao ódio em relação a supostos inimigos, a oposição à pequena burguesia e intelectuais (Anjos, 2006). O caso caboverdiano, com peculiaridades que serão discutidas no decorrer deste ensaio, não fugirá a uma linha comum de mobilização da prática adotada pelos governos dos novos países africanos independentes: engajamento em projetos de construção de uma nacionalidade; busca de prestígio e visibilidade internacional; envolvimento com causas pan-africanas.

Não surpreende saber que a matéria citada apresenta ainda as visões de esporte da União Soviética e da Alemanha Oriental, já deixando claras as novas inspirações do país. Tornou-se constante com o decorrer do tempo a publicação de notícias dessa natureza, uma propaganda política explícita. Efetivamente Cabo Verde assinaria com os soviéticos muitos acordos de contribuição no âmbito esportivo.

---

[19] A ideia de forjar um novo homem foi comum em muitos países que adotaram o socialismo, e estava presente, com diferentes enfoques, no pensamento de importantes líderes como Stalin, Lenin, Mao Tse-tung, Che Guevara, Fanon, Paulo Freire e Amílcar Cabral.

O relacionamento com os países do leste europeu foi muito comum no continente africano pós-independência. Baruch Hazan (1987) lembra que o investimento no esporte foi uma importante parte da política externa soviética, uma das ferramentas utilizadas para estimular a adoção do socialismo e conformar sua hegemonia. A relação basicamente se estabelecia com o apoio às reivindicações de países da África nos organismos internacionais (notadamente no Comitê Olímpico), com a concessão de bolsas para a preparação de agentes do campo (atletas, treinadores, professores, dirigentes) na União Soviética e com o envio de auxílio financeiro, de material e de especialistas para atuar com as equipes nacionais. Enfim:

> [...] as relações do esporte soviético com a África serviram à finalidade de facilitar o desenvolvimento das relações em outras áreas, bem como demonstrar as vantagens do sistema político soviético. Essas conclusões parecem óbvias quando analisamos as declarações oficiais de africanos sobre a importância das relações esportivas com a URSS. Muitos deles sublinharam os aspectos políticos das relações e da sua utilidade em muitas áreas (Hazan, 1987, p.267).

Percebemos o novo enfoque na notícia sobre a partida final do primeiro campeonato de futebol pós-independência, realizada em dezembro de 1975, ocasião que contou com a presença do presidente Aristides Pereira, de Carlos Reis e de todo o corpo ministerial. O evento foi celebrado como o renascimento do esporte em Cabo Verde, oportunidade para reafirmar os compromissos e desafios do novo regime no que se refere à prática: "O desporto, para que cumpra a função na sociedade nova, tem que se encaminhar pela via da desalienação, a fim de se consciencializar e melhor servir a sua massa de praticantes".[20]

---

[20] *Voz di Povo*, ano 1, n.20, de 5/12/1975, p.7.

A proposta básica era:

> Massificação e diversificação das atividades desportivas, particularmente para as modalidades que durante a época colonial nunca se efetuaram ou foram praticadas de uma forma inconsequente, desintegradas do sistema educativo e caracterizadas por uma quase ausência de técnica.[21]

As críticas sempre tinham em conta estabelecer um contraponto com o período colonial:

> Desempenhando um papel bastante educativo na evolução duma sociedade, o desporto exige, nessa fase de Reconstrução Nacional, uma atenção delicada. Foco donde provinham graves ameaças para a sociedade cabo-verdiana – divisionismo, alienação, etc., o desporto foi então inteligentemente utilizado pelo inimigo com a finalidade de fazer enfraquecer nossa unidade. Na nova sociedade que pretendemos construir o desporto terá que ser modelado de acordo com a nossa realidade, a fim de satisfazer os reais interesses da massa.[22]

Vejamos como essa visão de esporte está presente até mesmo no *Terra Nova*.[23] João Cabral Rocha Furtado, ao comentar os jogos realizados por ocasião dos festejos da independência, é categórico:

> Quando soou o apito final do encontro os jogadores abraçaram-se, comovidos, por terem disputado um encontro onde todos demonstraram que, realmente, são capazes de praticar um desporto novo numa Terra Nova. [...] Viva o Desporto Novo!

Até mesmo o jornal religioso parecia reforçar, mesmo que por conveniência, as palavras de ordem do PAIGC.

---

[21] *Voz di Povo*, ano 1, n.38, 19/4/1976, p.8.
[22] *Voz di Povo*, ano 1, n.29, 26/4/1976 p.2.
[23] Produzido inicialmente na Ilha do Fogo (depois se transferiu para São Vicente), tratava-se de um jornal religioso que também noticiava o cotidiano de Cabo Verde, por vezes se chocando com os ditames do PAIGC.

Tensões

Os fatos, contudo, não seguiram exatamente o que esperava o pensamento oficial. Da mesma forma que os envolvidos com o esporte nunca aderiram linearmente, como esperavam os representantes do poder no período colonial, também não o fizeram com o encaminhamento do partido único, até mesmo porque, do ponto de vista dos resultados, o que interessa centralmente aos membros do campo esportivo, não houve grandes mudanças (nem seria possível em tão pouco tempo e no quadro conjuntural do arquipélago, que tinha mesmo problemas mais urgentes a resolver).

Na edição do *Voz di Povo* de 18 de setembro de 1976, o jornalista não consegue conter a decepção, a despeito de ter tentado a todo custo argumentar o quão fora importante a participação de equipes de futebol de Cabo Verde em um quadrangular internacional:

> Razão tínhamos nós quando [...] nos mostrávamos seriamente apreensivos em relação ao torneio quadrangular [...]. Com efeito no final dos quatro jogos [...] vimos plenamente confirmados [...] o fraco nível técnico e tático das nossas equipes de futebol e o mal que pesa sobre essa modalidade em Cabo Verde.[24]

O tom de desculpa, mesmo que no sentido de reiterar as ideias governamentais sobre o esporte, fica também claro em matéria publicada na edição de 15 de janeiro de 1977:

> Sendo Cabo Verde um país subdesenvolvido não é de esperar que ele (o desporto) tenha de imediato a craveira olímpica. Aliás, o desenvolvimento do desporto não deve, segundo cremos, ter por objetivo ir aos Jogos Olímpicos, antes visará às massas populares, não essencialmente mas sim como participação.[25]

---

[24] Ano 2, n.59, p.8.
[25] *Voz di Povo*, ano 2, n.76, p.6

Efetivamente, no decorrer dos primeiros anos de independência é possível perceber uma dubiedade nas posições oficiais: a crítica do "esporte capitalista", mas o desejo de obter bons resultados internacionais; a ideia de "servir ao povo", mas também de garantir uma maior projeção mundial. Isso fica explícito, por exemplo, quando o *Voz di Povo* celebra intensamente o 4º lugar do caboverdiano José Correia na Corrida de São Silvestre de Angola. Ao ser entrevistado o treinador, foi-lhe perguntado o porquê de não um resultado melhor; a resposta beira o hilário: "Há alguns vícios que um atleta tem de pôr de lado (tabaco e álcool inclusive) e já falei com o Zé acerca disso, porque atualmente ele tem um papel a desempenhar servindo de exemplo aos mais jovens".[26]

Se para o partido único o esporte era uma ferramenta de formação e de projeção internacional, para muitos envolvidos era uma ocasião de diversão: Zé Correia não via nenhum problema em fumar, beber, não treinar e correr. O problema é que isso feria não só a base moral, como também o desejo de melhores resultados dos dirigentes da jovem nação.

A essa visão, ligada aos novos moldes de discurso político, também agredia uma velha ocorrência: a todo tempo vemos em *Voz di Povo* que continuam os conflitos entre jogadores e torcedores por causa dos resultados. No número 37, de 10 de abril de 1976, conclama-se: "Os jogadores precisam perder o feio hábito de falarem entre si e com o público e este deve deixar de dar instruções constantes aos jogadores em campo" (p.8). Esses comportamentos eram considerados uma traição aos princípios da nova sociedade: "Um jogo de futebol pode dar origem a uma lição de ética, pode constituir uma aula de moral. Mas no domingo, no campo da Fontinha, essa imagem foi desvirtuada".[27]

---

[26] *Voz di Povo*, ano 2, n.74, 1/1/1977, p.8.
[27] *Voz di Povo*, ano 1, n.38, 19/4/1976, p.8.

Os históricos conflitos entre São Vicente e Santiago parecem não só seguir como se acentuam, provavelmente, inclusive, em função das novas orientações políticas, menos apoiadas pelos de Mindelo. O jornal oficial celebrava supostas iniciativas de aproximação:

> Prosseguindo na política de renovação do nosso desporto, a Acadêmica do Mindelo levou a efeito um torneio de futebol integrando equipes de Santiago, Sal e São Vicente [...]. Iniciativa louvável e ao mesmo tempo arrojada, já que no primeiro caso as ilhas, antes afastadas [...] agora passam a integrar o desporto nacional com toda sua força nacional.[28]

Na verdade, em meio a tantos problemas, o governo cobrava o que não dava, e isso acabou sendo perceptível na observação de um jornalista em matéria publicada no *Voz di Povo* de número 74 (de 1 de janeiro de 1977), em que fazia um balanço do esporte em 1976 ("Dessa coisa chamada desporto a essa gente chamada desportista").

Já de início o jornalista dá indícios de que há alguma forma de discriminação com o tema: "[...] não minimize a página desportiva do jornal. E se o seu estatuto de estagiário para intelectual ou de intelectual já confirmado lhe põe sérios problemas de ordens éticas, leia o 'desporto' disfarçadamente" (p.9). Há indicadores de que, no novo quadro histórico, mudara a consideração para com a prática, por razões operacionais (dificuldades econômicas), mas também por motivos políticos (a ideia de que havia muita alienação ao redor da prática, o que no arquipélago poderia até mesmo ser relacionado à força de Mindelo, centro das divergências).

Por fim, o jornalista tenta encontrar alguma justificativa para o quadro esportivo da época:

> Claro que falamos aqui de desporto no seu sentido e dimensão universais que, por enquanto, em Cabo Verde, anda um

---

[28] *Voz di Povo*, ano 1, n.50, 17/7/1976, p.8.

pouco esquecido. Que é evidente, há tarefas mais prioritárias. Mas havemos de chegar lá. [...]. Apreciemos o desporto que aqui e agora se pode ter e se pode viver (p.9).

Um balanço da história do esporte em Cabo Verde definitivamente aceita o limitado quadro do desenvolvimento esportivo; conecta-se, contudo, o estágio da época com as deficiências do passado, algo que pode ter muito incomodado os mindelenses, convencidos de que fora glorioso o passado da prática esportiva na Ilha de São Vicente: "Longe de nos pretender dizer que somos um povo rico de tradições desportivas e que fomos exímios no passado. Nada disso, de uma forma ou de outra, andamos sempre a tatear."[29]

É importante observar que as críticas às posições e ações do PAIGC no âmbito esportivo ecoaram por anos, chegando até os dias atuais. Não surpreende que tenhamos encontrado um recente artigo de Casimiro de Pina, polêmico colunista local, sobre o tema. Já no título, "A alucinante demagogia", temos o tom de sua posição.[30]

O autor critica o fato de que, segundo seu olhar, no período pós-independência o partido único tenha implementado uma política esportiva instrumental, orientada por preocupações ideológicas e por um caráter autoritário, simplesmente para servir aos interesses de controle do Estado:

> O fio condutor dessa delirante "política desportiva" era, em síntese, a construção do "homem novo", objetivo perseguido com ardor e devoção "revolucionária". O desporto, prática humanamente significativa, não valia por si mesmo. Não era um direito individual, algo inerente ao caráter e à liberdade do praticante. O desporto não era uma escola de emulação e excelência. Era, tão-somente, um instrumento do partido, um veículo da ideologia dominante e da "transformação social" pretendida.

---

[29] *Voz di Povo*, ano 2, n.85, 19/2/1977, p.9.
[30] *Expresso das Ilhas Online*, 21/9/2007. Disponível em: <http://www.expressodasilhas.cv/noticias/detail/id/466/>. Acessado em: 24/5/2008.

Para Casimiro, sob inspiração soviética o esporte era apresentado como:

> [...] uma perene e inquebrantável corrente de unidade [...], perspectivando aos atletas, dirigentes e clubes a grandeza duma nação, que se guinda ou se queda à medida das vitórias que consiga ou das derrotas que sofra, as quais, mesmo individuais, são sempre coletivas.

A crítica se dirige, portanto, à natureza da intervenção estatal no esporte, entendido apenas como apêndice de outros projetos para o país. O autor considera ainda que na atualidade seguem existindo resquícios dessa forma de compreender a política esportiva, demonstrada inclusive na continuidade da relação com Cuba:

> Labora no erro quem julga que a "política desportiva" do partido único passou, sem remissão, à história. Só quem não ouviu o excelentíssimo secretário de Estado Américo Nascimento pode repetir esse equívoco. Pedro Pires e José Maria Neves, com aberrantes aproveitamentos, iriam, aliás, abençoar o esculacho demagógico do responsável pela "política desportiva".

Enfim, como de costume em sua história, uma vez mais vemos o esporte refletindo algumas das tensões que constituíram a nação Cabo Verde.

Reestruturando o campo

A partir de 1977, mudanças podem ser observadas nos discursos/práticas governamentais relacionados ao esporte. Três dimensões merecem destaque: a tentativa de efetivamente estruturar ações; as iniciativas de recuperação dos vínculos com São Vicente; a busca de inserção no cenário internacional, com a solicitação de filiação no Conselho Superior do Desporto da África,[31] na zona desportiva número 2.

---

[31] O Conselho foi criado, em 1966, para coordenar as ações esportivas no âmbito do pan-africanismo, tendo sido reconhecido pela Organização da Unidade Africana em 1967.

O *Voz di Povo*, de 22 de janeiro de 1977 (ano 2, n.7), anuncia que a recém-criada Comissão Nacional de Educação Física e Desporto tentaria reestruturar e impulsionar o esporte nacional, a partir da constatação de que havia falta de espaços adequados para a prática, deficiência de técnicos especializados e mesmo desinteresse dos jovens.[32]

Informa-se ainda que os membros da Comissão estiveram reunidos com dirigentes esportivos de São Vicente, a fim de apresentar e coletar sugestões para o plano de desenvolvimento do esporte, um sinal de mudança já que, no primeiro momento da independência, houve um afastamento das lideranças da ilha que historicamente foi o principal espaço de estruturação da prática no arquipélde agosto de Na ocasião, é possível perceber que havia ainda alguma movimentação em Mindelo: competições esparsas de remo, natação e ciclismo, mais constantemente alguns torneios de golfe, além do campeonato de futebol.

Naquele ano de 1977 começa também a ser realizado o que foi chamado de "campeonato popular de futebol", cujo intuito era atingir um conjunto maior da população. Essa competição tinha em vista que "a prática do futebol popular, como a própria denominação indica, tem um alcance dinamizador e alargado, na base de um conceito desportivo massificado, em especial entre os jovens". Às subcomissões era apresentada a "tarefa árdua [...] de programar, espalhar e desenvolver o futebol, organizativamente" para aqueles que não se encontravam federados.

Aos praticantes continuava sendo exigida uma postura moral que expressasse os novos tempos. A ideia seguia sendo a de que "no dia que os jogadores se apresentarem como

---

[32] A referida comissão foi formada por Marion Antunes (presidente), Osvaldo Duarte (vice), Octávio Barros (diretor de instalações desportivas), Nildo Brazão (diretor de finanças) e Daniel Benini Resende Costa (diretor de árbitros). Foram formadas ainda duas comissões regionais (uma de Sotavento e outra de Barlavento), além de ser prevista a formação de comissões nacionais por desporto.

paradigmas de comportamento social, o futebol exercerá uma tarefa de educação quase coletiva".[33] Tornaram-se ainda mais intensas as preocupações com as constantes brigas e confusões observadas em bares e estádios por ocasião dos jogos, o que era encarado como um contrassenso à proposta de esporte do governo.[34]

Assim, se mudaram algumas propostas, é possível perceber que os discursos não se modificaram bruscamente. Vejamos, por exemplo, que, por ocasião das comemorações do dia da nacionalidade, Aristides Pereira:

> [...] teceu considerações sobre a importância do desporto em Cabo Verde, expressando a confiança que o partido e o governo depositam no homem cabo-verdiano, que também se deve formar na escola do desporto para a realização, através de todos os sacrifícios, de uma vida de progresso e bem-estar social.[35]

Nesse mesmo ano houve ainda um acontecimento curioso. Por ocasião das comemorações do 2º aniversário da independência foi organizado um quadrangular de futebol entre uma equipe de Santiago, outra de São Vicente, um selecionado de Bissau e um misto de Portugal. Para além do fato de que àquela altura não fora ainda formada uma seleção nacional de Cabo Verde, devem-se destacar os conflitos com a equipe do antigo colonizador, no jogo vencido pelo time da capital. O *Voz di Povo* assim noticiou o ocorrido:

> O comportamento de alguns dos elementos que integraram o misto proveniente de Portugal [...] forneceu uma nota bem triste, consistindo, sem que haja exagero de nossa parte, uma nódoa que acabou por manchar e estragar uma jornada que se esperava fosse um exemplo de confraternização entre verdadeiros desportistas [...]. Por pouco o Estádio da Várzea, com muito público e em dia de festa, não se converteu numa arena.[36]

---
[33] *Voz di Povo*, ano 3, n.113, 1/10/1977, p.9.
[34] O tema mereceu atenção da seção "Inquérito" de o *Voz di Povo* de 30/8/1977 (ano 3, n.107).
[35] *Voz di Povo*, ano 3, n.112, 24/9/1977, p.8.
[36] *Voz di Povo*, ano 2, n.101, 9/7/1977, p.8.

Serão mesmo mais notáveis as iniciativas de inserção de Cabo Verde no cenário esportivo internacional. Vale destacar os comentários acerca de mais um bom resultado de José Correia na Corrida de São Silvestre de Luanda. Se, de um lado, o 5º lugar foi comemorado como uma vitória, de outro, comenta o *Voz di Povo*:

> A propósito da proeza de José Correia, (até o décimo lugar seria uma boa classificação) importa salientar que ela não corresponde de maneira nenhuma à realidade do nosso desporto, que está muito aquém de qualquer dos países participantes. Representa, sim, uma vitória individual que teve certo apoio, é verdade, mas que está muito longe do desporto de massa que se pretende atingir. Por isso não vale a pena embandeirar-nos em arcos. A façanha de José Correia não é o resultado de trabalho de base que gostaríamos que fosse estendido a vários jovens do país.[37]

De fato, o desejo de integrar o cenário esportivo internacional ainda era encarado com ressalvas, como podemos ver na matéria publicada no *Voz di Povo* de 18 de fevereiro de 1978 (ano 3, n.132). Permanece a crítica a uma certa visão de esporte tida como colonial: "O que se quer acentuar é que torna-se necessário revolucionar a mentalidade desportiva atual que faz o culto do vencedor, cria mitos, impõe a vitória a qualquer preço e é uma eterna fonte de conflitos". Assim, lembra-se que:

> Com a independência de nosso país aumentaram-se as possibilidades de participação em encontros desportivos internacionais e a compreensão dessa participação deve ser encaminhada num plano puramente desportivo (nem derrotas honrosas, nem vitórias retumbantes), mas sim um encontro de homens que praticam desporto. Qualquer outra veleidade e desvio implicarão frustrações, euforias que em nada contribuirão para a formação do homem novo cabo-verdiano, livre de complexos e desalienado (p.6).

Na ocasião, estava por vir a grande estreia de Cabo Verde nas competições internacionais. Anuncia-se para o ano de 1979 a

---

[37] *Voz di Povo*, ano 3, n.127, 7/1/1978, p.6.

realização da primeira edição da Taça Amílcar Cabral, a ser disputada anualmente entre seleções da zona 2 do Conselho Superior do Desporto da África.

Antes disso, contudo, organizara-se em Bissau um quadrangular com as seleções de Mali, Guiné Conacri e Guiné-Bissau: a primeira vez que um selecionado caboverdiano representaria oficialmente o novo país. Saúda o jornalista de *Voz di Povo*:

> Todos nós sabemos as dificuldades que se nos deparam para formar uma seleção que seja representativa do valor real do futebol cabo-verdiano. A descontinuidade do território não permite uma apreciação global dos atletas não só por escassez de contactos interilhas, mas também por inexistência de um selecionador permanente.
>
> [...] Mas também é verdade que esta participação cabo-verdiana deve ser encarada, principalmente como um contato necessário para o desenvolvimento do nosso desporto. É preciso acabar com este isolacionismo a que fomos votados durante os anos de dominação colonial e que tão prejudicial foi ao nosso desporto.[38]

Assim, cercada de grande expectativa, a equipe de Cabo Verde se desloca para o evento em Bissau. Mesmo que com algumas justificativas, é inegável a apreensão do jornalista ao comentar os preparativos:

> A descolorida e apática exibição que desagradou ao público que acorreu, em número razoável, ao Estádio da Várzea, não é compatível com o nível, ainda que modesto, do nosso futebol. Quanto mais não seja, espera-se mais brio por parte dos atletas a quem foi dada a honra de representar o futebol cabo-verdiano, sem perder de vista o aspecto essencialmente desportivo de nossa participação, que não pode ser ensombrada por "chauvinismo" ou nacionalismo exacerbado.[39]

Pelo jornal não conseguimos obter mais informações sobre os resultados (e sua ausência pode ser um sinal de que por lá as coisas não andaram muito bem). Sabemos, contudo, que nova

---
[38] *Voz di Povo*, ano 3, número especial, 22/4/1978, p.6.
[39] *Voz di Povo*, ano 3, n.147, 5/6/1978, p.14.

atividade internacional foi prevista para a comemoração do 3º ano de independência: um torneio de futebol para o qual foram convidadas representações de Angola, São Tomé e Príncipe, Guiné-Bissau, Moçambique, uma seleção de emigrantes caboverdianos da Holanda, além da equipe nacional. Foram também programados torneios internacionais de tênis e golfe.

Há que se observar que, nesse contexto de construção de uma imagem internacional para o país, o golfe, esporte encarado como antiga tradição de São Vicente, volta às páginas do *Voz di Povo*, cercado, todavia, por justificativas relacionadas a seu suposto caráter elitista, algo que acabou por fazer reemergir uma representação comum no período colonial: a de que em Cabo Verde essa prática sempre foi popular. Na matéria denominada "Golfe cabo-verdiano tem nível internacional", afirma o jornalista:

> O golfe é uma modalidade desportiva de longa tradição em Cabo Verde e que atingiu um nível excelente, razão porque deve ser apoiado e incentivado. Uma certa acusação de elitismo e de "ricaços" aos seus praticantes não nos parece fundamentada, na medida em que os clubes existentes, na Praia e em São Vicente, têm as suas portas abertas a todos os interessados na prática salutar deste desporto.[40]

Vale destacar matérias como as que anunciaram que José Borges, filho de um trabalhador das alfândegas e de uma empregada doméstica, venceu um torneio de golfe. Reforçava-se a representação: em Cabo Verde, gente do povo chega a ser campeã.[41]

Enquanto isso seguem os preparativos para a participação da seleção caboverdiana na Taça Amílcar Cabral. Logo surge uma nova necessidade: a filiação à FIFA e a Confederação Africana de Futebol (CAF).

De um lado, percebe-se a celebração dessas possibilidades, acompanhada da reivindicação de reestruturação do

---
[40] *Voz di Povo*, ano 3, n.154, 5/8/1978, p.10
[41] *Voz di Povo*, ano 4, n.188, 18/4/1979, p.8.

esporte nacional. De outro lado, é possível também perceber discordâncias, como as expressas na matéria "Arrumar a casa primeiro e só depois participar lá fora". O teor é, mais uma vez, a tensão sobre os sentidos que a prática deve ocupar no cenário político caboverdiano:

> Definir de antemão que tipo de desporto (competição ou de massas) se pretende erigir e posteriormente lançar as bases para o seu relançamento, deverá ser uma das primeiras tarefas da Direção Nacional de Educação Física e Desportos. Essa opção implica, desde já, uma tomada de posição clara a fim de se evitar a indefinição atual da nossa prática desportiva que ainda persiste nos moldes de antigamente.[42]

Nesse quadro de início de transição, a seleção caboverdiana embarca para Bissau, para tomar parte no evento esportivo que carrega o nome de um dos pais da nacionalidade, aquele que era celebrado constantemente nos discursos e nas páginas do *Voz di Povo*: a Taça Amílcar Cabral.

Taça Amílcar Cabral: a estreia da nação

Enfim, é chegado o grande dia. As cores da bandeira caboverdiana e os símbolos do país independente finalmente seriam exibidos em uma competição internacional oficial. Seriam carregados por novos heróis que deveriam honrar a gloriosa história da jovem nação.

Pouco importa o fato de se tratar de uma competição menor no quadro futebolístico internacional. Era o máximo que podia o país naquele momento, além do que eficaz como ferramenta de mobilização interna. Mais ainda, o torneio homenageava o grande líder Amílcar Cabral, cujas palavras e imagens foram eleitas pelo regime vigente como modelares do que deveriam ser seus concidadãos. As emissoras de rádio, não surpreendentemente,

---

[42] *Voz di Povo*, ano 3, n.171, 6/12/1978, p. 9.

cobriram o evento, mandando o maior número possível de informações para os ávidos caboverdianos.

A participação na Taça Amílcar Cabral também tinha a ver com uma situação específica: o projeto de Estado Único com a Guiné-Bissau. Por vezes equipes caboverdianas para lá se deslocaram, para participar de comemorações ou festivais, como forma de reforçar os supostos laços de amizade entre os países. Antes houvera, inclusive, o já citado quadrangular de Bissau. Mas agora o intuito era outro: representar o país em uma competição oficial.

Logo, o envolvimento da equipe nacional de futebol com a competição atendia a pelo menos três importantes dimensões da política esportiva de Cabo Verde. Tratava-se de uma oportunidade para: exaltar a nova nacionalidade em construção; divulgar o nome do país no cenário internacional (e quem sabe, até mesmo apresentar as benesses do novo regime caso a seleção tivesse um bom desempenho); alinhar a nação com as causas pan-africanas.

Assim, o *Voz di Povo* sacramenta: "Cabo Verde na alta-roda do futebol africano";[43] o selecionado já estava em Bissau, pronto para disputar a contenda com equipes nacionais de Mali, Gâmbia, Senegal, Guiné-Bissau, Guiné Conacri e Mauritânia. O tom, é verdade, não era lá muito otimista; a equipe tivera dificuldades de preparação, inclusive em função dos custos. De qualquer forma, a nação ia entrar em campo; segundo o olhar de alguns, o primeiro grande desafio internacional depois das lutas na Guiné.

Confirmou-se o tom pessimista: os resultados não foram bons para a seleção insular. Antes de começar o jogo contra Guiné-Bissau (ao fim vencido pela equipe da casa por 3 x 0), o treinador de Cabo Verde informa que muitos jogadores foram atingidos por paludismo. É muito provável que seja verdade, esse era um problema comum naquele país, mas também se conseguira uma

---

[43] *Voz di Povo*, ano 4, n.174, 8/1/1979, p. 27.

desculpa para o desastre: o selecionado não fez nenhum ponto, nem um gol sequer.

Sobre essa edição da Taça, há um interessante curta/documentário: *Torneio Amílcar Cabral* (1979).[44] As primeiras cenas exibem as bandeiras dos países participantes e *flashes* da cerimônia de abertura: delegações, autoridades, arquibancadas lotadas. Além de cenas dos jogos, vemos a busca de vinculação da competição com a memória de Amílcar Cabral, tanto nas falas de dirigentes quanto nos depoimentos do público, assim como em cenas das homenagens realizadas: o evento é apresentado como grande ode ao "pai da nacionalidade".

Os maus resultados da seleção caboverdiana nas suas duas primeiras atuações internacionais contribuíram para acirrar as polêmicas. Mesmo que os dirigentes, por ocasião da celebração do Dia dos Heróis, em janeiro de 1979, tenham reiterado a importância da prática, o campo esportivo entra em ebulição, acentuada pelo fato de que, por problemas diversos, uma vez mais o campeonato nacional de futebol não tenha se realizado, o mesmo que ocorrera no ano anterior.

Assim, podemos perceber o retorno da velha pergunta: "Que desporto em Cabo Verde?".[45] As constatações são as de sempre, de maneira alguma infundadas: as múltiplas dificuldades e deficiências para que se implementasse uma prática esportiva de melhor qualidade. A Comissão de Educação Física e Desportos mais uma vez entra na berlinda. O *Voz di Povo* ainda celebrava a criação de cursos de iniciação para jovens na Achadinha, vendo-os como caminho concreto para a massificação do esporte. Mas o tom era mesmo de pessimismo.

Várias modalidades continuam a ser praticadas, alguns torneios organizados, os escolares mobilizados para competições.

---

[44] Dirigido por Fernando Cabral, Jom Tob Azulay e Flora Gomes; uma produção conjunta Brasil-Guiné.
[45] *Voz di Povo*, ano 4, n.179, 14/2/1979, p.37.

A Juventude Africana Amílcar Cabral[46] passa a se envolver ativamente com ações esportivas. Todavia segue a questão incômoda: se a participação esportiva internacional é considerada um elemento importante para a visibilidade do país, parte não só dos anseios governamentais como dos envolvidos com o campo, como compor equipes competitivas, contando com poucos recursos e ainda tendo de lidar com a ideia de que a principal função do governo era estimular a massificação e o forjar do novo homem caboverdiano?

Essa tensão está constantemente expressa nas páginas de *Voz di Povo*: muitas críticas e sugestões, algumas iniciativas, aparentemente pouco avanço. O autor que assina por Alfinete chega a provocar:

> Um de nossos "dirigentes" desportivos terá proclamado sonoramente numas das reuniões em que se discutia alta política desportiva que "uma república sem futebol não é república". Pobres dos romanos que por desconhecerem o futebol, viram a sua democrática "república" afundar no mais despótico império.[47]

Alegando dificuldades financeiras, o país não enviou representação para a Taça Amílcar Cabral de 1980, o que alimentou novas polêmicas. De outro lado, uma vez mais, nos festejos de comemoração da independência, entre as competições de várias modalidades, organiza-se um quadrangular de futebol com seleções de Senegal, Guiné-Bissau e Guiné Conacri. Já se percebe uma melhor estruturação da equipe caboverdiana, treinada por Du Fialho, tendo Toca como assistente, formada por treze jogadores de São Vicente, oito de Santiago, quatro de Sal e um do Fogo. Na verdade, o esporte foi uma das bases das celebrações, a mobilização da nacionalidade era explícita.

---

[46] Sobre a JAAC, ver: <http://www.paigc.org/jaac1.htm>. Acessado em 25/9/10.
[47] *Voz di Povo*, ano 4, n.195, 8/6/1979, p.9.

Nos anos 1980, aumentaria a busca por apoio internacional que pudesse contribuir para o desenvolvimento do es-porte nacional. Atletas caboverdianos praticantes de atletismo participam das Espartaquíadas (jogos dos povos da URSS). Posteriormente alguns farão estágio naquele país. Aumenta o número de ações em conjunto com a Guiné-Bissau. Senegal passa a ser considerado um dos principais parceiros.[48] Como lembra Fernandes (2006), em todos os âmbitos essa foi uma das estratégias de reconstrução do Estado.

Mais novidades estavam por vir. Depois de muito tempo, um nome volta às páginas dos jornais, na seção de notícias esportivas: Joaquim Ribeiro, um dos mais ativos líderes do campo esportivo no período colonial. No *Voz di Povo* de 5 de março de 1980,[49] na matéria "Não brincar com o desporto", ele relembra a história da prática no arquipélago, valorizando a antiga tradição de Mindelo, ressalta a falta de investimentos e lamenta Cabo Verde não ter enviado sua seleção para a segunda edição da Taça Amílcar Cabral.

O retorno de Ribeiro é emblemático. Depois de certo ostracismo nos primeiros momentos da independência, identificados que foram com antigas tradições coloniais que deveriam ser combatidas, com a defesa de uma relação mais próxima com a antiga metrópole, em função da não participação direta nos conflitos armados e/ou por discordar dos rumos políticos, voltam à cena antigos líderes esportivos originários de São Vicente.

Baltasar Lopes é um dos que volta a expressar seus pontos de vista. Vejamos suas contundentes palavras publicadas no prefácio do livro de Barros (1981):

> Nunca se esboçaram, sequer, nas esferas governamentais as linhas mestras de uma política esportiva, melhor dizendo, de

---

[48] Cabo Verde chegou a receber François Bob, secretário da Juventude e do Desporto daquele país.
[49] Ano 5, n.225, p.6.

educação física. O resultado é que viemos a cair na inflação futebolística, com a total hegemonia da modalidade menos aconselhável, dentro do nosso condicionamento social e econômico, numa perspectivação do chamado desporto de massa (p.7).

Lopes seguirá considerando um equívoco a tendência à monocultura do velho esporte bretão, tanto por questões simbólicas quanto operacionais:

> Ou me engano muito ou nunca ou escassamente o nosso desporto, se continuar centrado no difícil e dispendioso futebol, estará em condições de dar de nós uma imagem comparável a que se pode obter com o atletismo ou com o cricket e o golfe, se lhe prestarmos a devida atenção.[50]

Em 1984, numa cerimônia de homenagem a João André Barros, Nhô Fula, Lopes retoma sua costumeira postura de defesa das modalidades que considerava mais nobres: "[...] afigura-se que a tônica de uma boa política desportiva entre nós deve ser posta nos desportos individuais (e individuais, mesmo se inseridos numa atividade de grupo), tais como o cricket, o golfe e o atletismo" (apud Barros, 1998, p. 69). Mais ainda, ao exaltar esse que foi um dos mais célebres esportistas de Mindelo no período colonial, considerando-o um herói, contrapõe as figuras heroicas que tinham sido eleitas pelo PAIGC:

> Apregoamos que a superação da nossa insularidade e, com o estabelecimento de relações assíduas, a formação de uma consciência de unidade, precursora indispensável da independência, essa superação – dizia – foi em grande parte obra dos homens humildes e corajosos que, numa rotina diuturna de navegação costeira e estimada, levavam os veleiros de porto em porto (apud Barros, 1998, p.73).

Segundo seu olhar, as figuras a serem exaltadas não eram necessariamente (ou ao menos exclusivamente) aqueles que lutaram nas selvas da Guiné, mas também (ou principalmente)

---

[50] *Voz di Povo*, 25/2/1984, p.13.

aqueles que por sua experiência pessoal (obviamente estamos falando de representações) expressaram e ajudaram a construir o jeito caboverdiano de ser, marcando a peculiaridade de um povo e de um local no cenário mundial.

No início da década de 1980 reaparece ainda nos jornais outro antigo líder do esporte caboverdiano: Antero Barros, comentando um torneio de golfe. Depois de narrar as peculiaridades do esporte em Cabo Verde, sugere: "[...] mais uma vez o golfe provou ser a modalidade esportiva em que estamos mais habituados a competir no nível internacional. Pela terceira vez consecutiva, os nossos jogadores venceram os jogadores portugueses".[51]

É emblemático o discurso que proferiu na ocasião em que fora homenageado pelo Clube de Golfe de São Vicente (depois da independência deixou de ser Clube Anglo-Português)[52], em outubro de 1980.

Antero fala de sua apreensão com o destino da tradicional agremiação. Segundo seu olhar, em situações como a da independência, "apossa-se das massas populares uma excessiva euforia, um chauvinismo desenfreado", que acabam por levar "ao cometimento de autênticos sacrilégios no tocante aos patrimônios históricos, culturais e desportivos" (1981, p.16). Segundo ele, em Angola e Moçambique, até mesmo pela adoção da ideologia marxista, os clubes dedicados à modalidade foram extintos. Haveria outra razão para tal: "Isso aconteceu porque o golfe naqueles dois países não tinha nem raiz nem implantação populares" (p.21).

Em Cabo Verde, afirma, as coisas se passaram de forma distinta. Para ele, o diferencial esteve relacionado a uma antiga ideia que sempre defendeu: o caráter popular do golfe no arquipélago, especialmente em São Vicente: "Creio que o nosso Clube

---

[51] *Voz di Povo*, ano 5, n.239, 20/9/1980, p. 6.
[52] Para mais informações, ver ensaio 4.

constitui a única exceção no mundo. Não há no mundo outro clube de golfe, de raiz profundamente popular. Esta é a nossa coroa de glória que devemos manter a todo custo" (p.21).

Para Barros, foi isso que impediu o fim do clube, ainda que "alguns elementos do poder constituído (Partido e Governo) fossem alheios ao golfe" (p.21). O seu desejo de conexão com o passado é de tal ordem que conclui sua fala propondo que se faça uma reforma dos estatutos: "[...] no ato da revisão, façamos justiça histórica – agora que nos é possível fazê-la –, restituindo ao nosso Clube o seu verdadeiro nome de LORD GOLF CLUB DE S. VICENTE" (p.24).

O mais interessante do discurso é seu posicionamento em relação à política esportiva nacional: "Começo por informar-vos que [...] está-se a dar ao nosso desporto uma nova estrutura, imprimindo-lhe uma nova filosofia, melhor adaptada às nossas realidades e às nossas necessidades" (Barros, 1981, p.15). Podemos supor que aqui não se encontra exatamente uma vinculação à ideia de "desporto novo" do PAIGC, mas uma proposta que sucede essa no novo quadro que se está construindo no início da década de 1980. De toda maneira, não parece desprezível o diálogo com as novas questões do pós-independência:

> [...] pretende-se fazer do desporto um meio de aperfeiçoamento individual e coletivo, um fator de integração nacional, ou seja, criar um desporto que nunca divida os cabo-verdianos, mas sim que os una cada vez mais, para a construção de uma Pátria forte e próspera (Barros, 1981, p.16).

Na verdade, ao final do ano de 1980, duas ocorrências vão ter significativo impacto no país: a promulgação da primeira constituição de Cabo Verde, que inclusive previa, no seu artigo 16, parágrafo 3º, que "incumbe ao Estado encorajar e promover a prática e difusão dos desportos e da cultura física"; e o golpe de Estado na Guiné-Bissau, com a deposição de Luís Cabral, o que daria fim ao projeto de construção de um Estado Único.⁵³ Com isso, acentua-se um processo que já estava sensivelmente em marcha – a ideia de uma identidade africana se relativiza:

> com o fim da unidade, criaram-se as bases para uma paulatina desideologização da cultura, possibilitando o resgate parcial dos achados culturais claridosos, antes votados ao ostracismo, sem perda relativa para a herança afro-negra reabilitada (Fernandes, 2006, p.235).

Antigos parâmetros ligados à representação de caboverdianidade voltarão a ser mobilizados, ainda que não mais exatamente da mesma forma. Segundo Fernandes (2006), finalmente são criadas as condições para se forjar uma pátria caboverdiana ajustada com sua própria tradição histórica. Enfim:

> Até a década de 1980 a elite do PAIGC buscou enfatizar a importância dos "combatentes", que, da mata da Guiné, teriam trazido a liberdade, minimizando o papel concorrente da luta dos seus quadros da clandestinidade que continuaram no arquipélago. Entre oitenta e noventa se destacou a importância dos movimentos culturais anteriores do PAIGC no processo de formação da nação cabo-verdiana (Anjos, 2006, p.197).

É nesse ambiente de reconciliação com o seu passado, e certamente de tensão interna, que a seleção de futebol parte para disputar a 3ª edição da Taça Amílcar Cabral (1981), em Mali, obtendo o que foi considerado um honroso 4º lugar. O detalhe curioso: a realização de um jogo entre Cabo Verde e a Guiné-Bissau, vencido pelo primeiro pelo placar de 3 X 0, ocasião que acabou revestida de caráter político: "O clima era tenso entre os meios desportivos da capital maliana."⁵⁴

O *Voz di Povo* comemora a participação:

> [...] quando partimos da capital, séria responsabilidade pairava no espírito dos 20 jovens que condignamente representaram

---

⁵³ Para um debate sobre a crise na Guiné, ver Pereira (2003).
⁵⁴ *Voz di Povo*, ano 5, n.254, 17/3/1981, p. 5.

as cores nacionais: 'Cabo Verde espera que cada jogador dê o máximo de si' – havia afirmado o Ministro da Educação e Cultura Carlos Reis.[55]

Para o jornalista, a participação no torneio chamou a atenção para uma nação pouco conhecida. Mais ainda, a seleção demonstrara "[...] um futebol vistoso e disciplinado dentro do espírito e concepção do desporto novo que Cabo Verde projeta erigir foi praticado" (p.9). Durante muitos anos essa foi comemorada como a primeira grande vitória internacional do país; os jogadores, não poucas vezes, foram chamados de "heróis de Bamako".[56]

O ano de 1981 traria muitas novidades para o país. Na estrutura governamental, observa-se uma série de mudanças. O PAIGC deixa de existir no arquipélago e é criado o Partido Africano para a Independência de Cabo Verde (PAICV). Na pasta de Educação e Cultura, responsável pelas questões do esporte, assumiu José Araújo.[57] É constituída uma nova comissão para se debruçar sobre o tema; sua composição permite vislumbrar o quadro de transição, o equilíbrio entre o "antigo" e o "novo": Luís Fonseca (pela Juventude Africana Amílcar Cabral), João Burgo (pelo Ministério), Abailardo Barbosa (pelas Forças Armadas Revolucionárias do Povo), Antero Barros (pelo Ministério) e Joaquim Ribeiro (representante do desporto).

Em longa entrevista concedida ao *Voz di Povo*,[58] o ministro dá algumas pistas desse novo momento. Antigas ideias ainda seguem presentes no discurso: "a política do governo em relação ao desporto assenta no valor que o partido reconhece, o desporto como fator de formação do homem novo em Cabo Verde" (p.1). Uma das discussões ainda é a necessidade de "africanizar o desporto", mas isso em boa medida passa a ser compreendido como

---
[55] *Voz di Povo*, ano 5, n.254, 17/3/1981, p. 9.
[56] Capital de Mali.
[57] José Araújo integrara, por parte do PAIGC, várias delegações de negociação da independência da Guiné e de Cabo Verde.
[58] *Voz di Povo*, ano 6, n.275, 14/11/1981, suplemento especial.

inserir Cabo Verde ativamente nas instituições esportivas do continente, especialmente da zona 2 do Conselho Superior dos Desportos de África. Para o ministro, a despeito das dificuldades, financeiras e materiais, isso deveria ser buscado porque projetaria o país internacionalmente e porque "a africanização de nosso desporto dá um novo alento à concepção da Unidade Africana".

José Araújo comemorava, assim, a escolha da Ilha de São Vicente para sediar a 7ª Conferência dos Ministros de Juventude e dos Desportos da zona 2. Informa também que o país já começava a se preparar para ingressar na FIFA (o que ocorreu em 1986) e no COI, com a criação das cinco federações exigidas para tal.[59]

É o primeiro-ministro que abre a 7ª Conferência. Pedro Pires expressa o orgulho de sediar o evento e conclama para que as decisões apontem para uma prática esportiva que contribua para que a juventude livre-se definitivamente de "heranças coloniais" e aponte um futuro glorioso para o continente africano.[60]

Para o ministro José Araújo, o envolvimento do alto escalão era uma prova de que, passados alguns anos da independência, o esporte começara a ganhar espaço entre as preocupações governamentais, revertendo o que fora, no seu ponto de vista, "uma atividade marginal no período colonial, período em que, de um modo geral, as iniciativas não eram encorajadas e as atividades desportivas careciam de apoio".[61] No seu modo de entender, naquele momento, só havia interesse pelas "manifestações desportivas que poderiam servir aos objetivos de desmobilização no que tocava aos grandes problemas com que nosso povo se debatia".

Como vemos, o discurso governamental ainda desconsiderava que a prática esportiva foi, em muitos momentos, uma

---

[59] O Comitê Olímpico de Cabo Verde foi fundado em 1989 e aceito oficialmente no COI em 1993. Durante muitos anos, desde a fundação, foi dirigido por Antero Barros.
[60] O discurso completo de Pedro Pires foi publicado em *Voz di Povo*, ano 6, n.277, 28/10/81.
[61] *Voz di Povo*, ano 6, n.275, 14/10/1981, suplemento especial, p.2.

alternativa de afirmação de uma ideia de caboverdianidade que, mesmo a princípio abandonada pelo PAIGC, estava a voltar com os novos arranjos políticos dos tempos do PAICV.

Um dos indicadores desse novo momento é exatamente o fato de o país ter assumido a responsabilidade de sediar a 4ª edição da Taça Amílcar Cabral. De um lado, diz o ministro:

> [...] para nós isso tem uma importância de caráter político, podemos dizer, visto que essa taça traz o nome do fundador de nossa nacionalidade, para nós é importante que a sua disputa tenha também lugar na nossa terra.[62]

De outro lado, ele lembra que isso será fundamental para chamar a atenção sobre o tema no cenário interno, induzir a reformas de espaços esportivos, possibilitar o intercâmbio. Além disso, contribuiria para a inserção do país no cenário africano.

Assim, na sessão de encerramento da 7ª conferência, o ministro José Araújo a todos convocou:

> A vossa presença [...] seria interpretada por nós como uma homenagem dos desportistas continentais ao grande africano que foi o fundador da nossa nação, seria um estímulo a todos os desportistas cabo-verdianos, no momento em que começa uma nova etapa na marcha para um estágio superior do desporto cabo-verdiano.[63]

Essa iniciativa, por sua importância, merece nosso olhar cuidadoso.

Taça Amílcar Cabral: outra estreia da nação

> [...] é lógico que os poucos anos de existência não são de molde a extirpar totalmente da cabeça da nossa gente as sequelas de um passado marcante. Mesmo hoje à luz de um desporto novo que se pretende edificar na nossa terra, permitindo não só o desenvolvimento psíquico e fisiológico do atleta que o

---

[62] *Voz di Povo*, ano 6, n.275, 14/10/1981, suplemento especial, p.2.
[63] *Voz di Povo*, ano 6, n.278, 5/11/1981, p.8.

pratica, como contribuindo para o reforço da unidade nacional e ainda a criação do espírito de solidariedade mútua entre os cidadãos.[64]

Os dirigentes esportivos de Cabo Verde, ao mesmo tempo em que mantinham os discursos à moda do PAIGC e reajustavam certas práticas ao jeito do PAICV, melhor estruturando uma política nacional de esportes, se preparavam para organizar a 4ª Taça Amílcar Cabral.

Para a competição, foram convidados selecionados dos seguintes países: Guiné Conacri, Senegal, Guiné-Bissau e Serra Leoa, que compuseram o grupo B, que jogou em São Vicente; Mali, Mauritânia, Gâmbia, além da equipe local, que jogaram pelo grupo A, em Praia.

Nas páginas do *Voz di Povo* dos meses finais do ano de 1981 percebe-se a mobilização ao redor dos preparativos. As preocupações estavam relacionadas à capacidade de o país organizar o evento com qualidade e a tempo, dispondo de recursos limitados para tal:

> A Taça Amílcar Cabral fez com que Cabo Verde assumisse, no plano continental, compromissos importantes com os quais pretende melhorar sua imagem desportiva no solo africano. Por isso, julgamos, a Taça Amílcar Cabral não pode falhar. Se, na Conferência de Mindelo, a imagem de nosso país começou a melhorar no plano desportivo continental, a 4ª edição da Taça Amílcar Cabral permitirá a Cabo Verde fazer mais e melhor.[65]

A apreensão parece mesmo ter tomado conta das lideranças do país, que procuravam fazer o possível para que o evento se constituísse em um novo marco. Duas eram as preocupações principais: a conclusão das obras necessárias à boa realização da contenda, tanto no que se refere aos estádios, especialmente o da Várzea, quanto aos alojamentos das equipes convidadas; e a preparação da seleção nacional, que não dispunha

---

[64] *Voz di Povo*, ano 6, n.274, 7/10/1981, p.9.
[65] *Voz di Povo*, ano 6, n.279, 12/11/1981, p.9.

de bons campos para treinos, já que os dois melhores do país encontravam-se em obras.

Se a participação na 1ª edição da Taça Amílcar Cabral significara a grande estreia do país no cenário internacional, agora mais ainda tratava-se de demonstrar que Cabo Verde tinha condições de receber delegações estrangeiras, colocando à prova sua capacidade organizativa, sua condição de ser aceita no grande tabuleiro geopolítico mundial: não era uma questão somente esportiva, a jovem nação estava em jogo.

O melhor possível foi feito para que tudo estivesse pronto no dia 10 de fevereiro de 1982, data da cerimônia de abertura do que então era celebrado como o maior acontecimento da história esportiva de Cabo Verde. A capa do *Voz di Povo* celebrava: "Aristides Pereira e Pedro Pires abrirão a festa da Zona 2".[66] Como afirmou o ministro José Araújo, "[...] isso porque queremos marcar a importância que atribuímos a esse acontecimento [...] que aumentará o prestígio de Cabo Verde na arena internacional" (p. 9). Para ele, a Taça é "[...] portadora de um conteúdo evidente de afirmação da personalidade africana". Essa dimensão foi uma vez mais celebrada no *Voz di Povo* do dia do encerramento: "Em Cabo Verde o desporto na promoção da Unidade Africana".[67]

O evento parece ter, de fato, mobilizado a população. As emissoras de rádio e os jornais difundiram muitas informações; comentários constantes nas ruas, bares, restaurantes, residências: "Durante cerca de duas semanas, Cabo Verde viveu, neste mês de fevereiro do ano da graça de 1982, o seu maior acontecimento desportivo de sempre, a IV edição da Taça Amílcar Cabral".[68]

A equipe nacional deixou de ir à final, em um jogo com tintas épicas, ao perder por 1 X 0 para Guiné Conacri, um gol marcado no fim da partida:

---

[66] Ano 6, n.291, 10/2/1982.
[67] Ano 6, n.292, 20/2/1982.
[68] *Terra Nova*, ano 7, n.79, fevereiro de 1982, p.8.

> [...] com a lotação do Estádio da Várzea esgotada, no meio de um barulho ensurdecedor de tambores, gritos de incitação à nossa seleção e música tocada pelo conjunto 'Os Tubarões', perante a presença alegre de centenas de bandeiras multicores.

Os atletas de Cabo Verde "[...] saíram de campo com lágrimas nos olhos, tristes porque a adversidade fez com que perdessem um encontro que poderiam ter ganho, depois de terem lutado de forma tão brava."[69] De qualquer maneira, o 4º lugar (atrás de Guiné Conacri, Senegal e Mali) foi por muitos considerado uma boa colocação. A seleção caboverdiana foi ainda eleita a mais disciplinada do torneio e um de seus jogadores de meio-campo, Bala, foi eleito o melhor da competição.

Houve, é verdade, algumas polêmicas. As principais ressalvas parecem mesmo ter vindo de dirigentes, esportistas e jornalistas de São Vicente, que vinham criticando o trabalho do técnico Du Fialho[70] desde a fase de preparação. Silvestre Rocha, no *Voz di Povo*, enfrenta o debate:

> Vem isto a propósito das desonestas críticas de certo setor tendencioso do público de São Vicente, que achou exageradas nossas opiniões favoráveis à nossa seleção, aos nossos jogadores, a nosso selecionador Du Fialho e à forma esforçada
> e patriótica e altamente desportiva como os nossos rapazes jogaram [...]. Não houve exagero, nem no que dissemos nem no que escrevemos.

A política esportiva melhor se estruturava, expressando um novo quadro político nacional que reabilitava sob novos termos a ideia de caboverdianidade, mas os conflitos entre as duas cidades mais representativas seguiram; e seguirão por muito tempo, como veremos no próximo ensaio.

A Taça Amílcar Cabral seguirá sendo durante muitos anos a grande referência caboverdiana em matéria de competição

---

[69] *Terra Nova*, ano 7, n.79, fevereiro de 1982, p.8.
[70] Du Fialho foi um renomado jogador no arquipélago, tendo feito carreira em Portugal, no Benfica e no Lusitano de Évora.

internacional,[71] a "nossa copa do mundo", como por vez ou outra a ela se referiu um jornalista. No ano 2000, quase dez anos depois da adoção do multipartidarismo (que se deu em 1991), quando Cabo Verde sediava de novo o evento (a 12ª edição), a seleção caboverdiana, enfim, conquistaria a vitória na final disputada contra a equipe de Senegal (1 x 0). O país inteiro comemoraria a sua maior conquista internacional.[72]

É verdade que, para alguns, tal comemoração fora, em certo sentido, "tumultuada" (ou ao menos minimizada) pela vitória, no mesmo dia, do Sporting no campeonato nacional da antiga metrópole.[73] De qualquer forma, os "tubarões azuis", como são chamados os jogadores de Cabo Verde, finalmente fizeram tremular no mais alto patamar de um evento internacional a bandeira do país.

Contudo, já não mais se tratava da mesma bandeira do período do PAIGC/PAICV. Com a adoção do multipartidarismo, e a vitória do Movimento Pela Democracia (MpD), mudaram os símbolos nacionais, que já não mais expressam claramente uma vinculação com o continente africano. Foram a nova bandeira e o novo hino os celebrados na conquista do torneio que levava, curiosamente, o nome daquele que tanto tentou alinhar Cabo Verde com a África: Amílcar Cabral.

---

[71] A Taça Amílcar Cabral foi disputada anualmente entre 1979 e 1989, passando a ser bienal até 1997. Depois de interrupção de três anos, foi retomada em 2000, 2001 e 2005. Retornaria em 2009, sendo adiada para 2010 e por fim cancelada. Senegal foi o país que obteve mais títulos: oito.
[72] O selecionado nacional chegaria uma vez mais à final da Taça Amílcar Cabral, em 2007, perdendo, contudo, a partida decisiva para Mali, por 2 x 1. Já fora vice em 1991, 3º lugar em 1989 e 1995 e 4º lugar em 1981, 1982 e 1985. Fez ainda boa campanha nas eliminatórias para a Copa de 2010; mas segue sendo um sonho a presença no maior evento esportivo mundial, da mesma forma que conseguir resultados mais expressivos na Copa Africana de Nações. A título de curiosidade, quando estávamos finalizando esse ensaio, empatou com Portugal em jogo preparatório da sua ex-metrópole para a Copa do Mundo de 2010.
[73] Tratamos desse assunto no ensaio 1.

Ensaio 6

"O clube não se encontra à venda": o golfe e os debates sobre os rumos da nação*

Panorama esportivo de uma nação

Não é difícil perceber que, nos dias de hoje, em Cabo Verde, as questões relacionadas ao esporte guardam similaridades com o que ocorre no cenário internacional, o que tem relação com o importante papel que ocupa a prática no tabuleiro geopolítico mundial (assunto já discutido na apresentação). Por exemplo, comumente o esporte é encarado como uma forma de divulgação da imagem da nação. Como vimos no ensaio 1, ao discutir a constante referência a Nélson Évora, são constantes os elogios e exaltações a "atletas de origem caboverdiana" que competem por outros países: eles são encarados como mensageiros globais da existência do arquipélago.

Outro caso curioso é o de Josh Ângulo. Diz a matéria publicada em *Visão News*, em 28 de maio de 2006,[1] quando foi anunciado com grande alarde o fato de que muitos jogadores do futebol português elegeram Cabo Verde como local de descanso

---

* Sugestão musical: "Frascos comprimidos compressas", de Roney Jorge e os Ladrões de Bicicleta.
[1] Disponível em: http://www.visaonews.com. Acessado em: 24/5/2008.

nos períodos fora de temporada. Havia a esperança que esses atletas funcionassem como "embaixadores" das belezas nacionais:

> Mas não são só os atletas de futebol a sucumbirem aos encantos desta terra crioula. Imagine o que não dirão os praticantes de desporto aquático, principalmente de windsurf, surf, pesca e mergulho submarino, com as qualidades sobejamente conhecidas das nossas ondas, águas cristalinas e recheadas de peixes e corais. Há até alguns que enfeitiçados pelo canto de alguma sereia crioula, decidem ficar mesmo por cá. Um caso assim é o do windsurfista profissional e campeão do mundo, o americano Josh Ângulo, que veio pela primeira vez em 1998 e nunca mais foi embora. Mais, Josh corre hoje pelos circuitos internacionais com a bandeira azul vermelha e branca de Cabo Verde. Já imaginou se a moda pega também com os futebolistas, a seleção que poderíamos ter?

Na edição de 1º de março de 2009,[2] o *Expresso das Ilhas* publica uma matéria em que se exalta a vitória de Ângulo na primeira etapa do circuito mundial de windsurfe. A foto é explícita: o atleta comemorando com uma bandeira de Cabo Verde nas mãos.

Também são entusiasticamente comemoradas as consideradas conquistas relevantes dos atletas locais. Por exemplo, Luiz Nobre Leite, em matéria para *O Liberal*,[3] comentando o bom desempenho da equipe de Cabo Verde no Campeonato Africano de Basquete de 2007, é bem explícito:

> O basquetebol cabo-verdiano está de parabéns pelo 3º lugar alcançado no Afrobasket 2007, que representa, sem sombra de dúvidas, o maior feito desportivo da história destas ilhas. De parabéns estão, também, o desporto cabo-verdiano e o País, que veem o nome de Cabo Verde projetado ao mais alto nível no contexto das nações – graças ao bronze, com sabor a ouro, de mais uma proeza do basquetebol cabo-verdiano.

Leite enfatiza o feito:

> Os nossos bravos de hoje, referências de amanhã e heróis para sempre, conseguiram, com o seu espírito guerreiro e a sua

---
[2] Disponível em: <http://www.expressodasilhas.sapo.cv/noticias/detail/id/7491/>. Acessado em: 1/3/2009.
[3] Publicada em: 28/8/2007. Disponível em: <http://www.liberal-caboverde.com>. Acessado em: 24/5/2008.

união, colocar este pequeno país, mas peculiar na sua grandeza pelos quatro cantos do mundo, em apoteose. O tempo é de festa e de euforia. Merecida [...] completa e plenamente!

O esporte é usado para compor uma ode ao patriotismo:

Impulsionados pelo apelo do Presidente da República para sonharem, os jogadores e a equipe técnica – serão perpetuados na história como os "bravos" que conquistaram África, a partir de Angola – com muita humildade, vestidos de "fato-macaco" e guiados pela crença e pela luz que acompanha os heróis, encarregaram-se de deixar o sonho comandar a vida. O que poucos se atreviam a sonhar, transformar-se-ia em realidade para todos os cabo-verdianos: CABO VERDE BRONZE NO AFROBASKET 2007.

Obviamente que devemos considerar o quanto de ideal há nessa representação. O fato de a população de um país se envolver profundamente ao acompanhar um selecionado em uma competição internacional, mesmo cantando hinos e desfilando com bandeiras, não garante que isso possa ser extrapolado para outros momentos. Da mesma forma, devemos discutir se patriotismo significa simplesmente louvar os símbolos nacionais. De qualquer maneira, não parece prudente abandonar a força discursiva do que é expresso ao redor do esporte, notadamente pela imprensa e por posicionamentos governamentais.

Haveria alguma peculiaridade do caso caboverdiano no que se refere ao envolvimento com o esporte? Penso que uma ocorrência recente, tendo como estopim e cerne da discussão o Clube de Golfe de São Vicente, pode ser uma boa entrada para discutir não só as tensões esportivas do arquipélago como também alguns conflitos que cercam a nação como um todo.

A longa ligação do golfe com Cabo Verde, assunto já discutido nos outros ensaios, hoje se vê reforçada com as iniciativas de desenvolvimento do turismo, uma das alternativas econômicas que tem sido pensada para o país. Muitos dos empreendimentos que se instalam no arquipélago têm como principal mote esse esporte, estratégia para atrair um certo perfil de turista:

Hoje em dia, o golfe e o turismo andam de mãos dadas. Cabo Verde não fica "fora de jogo" e neste momento estão na forja a construção de seis empreendimentos turísticos (Santiago, Sal e São Vicente), cujo *cluster* é nada mais nada menos que o golfe. De acordo com a Cabo Verde Investimentos – CI, os campos de golfe deverão ficar concluídos num prazo de 4 a 5 anos. Para a CI o golfe terá uma grande importância na economia caboverdiana, porque esta modalidade está associada a turistas de elevada renda.[4]

A diretoria do tradicional Clube de Golfe de São Vicente,[5] nesse contexto, percebeu (ou foi convencida de) que havia uma possibilidade de renovação de suas instalações e decidiu tentar estabelecer uma parceria internacional que possibilitaria:

> [...] a construção de um campo relvado de 18 buracos, moderno e atual, e de um *club house* de elevado padrão, capazes de servir devidamente os sócios, a comunidade local, os turistas amantes e praticantes dessa modalidade desportiva, e em condições efetivas de acolher qualquer competição internacional. De acordo com o conceito básico dos termos de referência do projeto, os promotores garantem ainda manter o campo e financiar essa manutenção, durante dois anos, que poderá elevar-se até três anos, credenciá-lo junto da PGA[6] e promover o Open do Mindelo.[7]

As promessas não se limitavam ao clube, englobava a cidade de Mindelo como um todo. Entre outras intervenções, propunha-se:

> Reservar uma área de aproximadamente 100h (cem hectares), contígua à cidade, para construir a Cidade Nova, moderna, arejada, jovem, bem traçada, espaçosa e ecológica, guiada por conceitos do século XXI, mas profundamente harmonizada com a Cidade Histórica. No âmbito desse objetivo, pretendem os promotores ordenar, valorizar e promover toda a orla marítima e a

---

[4] GOLFE: modalidade desportiva que teima em ficar. *Expresso das Ilhas Online*, 29/9/2008. Disponível em<http://www.expressodasilhas.sapo.cv/noticias/detail/id/5619>. Acessado em: 25/6/2009.

[5] Agremiação originária da união, em 1969, do St. Vicent Golf Club (1933) e do Clube de Golfe de São Vicente (1940). Para mais informações, ver ensaios 2, 3 e 4.

[6] Professionals Golf Association.

[7] GOLFE: modalidade desportiva que teima em ficar. *Expresso das das Ilhas Online*, 29/9/2008. Disponível em: <http://www.expressodasilhas.sapo.cv/noticias/detail/id/5619>. Acessado em: 25/6/2009.

faixa costeira, que deverão ser um espaço social, por excelência, dedicado ao lazer, à cultura e ao desporto, conferindo oportunidade a todos os residentes e visitantes de conviverem simultaneamente com a cidade, o mar e outros elementos paisagísticos, como a Baía do Porto Grande, o espaço marítimo que separa a ilha de São Vicente da de Santo Antão, os montes circundantes, designadamente o Monte Cara e a imponência da vizinha Ilha de Santo Antão. Promover, junto da orla marítima e como parte do seu ordenamento, um conjunto de serviços a prestar à comunidade residente e aos turistas e visitantes, nos domínios do lazer, da cultura e do desporto, como, por exemplo, restaurantes de qualidade, *pubs*, bares, e espaços fechados e abertos de produção e comercialização de atividades lúdicas, e modalidades desportivas de praia e de mar.

A despeito de tantas ofertas, poucas não foram as polêmicas.

Os fatos e os conflitos

A proposta de participação do Clube de Golfe de São Vicente numa sociedade imobiliária com a Consolve Serviços e Gestão, uma empresa de capital português, foi oficialmente apresentada em assembleia realizada no dia 15 de junho de 2008: de acordo com ela, a agremiação cederia 306 hectares para a construção de um complexo turístico-desportivo, ficando com 15% de participação no empreendimento.

Antes de tal reunião, um grupo de sócios já demonstrara insatisfação com a proposta, como se pode ver em matéria publicada em *O Liberal* de 17 de maio de 2008.[8] O jornal recebera e comentara o documento "O Clube de Golfe não está à venda", de autoria de Antero Barros.[9] No espaço aberto aos leitores, muitos foram os comentários de apoio aos que são contrários à mudança:

---

[8] Grupo de sócios contesta tacada da direção. *O Liberal Online*, 17/5/2008. Disponível em: <http://liberal.sapo.cv/noticia.asp?idEdicao=50&id=13467&idSeccao=438&Action=noticia. Acessado em: 1/7/2009.
[9] Esse documento será publicado na íntegra na edição do jornal de 24 de junho. Mais à frente será melhor comentado.

> Boa tacada! Haja dignidade e respeito pela história do clube e sobretudo pela histórica luta dos "rapazes" do Monte e Dji d'Sal que sofreram na pele para que o golfe se tornasse um desporto popular (comentário de Manuel Jesus Silva).
> ALTO AOS MASSACRES CULTURAIS, DESPORTO TAMBÉM É CULTURA (comentário de José Figueira Junior, o Zizim Figueira).
> BASTA! Já perdemos muito terreno e acho isto injusto e escandaloso como homem que lutou pela independência do seu país, de que muito me orgulho, para que todos nós, cabo-verdianos, sem exceção pudéssemos ter uma vida melhor e sermos LIVRES! (comentário de José Figueira Junior, o Zizim Figueira).
> SACRILÉGIO!!! Acabo de ser alertado por este fato. Só de pensar em vender o Golf é já um sacrilégio de gente gananciosa e/ou incompetente. Querem fazer do golfe o que fizeram do cricket e isso é motivo de revolta (comentário de Valdemar Pereira).

Pelo que podemos perceber pelos jornais, a assembleia de 15 de junho foi marcada por polêmicas. A proposta lançada pelo sócio Nélson Atanásio[10] foi a de conceder poderes à diretoria do Clube, presidido por João Lizardo, para negociar a parceria com a Consolve. Contrariamente, Camilo Abu-Raya pedia o adiamento da decisão. Ao que parece, aproximadamente metade dos presentes teria se retirado por discordar dos procedimentos ado-tados, provocando a ausência de quórum, o que inviabilizaria qualquer decisão. Na verdade, eles julgavam ter vencido a primeira votação, não sendo respeitados pelo presidente da reunião.

Mesmo com esse fato, a assembleia prosseguiu e deliberou a favor da parceria, registrada no cartório de Santa Cruz (Ilha de Santiago), depois de recusada pelos notários de Mindelo e Praia. Segundo o grupo descontente, além de procedimentos administrativos ilegais na condução da decisão, a proposta era em si fraudulenta por estimar cada metro quadrado em 22 escudos, enquanto o valor de mercado variava entre dois mil e dez mil. Formou-se um grupo para a defesa dos interesses dos contrários a iniciativa, autodenominado "Comitê de Salvação do Clube".

---

[10] Político e empresário local.

Em 24 de junho, *O Liberal* publica na íntegra a carta/manifesto de Antero Barros,[11] a que desencadeara a discussão pública em 17 de maio, na qual o autor assina como "Fundador do Clube, Presidente e Capitão de Golfe durante várias décadas".[12] Recuperando a história da prática em Mindelo, seu posicionamento é a melhor expressão dos que são contrários à parceria, mobilizando claramente duas ideias: em Cabo Verde, o golfe é uma tradição popular e um patrimônio nacional. Não surpreende que afirme categoricamente: "O Clube não se encontra à venda".

A repercussão foi ampla: dezessete comentários, de quatorze pessoas diferentes, entre as quais João Lizardo, que contesta as críticas de Barros: para ele, a parceria significa exatamente contribuir para preservar a existência do Clube, o que só seria possível se ele estivesse ajustado aos novos tempos.

Em outra carta, datada de 26 de junho, Lizardo reagiu mais enfaticamente aos posicionamentos dos contrários à parceria, especialmente ao de Antero Barros, ponderando que ele estava afastado do Clube ("o sócio fundador, presidente e capitão abandonou a sua tripulação e não cumpre com o requisito básico de pagar a sua quota mensal há pelo menos vinte e cinco anos") e desconsiderava o esforço dos que nos últimos anos lutam para manter viva a agremiação, declarando-se ofendido por ter sido chamado de oportunista.[13] A seu favor, lembra a resolução do *Boletim Oficial de Cabo Verde* que autorizou a criação do clube, demonstrando que desde as origens se previa a relação entre esporte e turismo:

---

[11] BARROS, Antero. O Clube de Golfe de São Vicente não está à venda. *O Liberal Online*, 24/7/2008. Disponível em: <http://liberal.sapo.cv/noticia.asp?idEdicao=50&id=14195&idSeccao=546&Action=noticia>. Acessado em: 9/7/2009.
[12] Como vimos em outros ensaios, Barros é uma das lideranças históricas do Arquipélago. Um panorama sobre sua vida e obra pode ser encontrado em: <http://www.caboindex.com/cv/antero-barros/>. Acessado em: 11/7/2009.
[13] Essa carta, um panorama das discussões e outras informações sobre o clube podem ser encontradas em: http://www.esnips.com/web/ClubedeGolfedeSoVicente>. Acessado em: 11/7/2009.

> 1º Que seja classificada como zona do turismo na Ilha de São Vicente a faixa de terrenos compreendida entre coordenadas tais...
> 2º Que a faixa de terreno mencionada seja entregue a uma associação desportiva com o fim de dar incremento ao turismo em São Vicente criando e organizando desportos que atraiam os turistas
> 3º Que sendo o golfe um desporto hoje universal jogado pela maioria dos passageiros que ali tocam, seja fundado na cidade do Mindelo um Club de Golf cujos estatutos serão os seguintes:
> Art. 1º É fundada na cidade do Mindelo uma associação desportiva denominada Club de Golf de S. Vicente composta por um número ilimitado de sócios. (Significa que há 67 anos os sócios do Clube de Golfe estão a contrariar o desenvolvimento previsto pelo Governador da Colônia de então).

Por fim, depois de apresentar o projeto e contestar todas as acusações dos oponentes da iniciativa, Lizardo conclui:

> Nós respeitamos a memória dos nossos sócios, que certamente não sairão das suas covas só pelo fato de sermos ousados e empreendedores e com visão para o futuro [...] Espero que estas horas que eu perdi na redação desta pequena nota em reação à vossa datada de 19 de Junho de 2007, sirva para esclarecer os cabo-verdianos e os sócios do Clube de Golfe que o *Clube de Golfe não está à venda*.

Em 9 de agosto de 2008, *O Liberal*[14] noticiou mais um desdobramento das ações do grupo de associados que se colocava contrário à parceria: a solicitação de eleição de uma nova direção, já que, segundo o advogado que os representava, a atual estava a desrespeitar a maioria dos sócios:

> [...] o presidente da mesa da assembléia forjou uma ata que deu origem à criação de uma sociedade em que o presidente é o Gualberto do Rosário[15] e um dos administradores seria o atual presidente da Direcção, João Lizardo.[16]

---

[14] SANTOS, Eurico H. Sócios do CGSV querem nova direção. *O Liberal Online*, 9/8/2008. Disponível em: <http://liberal.sapo.cv/noticia.asp?idEdicao=50&id=19942&idSeccao=545&Action=noticia>. Acessado em: 24/11/2008.
[15] Foi primeiro-ministro de Cabo Verde, pelo Movimento para a Democracia (MpD), e é empresário do ramo de turismo.
[16] Aristides Silva, Manuel Silva e Camilo Abu-Raya, de acordo a agência de notícias Inforpress (22/8/2008), lideravam o grupo descontente.

Manuel Silva afirma ainda que a direção atuava no sentido de impedir a realização de uma nova assembleia, inclusive dificultando a realização de uma reunião agendada para o dia 8 de agosto de 2008. Lizardo pondera que isso se deveu a problemas com a falta de luz; seus oponentes sugerem que percebera, na verdade, que estava em minoria. Antes houvera uma reunião dos descontentes no clube Mindelense. A tensão é explícita, a troca de acusações é farta.

Nos comentários dos leitores vemos uma vez mais as diversas posições em confronto. Luiz Silva sugere que os interessados na parceria não fazem parte da história do golfe mindelense e convoca os órgãos governamentais a se posicionarem contrariamente à proposta de parceria, afinal, estava-se a vender um patrimônio da nação. Aristides Silva, Manuel Jesus Silva e Valdemar Pereira reforçam os argumentos.

José Pires Malato, a favor da proposta, argumenta que os contrários se encontram afastados do clube e não estavam a par dos problemas. Manuel Silva e Luís Silva o respondem, inclusive sugerindo que se trata de um pseudônimo:

> Sr. José Pires Malato, em democracia não se usa pseudônimos. Utilizar pseudônimos nesta circunstância é pura e simplesmente coisa de um covarde. Se estivesse no processo de consciência tranquila e a bem do glorioso Clube de Golfe de S. Vicente não tinha necessidade de se esconder. Dava a cara e assumia tudo, mesmo que tivesse de ir ao tribunal. Você pertence, certamente, ao grupo dos golpistas (maus golfistas e sem conhecer o *fair play*) que infelizmente vêm ludibriando os incautos à troca de jantares e falsas promessas que nunca hão de cumprir. Acho que ficava bem ao Sr."Macaco" mostrar à sociedade sanvicentina os vossos projetos maliciosos e de onde vem tanto dinheiro e tantas promessas.

Não foi a primeira vez que surgiram insinuações de favorecimentos pessoais com o dinheiro dos grupos estrangeiros que investem no país. No caso do Clube de Golfe, a situação parece ter sido ainda mais enfática por envolver frontalmente uma das agremiações compreendida por muitos como parte de uma tradição nacional, especialmente da Ilha de São Vicente.

João Lizardo, apoiando Malato, reage às acusações e afirma que os divergentes só querem promover a discórdia. Estes não perceberiam que se tratava de uma iniciativa que recuperaria as instalações e mesmo ajudaria a preservar a memória do clube, somente modernizando aquelas que necessitavam de mais cuidado (entre as quais o campo de golfe de terra). Afirma que os contestadores desconhecem as ações da diretoria na defesa do patrimônio do Clube, que estava sob ataque da própria Câmara Municipal desde dezembro de 2007. Para ele, o grupo de contestação é que não deseja discutir e usa procedimentos espúrios.

As supostas irregularidades da primeira reunião levaram o Comitê de Salvação a impetrar uma ação judicial. O Tribunal de São Vicente acolheu a denúncia e determinou a realização de uma assembleia geral extraordinária para analisar a parceria, a ser presidida pelo notário da ilha. Opositores e favoráveis à proposta continuaram a se enfrentar publicamente, uns comemorando a decisão, outros solicitando aos sócios que considerassem os avanços possíveis com a aprovação da relação comercial. O encontro decisório foi agendado para o dia 27 de fevereiro de 2009, com um único ponto de pauta: ratificação ou retificação da deliberação da assembleia de 15 de junho de 2008.

Luiz Silva destacou-se nessa fase que precedeu à realização da nova assembleia. Em artigo publicado em *O Liberal* sugere que a nova reunião decisória foi pouco divulgada e estava com uma pauta equivocada, pois o Tribunal teria anulado a reunião de 15 de junho. Ao fim, alerta e convoca:

> Estamos na verdade face a uma direção que é capaz de usar todos os estratagemas para fazer esgotar a paciência dos sócios a ponto de abandonarem a sala como na última assembleia e então praticarem os seus indignos atos de vendedores do Templo Sagrado de São Vicente. [...]. E por isso pedimos a presença de todos os mindelenses e amigos do Mindelo, golfis-

> tas e não golfistas, no campo de golfe no dia 27 de Fevereiro, às 18.30 horas, para apoiar o Comitê de Salvação que vai se opor por todos os meios à venda do Golf de São Vicente. Devemos levar o nosso farnel para a noite, pois ninguém deve abandonar a sala para evitar novas aldrabices como aconteceu na Assembleia de 15/06/2007.
> TODOS POIS NO CAMPO DE GOLF NO DIA 27 DE FEVEREIRO AS 18.30 HORAS COM O SEU FARNEL PARA A NOITE.[17]

Contando com a presença de 181 sócios, secretariada pelo notário da Ilha de São Vicente (João de Deus Nobre Chantre Lopes da Silva), na assembleia presidida por Armindo Cruz a proposta de parceria foi aprovada por 112 dos que tinham direito a voto (64 ficaram contra; houve ainda três abstenções e um voto nulo; o presidente não votou).

Isso não foi suficiente para tranquilizar os espíritos. Os debates públicos seguiram fervorosos. Luiz Silva, em *O Liberal*, em 3 de março de 2009,[18] expressa sua indignação com os votos de sócios recentes (que, segundo ele, não deveriam votar, pois não estavam na reunião de 15 de junho), com o fato de a ata daquela reunião não ter aparecido, por não ter havido controle de identidade ou da situação do associado.

Em *A Semana*, de 8 de março de 2009,[19] o mesmo colunista de novo explicita sua decepção com o resultado, sua indignação com a forma de condução da reunião, relaciona o fato com o abandono de São Vicente e não desiste de reverter o resultado:

> Ninguém duvida em Cabo Verde, especialmente em São Vicente ou em Santiago (Santa Cruz), dos métodos de que socorreu a direção do Golf de São Vicente para assinar a parceria com o grupo turístico Consolve. Quando uma decisão tão importante

---
[17] SILVA, Luís. Os novos "cassubodys" e a venda do Clube de Golfe de São Vicente. *O Liberal Online*, 24/2/2009. Disponível em<http://liberal.sapo.cv/noticia.asp?idEdicao=64&id=22410&idSeccao=527&Action=noticia>. Acessado em: 26/6/09.
[18] SILVA, Luís. A envergonhada guerra do golf de São Vicente. *O Liberal Online*, 3/3/2009. Disponível em:<http://liberal.sapo.cv/noticia.asp?idEdicao=64&id=22468&idSeccao=527&Action=noticia. Acessado em: 26/6/2009.
[19] SILVA, Luís. Por amor aos terrenos do golf a festa continua. *A Semana Online*, 8/3/2009. Disponível em<http://www.asemana.cv/spip.php?article39742>. Acessado em: 26/6/2009.

levanta tanta celeuma numa sociedade e que põe em perigo a integridade dos dirigentes, devia-se exigir um *consensus* de mais de dois terços dos sócios até porque se trata duma oferta dos ingleses e outra do governo para fins "não lucrativos". O povo de São Vicente quer participar nesta decisão que concerne toda a ilha seja por referendum se acaso a Câmara Municipal e o Governo não se sentirem à altura de tomar uma posição clara e definitiva. Mas o povo de Mindelo é perigoso nas urnas e estamos certos que saberá tomar a decisão mais justa para São Vicente. O povo de São Vicente votou pelo partido que defendia "o amor à Terra" e agora poderá votar contra "os que deixaram de amar à Terra".

Mais ainda, Luiz Silva chama a atenção para o fato de que os outros clubes da ilha estão em risco:

> Como já teria anunciado neste diário digital, o Grupo Come Tudo também ambiciona os terrenos dos outros clubes desportivos. O semanário A Semana de 6 de março anuncia na sua página de publicidade a convocação para uma Assembleia Geral no dia 13 de Março de 2009, pelas 18:30 horas, do Club Mindelo na sede do Grêmio Castilho, a fim de "submeter aos sócios um projeto de parceria com o grupo Verde Invest – Investimentos Turísticos e Imobiliários Limitada, a fim de mandatar à direção do Clube a prosseguir com as negociações e a subsequente assinatura de um contrato de permuta". O modelo da proposta da direção do Club Mindelo é o mesmo que foi apresentado na Assembleia Geral do Club Golf de São Vicente. O Club Mindelo possui um grande terreno e tornou-se cobiçado pelo setor privado. Quem nos pode dizer que o Grêmio Castilho já não estará na mira desses investidores [...]. Ao que se sabe também os olhos dos comedores de terrenos também se estendem ao campo de futebol Adérito Sena, que foi iniciado pelo Club Sportivo Mindelense, que hoje pertence ao Município, sob a direção do Senhor Henrique Sena, pai do Adérito Sena, Many Sena, Aires Sena, Djosa Sena, todos jogadores do Mindelense.

Descritos os fatos, discutiremos as representações. Vejamos o debate em torno do Clube de Golfe e o que ele pode nos dizer sobre as relações entre o esporte e as tensões identitárias caboverdianas.

A velha tradição: o golfe popular;
uma nova leitura: o golfe como resistência

Daniel Oliveira, conhecido golfista caboverdiano, em matéria publicada no jornal *Expresso das Ilhas*, garante: "Em São Vicente, costuma-se dizer que o golfe é um desporto para 'pés descalços', porque em Cabo Verde é uma modalidade que está ao alcance de todos."[20]

Será mesmo? Vejamos, por exemplo, o depoimento de Mario de Pina, que atuou como *caddie*, quando era adolescente, já que morava próximo à entrada do Clube de Golfe de São Vicente, ganhando três escudos por dia para exercer a tarefa. Ele comenta que só conseguiu entrar de sócio para a agremiação em 1974, quando já tinha 32 anos:

> [...] ser membro do clube de golfe não era para qualquer um. Antes de ser aceite como sócio tínhamos de responder um inquérito pior do que um inquérito policial. Por exemplo, uma pessoa desempregada ou com cadastro policial não podia ser membro do clube [...]. Quem pertencia à pobreza como eu, não podia entrar para o clube. Jogar golfe, nem pensar. Nos anos 60 e 70 isso era quase impossível (2009, p.7).[21]

Para Pina, é equivocada a ideia de que o golfe foi um esporte popular na Ilha de São Vicente:

> O golfe foi praticado por um grupo restrito constituído pelas pessoas mais ricas da Ilha de São Vicente, pela elite mindelense. Só eles podiam jogar, os outros limitavam-se a carregar as bolas. Quem jogava golfe eram os ingleses e portugueses. Depois que os ingleses foram embora é que os crioulos tomaram conta do golfe (p.8).

---

[20] GOLFE: modalidade desportiva que teima em ficar. *Expresso das Ilhas Online*, 29/9/2008. Disponível em<http://www.expressodasilhas.sapo.cv/noticias/detail/id/5619>. Acessado em: 26/6/2009.
[21] *Big Tree – Boletim Informativo do Clube de Golfe de São Vicente*, n.2, fevereiro de 2009. Disponível em<http://www.esnips.com/doc/b68f3411-085e-4234-9a80-8f2981693539/Boletim-de-Golfe_02>. Acessado em: 1/7/2009.

Se esse depoimento contradiz a representação do golfista Daniel Oliveira, a fala do casal Antônio e Bia Coutinho, um dos mais antigos praticantes do golfe na ilha à época da entrevista, é ainda mais esclarecedora: ao mesmo tempo em que afirmam que podiam frequentar o clube porque Antônio era funcionário da Shell, reforçam a ideia de que todos tinham acesso à prática esportiva.[22]

Mais do que saber se o golfe é ou não realmente popular em Cabo Verde, devemos discutir como tais representações foram mobilizadas na polêmica da proposta de parceria. Comecemos pelo depoimento de Antero Barros, o mais antigo sócio a se posicionar contrário à relação com a Consolve, aclamado como representante da tradição e respeitado por sua história esportiva no país.

Já na primeira frase de seu "manifesto",[23] Barros dá o tom de reflexão: "Cabo Verde é o único país do mundo onde o golfe é um desporto popular e do povo". Para ele, isso aconteceu porque os crioulos souberam tirar proveito de uma estrutura que fora construída pelos ingleses: se a princípio se aproximaram por trabalhar como *caddies* ou como público, logo passaram a praticar o esporte, ultrapassando mesmo o nível técnico dos estrangeiros.

E quando os britânicos se afastaram para os impedir de jogar, e os portugueses estabeleceram severas restrições, "numa atitude de revolta", os locais, "com sangue, suor e lágrimas, construíram o seu campo de golfe da Galé, num tempo recorde de seis meses".[24]

Tratar-se-ia, assim, de uma história heroica, de subversão, de superação do colonizador: nesse processo, definira-se,

---

[22] Entrevista publicada em *Big Tree – Boletim Informativo do Clube de Golfe de Sao Vicente*, n.3, mar. 2009. Disponível em<http://www.esnips.com/doc/35188af8-848 e-4a47-87a2-e1e704e572ca/Bolitim-informativo-Clube-de-Golfe3>. Acessado em: 1/7/2009.
[23] BARROS, Antero. O Clube de Golfe de São Vicente não está à venda. *O Liberal Online*, 24/7/2008. Disponível em<http://liberal.sapo.cv/noticia.asp?idEdicao= 50&id=14195&idSeccao=546&Action=noticia. Acessado em: 9/7/2009.
[24] Discutimos esse assunto no ensaio 3.

supostamente, parte da identidade caboverdiana. Vejamos como em outra matéria essa visão fica ainda mais explícita, apresentando-se o golfe como estratégia de resistência:

> A história do golfe em São Vicente confunde-se com a resistência anticolonial. Os ingleses possuíam o seu Golf, mas os caboverdianos [...] criaram com suor e sangue o Clube de Golfe de São Vicente. Figuras importantes da intelectualidade mindelense, como Baltasar Lopes, Júlio Monteiro, Jonas Wahnon, António Aurélio Gonçalves, José Duarte Fonseca, Aníbal Lopes da Silva foram a um tempo praticantes e dirigentes do clube e excelentes oradores nos convívios organizados no clube sob a batuta dos ideais da independência política e cultural.[25]

Uma das expressões dessa história de luta, na representação de Antero Barros, é que o clube teria abrigado reuniões políticas no momento que antecedeu a independência, "umas vezes conduzidas pelo nosso saudoso Mestre Baltasar Lopes e, outras vezes, pelo meu saudoso amigo e aluno Eng° Manuel Rodrigues". Por essa história, por considerar a agremiação como um patrimônio histórico e esportivo, Barros se posiciona contrário às mudanças propostas:

> O Campo de Golfe da Amendoeira é intocável. [...] é o nosso ST. Andrews e como tal deve ser conservado. É a nossa Escola, a nossa Academia de Golfe. É para nós um lugar sagrado. Se for arrelvado, o "pé descalço" deixa de jogar golfe.

Essa frase final reforça uma vez mais a representação de que o golfe é popular. Sendo mais explícito, Barros afirma:

> Se os meninos "pés descalços" do Dji de Sal, do Monte e do Monte Sossego forem impedidos de jogar golfe, Cabo Verde deixará de ser o único país do globo onde esta modalidade é um desporto popular e do povo, e isso será, por certo, considerado, na história desportiva do nosso país, o seu maior sacrilégio. Não nos esqueçamos de que, com o desaparecimento da Salina, perdemos o cricket.

---

[25] GRUPO de sócios contesta tacada da direção. *O Liberal online*, 17/5/2008. Disponível em: < http://liberal.sapo.cv/noticia.asp?idEdicao=50&id=13467&idSeccao=438&Action=noticia. Acessado em: 1/7/2009.

Ao encerrar sua carta-manifesto, Antero conclama todos à luta, lembra do nome de muitos sócios que foram ativos na história do golfe em Cabo Verde (muitos dos quais estavam engajados no Comitê de Salvação do Clube) e conclui em grande estilo:

> Se eu fosse "espírita", invocaria e pediria aos defuntos, velhos amantes e construtores do golfe em Cabo Verde, que saíssem das suas covas e viessem, pela calada da noite, transformados nos capatonas e canilinhas, citados por Onésimo Silveira, espantar e assustar esses intrusos e oportunistas que estão por trás dessa afronta.

Não surpreende a forte reação e o sentimento de indignação de Barros: além de ser um dos pioneiros do esporte no país, há muitos anos ele vinha defendendo a peculiaridade do golfe de Cabo Verde. Lembremos um de seus antigos posicionamentos:

> O clube de golfe de São Vicente deve ser um caso único no globo: o fenômeno de democratização humana é perfeito neste clube onde se pratica a modalidade esportiva mais aristocrática do mundo [...]. Aqui, neste clube, professores do Liceu, médicos, engenheiros, comerciantes, industriais, patrões, empregados comerciais, enfermeiros, operários, afinando pelo mesmo diapasão – a sinceridade – jogando lado a lado, almoçam à mesma mesa e trocam impressões sobre os problemas mais importantes da vida cotidiana, com um pensamento comum: ser útil a Cabo Verde e a sua pátria: PORTUGAL.[26]

Vejamos que a grande diferença naquele momento é a defesa da pátria PORTUGAL (em letras maiúsculas), mas os argumentos são os mesmos mais de 40 anos depois. Todavia, Barros não argumentara no episódio recente que o clube estivera envolvido em lutas políticas pela independência? Como então em 1962 dissera que a agremiação estava empenhada em ser útil à pátria Portugal?

Mais do que uma simples adequação de discurso, vemos a peculiaridade da construção identitária caboverdiana, transitando entre a valorização local e a lealdade à metrópole. Como vimos

---

[26] *O Arquipélago*, ano 1, n.5, 20/9/1962, p.4.

no decorrer do livro, durante muito tempo não era compreendida como uma contradição a perspectiva de adoção simultânea de uma identidade portuguesa e uma identidade caboverdiana.

No caso recente, há uma clara disputa de memória, algo que expressa tanto conflitos geracionais quanto antigas tensões no que se refere aos rumos do país: tradição e modernização chocam-se claramente. Mais ainda, percebe-se uma nova mobilização. Se constantemente o golfe foi apresentado como popular, agora também o é como resistência ao colonizador, talvez até para sugerir que o clube deva ser uma vez mais engajado em processos de contraposição aos "novos colonizadores".

Na seção de comentário de leitores, disponível ao final do "manifesto" de Barros, podemos ver a sua repercussão. Luiz Silva afirma de forma idealizada:

> O Golfe Clube de São Vicente foi a verdadeira escola de valores morais e intelectuais de Cabo Verde. Aplaudir e encorajar o adversário mostra a diferença com as outras modalidades desportivas praticadas em Cabo Verde. As expressões como "good", "good one", "very good" ou "best", "the best" eram sempre repetidas. E isso se estendia às relações de amizade que se prolongavam a todos os membros das famílias. Todos os filhos dos golfistas eram verdadeiros amigos, faziam os seus torneios, e isto se manifesta nessa união em defesa da história do Clube de Golfe de São Vicente, patrimônio nacional, que ninguém tem o direito de desbravar, seja qual forem as promessas financeiras.

José Figueira Junior (Zizim) descreve o clima no clube por ocasião dos jogos, lembra a influência inglesa e exalta: "Espero que todo o caboverdiano de bom senso compreenda a importância da preservação de tal PATRIMÔNIO NACIONAL, nascido do POVO de uma resistência ao dominante elitismo *british* da época".

Valdemar Pereira lembra do pai, envolvido com o esporte:

> Desde que comecei a entender o meu nome ouvi o meu pai falar do golfe em casa. Quando não era sobre o jogo propriamente dito (ele jogou até os 80 anos), era porque havia um pau a ser arranjado. Naquele tempo os "clubs" não eram metálicos e de vez

enquanto havia um falhanço e alguém vinha chorando (um pau custava uma fortuna). [...] Vamos aderir a uma campanha contra este ato ilegal e ignóbil de dirigentes sem noção da responsabilidade do mandato que lhes foi conferido.

Emanuel de Almeida defende a peculiaridade do golfe de São Vicente:

> É realmente uma experiência única e nem consigo imaginar na paisagem agreste, cinzenta e belíssima de São Vicente, um campo de golfe relvado. Seria um pouco como montar um carrossel no meio da Praça de São Pedro ou pintarem a Casa Branca de vermelho. Importa que as forças vivas de Cabo Verde, no respeito pelas tradições ancestrais (independentemente das conotações negativas que as suas origens possam ter), preservem a sua identidade e o modo de vida muito próprio de São Vicente que tanto apaixona todos que conhecem aquele pedaço de paraíso.

Já a fala de Júlio Vera-Cruz ajuda-nos a perceber o impacto de certas representações por gerações e nos apresenta uma mobilização bastante interessante da questão da memória. Inicialmente afirma:

> Não conheci (ou pouco conheci) a maior parte desses homens, os quais eram de uma geração anterior à minha. No entanto, os nomes de muitos deles estão gravados na minha memória, uns pela amizade com os meus pais, outros porque a ilha era nesses tempos muito mais "pequena" e praticamente todos se conheciam uns aos outros.

Interessante é ver como relativiza a questão: "Também não quero pintar de cor de rosa tempos que, para a maioria da população de S. Vicente, se caracterizavam por uma luta constante pela sobrevivência, na esperança de um futuro melhor", também supondo que a "salvação" do clube não eliminará os problemas da ilha. De qualquer forma, pensa que "não salvar o clube, contudo, certamente que piorará as coisas e a esse luxo não sei se nos podemos dar" e que "se não forem suficientes as lembranças e a saudade, tenhamos em atenção as consequências da inexistência de lugares e formas de lazer para uma população em crescimento desenfreado, sujeita a um estado de tensão quase que permanente". Por fim, conecta a memória com a realidade de quem vive na diáspora: "de certa forma estamos a decidir o São Vicente que queremos e, mesmo à distancia, certas coisas não deixam de doer. Como quase todos os cabo-verdianos fora de Cabo Verde, compartilho esse desejo de um dia poder voltar para a minha ilha. A questão é saber que ilha que irei encontrar".

Como já dito, merecem destaque as posições de Luiz Silva, que mobiliza constantemente a ideia de tradição e memória. Para ele, o ato de ser golfista se confunde com a própria cidadania mindelense e a venda do clube seria um "modernismo" que trairia as raízes locais, iniciativa de políticos negociantes aproveitadores que negam, esquecem ou não conhecem essa história:

> O golfe, foi ao lado do cinema Éden Park a maior escola de civismo para os mindelenses [...]. E durante mais de sessenta anos da história do golfe cabo-verdiano estes princípios se mantiveram, fazendo do mindelense um homem de trato fino, elegante, lutador contra todas as injustiças e defensor da dignidade humana.[27]

Por fim, na sua coluna de 8 de março, decreta:

> Foi uma vitória contra São Vicente, dirigida por filhos das ilhas que São Vicente soube acolher e dar o mesmo tratamento que os seus próprios filhos. Para nós, mindelenses de ontem e hoje, os defensores da dignidade mindelense entraram e saíram de cabeça erguida.

As posições de Luiz Silva expressam claramente não só os conflitos regionais, mas fundamentalmente a apreensão com o futuro do arquipélago em meio às mudanças econômicas, notadamente no que se refere aos impactos do turismo. A questão central é: estamos à venda?

---

[27] SILVA, Luís. O golfe em São Vicente – escola de civismo, de humilde e solidariedade. *O Liberal Online*, 6/3/2009. Disponível em: <http://liberal.sapo.cv/noticia.asp?idEdicao=64&id=22505&idSeccao=527&Action=noticia>. Acessado em: 26/6/2009.

Conflitos de uma nação: estamos à venda?

De 1975 a 1980, Cabo Verde e Guiné-Bissau compartilharam o projeto de compor um Estado único binacional sob a liderança do Partido Africano para Independência da Guiné e de Cabo Verde (PAIGC). Com o golpe que depôs Luís Cabral da presidência da Guiné-Bissau, houve a interrupção dessa ideia, o rompimento entre os países, a criação do Partido Africano para Independência de Cabo Verde (PAICV) e uma série de mudanças governamentais, inclusive na direção econômica.

A estratégia adotada foi a de "extroversão da economia", que buscava tirar proveito da situação geográfica do país. Pretendia-se: "incentivar, apoiar e orientar a ação do setor privado para o desenvolvimento econômico de Cabo Verde, considerando o investimento estrangeiro essencial para a viabilização do projeto de expansão da economia nacional" (Ellery, 2009, p.63). Com a adoção do multipartidarismo, em 1991, já desde o primeiro governo, sob a direção do Movimento para a Democracia (MpD), a tendência se acentuaria com o "Modelo de Inserção Dinâmica de Cabo Verde".

Os dados são contundentes. De acordo com matéria publicada no sítio da Câmara de Comércio, Indústria e Turismo Portugal-Cabo Verde,[28] em 2007 estavam aprovados investimentos estrangeiros da ordem de seiscentos milhões de euros; até 2010 as previsões apontam quatro bilhões e quatrocentos milhões, com investimento realizado de um bilhão e quinhentos milhões. Entre os setores envolvidos, destacam-se as iniciativas ligadas ao turismo, entre as quais muitas relacionadas ao golfe.

A despeito dos benefícios econômicos, o incremento do turismo trouxe uma série de novos problemas para as ilhas: o

---

[28] Disponível em: <http://www.portugalcaboverde.com/news_detail.php?id=169>. Acessado em: 9/7/2009.

aumento da violência, choques culturais, crescimento do número de ocorrências com drogas e prostituição infantil, entre outros. Talvez isso explique por que, ao ser lançado o que foi chamado de "maior projeto turístico a ser implementado em Cabo Verde", um investimento de mais de dois bilhões de euros na construção do "Estrela Santiago Golf Resort", na cidade de Praia, tenha sido anunciado que, para que os "cabo-verdianos se sintam parte do projeto que com certeza só vai lhes trazer benefícios", seria criada uma "fundação para apoiar as populações menos favorecidas da zona onde será implementado o projeto".[29] Trata-se de uma explícita "prestação de contas", uma forma de demonstrar a preocupação com o desenvolvimento global do país, possivelmente tendo em vista minimizar as críticas.

O episódio do Clube de Golfe fez aflorar algumas das tensões desencadeadas por essa nova opção econômica. Vejamos que o primeiro pronunciamento público sobre a questão já toca no tema:

> O grupo contestatário afirma também: "O turismo não é a solução para todos os males de Cabo Verde. E no seu bojo traz sempre outros problemas. Vejamos o exemplo da Tunísia que apostou totalmente no turismo e cuja balança de pagamentos é sempre deficitária devido às exigências de consumo de turistas e que tem encontrado uma oposição total das classes trabalhadoras, que sofrem na pele o aumento do custo de vida".[30]

O "manifesto" de Antero Barros também não deixa passar despercebida a influência dos novos investimentos nos episódios que cercam o Clube de Golfe. O autor não se posiciona contrário ao turismo, compreende, todavia, que devem ser distintas as

---

[29] Projeto turístico de mais de dois bilhões de euros em Cabo Verde. Matéria publicada em 28 de janeiro de 2009 no site da Panapress. Disponível em: <http://www.panapress.com/freenewspor.asp?code=por002703&dte=28/01/2009>. Acessado em: 9/7/2009.
[30] GRUPO de sócios contesta tacada da direção. *O Liberal online*, 17/5/2008. Disponível em: <http://liberal.sapo.cv/noticia.asp?idEdicao=50&id=13467&idSeccao=438&Action=noticia. Acessado em: 1/7/2009.

estratégias adotadas. Vejamos como se refere, desde esse olhar, ao campo da agremiação:

> O seu valor turístico reside precisamente no fato de ser um campo pelado, de terra batida, onde os "greens" são transformados em "blacks", na superfície dos quais a bola desliza como se fosse na própria relva. Talvez seja, atualmente, o único campo de terra batida, pelado, existente no globo. Se for arrelvado, numa análise comparativa com os milhares de campos existentes no globo, perde todo o seu valor.[31]

É em sentido semelhante que comenta Teresa Brito, na seção de leitores do Jornal *A Semana*:

> É pena que o golfe, tal como é praticado em São Vicente, em terra batida, característica essa que lhe confere uma particularidade ímpar, não apareça no roteiro turístico da ilha como fator promocional. Há bem pouco tempo, numa feira que decorreu na capital das terras lusas, ao lado do *stand* que eu representava, a diretora de uma agência de viagens & golfe, ficou muito curiosa e interessada ao ser informada da modalidade praticada na ilha crioula. Infelizmente, o chique é promover o golfe relvado que, para além dos altos custos implícitos e a carga d'água que acarreta, não constitui qualquer novidade para os turistas, ao contrário daquele que é jogado na terra batida.
> Quando temos *experts* que promovem o arquipélago com o slogan "venha conhecer Cabo Verde, as caraíbas africanas", só falta ver a imagem do Monte Cara a dançar rap [...]. Paciência![32]

Já Luiz Silva chama a atenção para o fato de que é uma ilusão crer que Cabo Verde conseguirá concorrer com outros centros de golfe já mais tradicionais e melhor estruturados:

> A dinamização do golfe em São Vicente é sem margem para dúvidas mais valia para o turismo. O golfe movimenta desportistas de renome a nível mundial e capta importantes somas dado ao nicho de mercado porque é direcionado. Tunísia e Portugal cada vez mais apostam nesse tipo de turismo. Há que

---

[31] BARROS, Antero. O Clube de Golfe de São Vicente não está à venda. *O Liberal online*, 24/6/2008. Disponível em: <http://liberal.sapo.cv/noticia.asp?idEdicao=50&id=14195&idSeccao=546&Action=noticia. Acessado em: 9/7/2009.
[32] Seção de comentários. SÓCIOS do Clube de Golfe validam parceria com a Consolve. *A Semana Online*, 1/3/2009. Disponível em: <http://www.asemana.publ.cv/spip.php?article39400&ak=1#ancre_comm>. Acessado em: 9/7/2009.

melhorar as condições? Claro que sim [...] Cabo Verde e São Vicente em particular certamente que tão cedo não concorrerá em pé de igualdade com Espanha, Portugal, Tunísia, Miami por razões óbvias. Certamente que os melhores golfistas não virão a Mindelo tendo como única motivação jogar golfe.[33]

Argumenta ainda que as falsas promessas podem ser vistas mesmo no fato de que não há preparação prévia para o desenvolvimento da atividade econômica na ilha:

> Fala-se do turismo e não se abre escolas profissionais para apoiar a política de desenvolvimento do turismo e disso não falou o Gualberto do Rosário e o Nelson Atanásio. O Gualberto do Rosário falou dum grande projeto que vai acabar com o desemprego em São Vicente como se utilizasse uma vara de condão para resolver as crises de ordem econômica, social e cultural de Cabo Verde. Será que ele dispõe duma varinha de condão para pôr termo à crise internacional que já afeta o setor turístico em Cabo Verde? Conseguir corromper uma direção do clube, enganar jovens com a promessa de emprego num país e num mundo em crise, sem dar nenhuma prova, releva da pura magia.[34]

Elísio Silva, ao demonstrar sua insatisfação com o novo quadro, adenda a questão da desterritorialização:

> Este desenfreado loteamento que se está operando em Cabo Verde faz-nos temer que num futuro bem próximo o cabo-verdiano terá que andar com um mapa no bolso para saber onde pisa. Em nome do progresso, vende-se tudo aos gringos privando-se aos filhos da terra do direito de usufruir daquilo que é dele. Mas tudo tem um limite. Preservemos, ao menos, aquilo que representa um patrimônio cultural da terra. E o Golfe Club de São Vicente o é.[35]

---

[33] Seção de comentários. SILVA, Luiz. O golfe em São Vicente – escola de civismo, de humilde e solidariedade. *O Liberal Online*, 6/3/2009. Disponível em: <http://liberal.sapo.cv/noticia.asp?idEdicao=64&id=22505&idSeccao=527&Action=noticia>. Acessado em: 26/7/2009.
[34] SILVA, Luiz. A envergonhada guerra do golf de São Vicente. *O Liberal Online*, 3/3/2009. Disponível em: http://liberal.sapo.cv/noticia.asp?idEdicao=64&id=22468&idSeccao=527&Action=noticia. Acessado em: 26/6/2009.
[35] Seção de comentários. BARROS, Antero. O Clube de Golfe de São Vicente não está à venda. *O Liberal Online*, 24/6/2008. Disponível em: <http://liberal.sapo.cv/noticia.asp?idEdicao=50&id=14195&idSeccao=546&Action=noticia>. Acessado em: 9/7/2009.

Essa sensação de se sentir estrangeiro em sua própria terra também é perceptível na posição de José Figueira Júnior:

> Há um velho provérbio sanvicentino que diz: *P'um catchôrre ingôrdà um bûrre â d'môrré*. Estes ditos e promessas já há muito que vêm fazendo parte do dicionário cabo-verdiano em nome do desenvolvimento. Sei que uma vez tudo instalado e modernizado, o pobre da terra, que historicamente criou o seu Clube de Golfe, nunca mais poderá pôr ali os pés. Pois virão restrições e leis que abundarão e o impedirão. [...] Já se viu e sentiu o que está acontecendo no Sal e na Boavista. A placa continua tornando a ponto que um dia nós não nos sentiremos mestres da nossa terra! Que não se façam ilusões perante o poder esmagador do dinheiro. Infelizmente quem empresta sempre espera recompensa. Lá vamos perdendo assim os nossos valores culturais, CRICKET/CINEMA EDEN PARK etc. É favor não tocarem no CLUBE DE GOLFE DE SÃO VICENTE.

Luiz Silva é o mais contundente: a decisão da assembleia traíra as tradições locais e o que pensaram os "construtores da nação" (Eugênio Tavares, Baltasar Lopes, Amílcar Cabral), semeando a divisão entre os caboverdianos para beneficiar uma elite:

> Um golfe para turistas no espaço do golfe de Mindelo somente pode ser um golfe sem classes. Que eles nos esclareçam se será um campo de golfe público, se será um campo de golfe privado ou se será um campo de golfe semiprivado. Temos o golfe para as capacidades dos mindelenses, com as características próprias das ilhas semiáridas e os especialistas estrangeiros nos têm aconselhado a conservá-lo nos mesmos moldes. Falar aos neófitos e ingênuos de que será possível construir um campo de golfe de relva acessível a todos é um discurso barato que releva da ignorância das coisas do golfe ou da indignidade e de falta de sentido patriótico.[36]

Para ele, a experiência internacional demonstra o quanto é caro manter o relvado, o que obliterará a participação dos moradores no esporte que sempre fora deles, segundo a sua apreensão. O discurso do turismo enquanto forma de desenvolvimento e inclusão seria, assim, uma falácia:

---

[36] SILVA, Luiz. O golfe em São Vicente – escola de civismo, de humilde e solidariedade. *O Liberal Online*, 6/3/2009. Disponível em: <http://liberal.sapo.cv/noticia.asp?idEdicao=64&id=22505&idSeccao=527&Action=noticia>. Acessado em: 26/6/2009.

> Nenhum país conseguiu sair do subdesenvolvimento investindo exclusivamente no turismo. É só ver a balança de pagamentos de alguns países do Mediterrâneo como a Tunísia, os desequilíbrios sociais provocados pelas práticas abusivas das empresas turísticas, acompanhados pelo estabelecimento de mercados da droga e da prostituição, para se compreender do caminho que muitos políticos nos querem levar. A Ilha do Sal entregue aos italianos é o exemplo declarado duma política do turismo que não pode ajudar o desenvolvimento de outros setores da vida social e cultural do país. O turismo, quando bem pensado, poderia constituir uma alavanca cultural para a nossa economia e a cultura. A cultura cabo-verdiana foi posta de lado como acontece nas outras ilhas e as empresas turísticas já inventaram uma nova ilha que nada tem a ver com Cabo Verde. Será que esta política do turismo tem alguma coisa a ver com o pensamento econômico de Amílcar Cabral que visava integrar todas as forças produtivas da nação no desenvolvimento de Cabo Verde?

Assim, chama a atenção o colunista, a sua luta não é um saudosismo ligado somente ao clube, mas tem relação com o desenvolvimento local e com a própria nação que se reconstrói nos cenários contemporâneos:

> Não visamos simplesmente ao desenvolvimento do golfe mas sim de São Vicente e de Cabo Verde em geral. [...]. Em vez de mais betão não seria possível associar também a Câmara Municipal e o Estado na criação naquela zona de um espaço verde (um pulmão verde para Mindelo) que tanto necessitamos na Ilha, com um parque infantil para atividades desportivas e culturais, que tanta falta faz a Mindelo e o Golfe de São Vicente ficaria com o seu campo pelado, que é uma característica nossa e que pode interessar os turistas como já foi dito por grandes golfistas estrangeiros e cabo-verdianos. E assim todos os mindelenses ganhariam com a recuperação desse espaço graças a um acordo entre a Câmara e o Estado.

Luiz Silva segue sua reflexão articulando a crise do clube com o momento pelo qual passa a ilha, que outrora fora símbolo da prosperidade:

> A filosofia do trabalho e da dignidade deixaram de ser o tema principal da sociedade civil, dos políticos, dos professores, do Município, etc. Os clubes desportivos puseram de lado, por falta de meios, as atividades sociais e culturais. A juventude precisa

de armas culturais para não pensar simplesmente nas festas noturnas, sem horários, que impedem o repouso daqueles que trabalham. Hoje já não temos um Baltasar Lopes ou um Augusto Miranda para mandar parar o povo como aconteceu com o levantamento popular de 1934. É o momento de pensar São Vicente para não a entregar de mãos beijadas à meia dúzia de traidores da Nação Cabo-verdiana, para depois entregar aos estrangeiros. Já a Telecom e os bancos estrangeiros chegam para afundar São Vicente.

Nas discussões, ficaram também claros os descontentamentos com os políticos nacionais:

> Ver hoje associados o ex-líder do MpD, Gualberto do Rosário, ao Nelson Atanásio, ex-presidente da Câmara Municipal em nome do PAICV ao tempo do partido único ou ainda o advogado Armindo Cruz, por causa de 360 hectares de terrenos, é a coisa mais carnavalesca que já se viu nesta terra.[37]

Mais ainda, Silva argumenta que as questões locais estão ligadas a uma desordem política nacional que desconhece a importância de São Vicente para a história do arquipélago:

> Na verdade, com exceção do Lídio Silva, deputado da UCID, nenhum político da praça, em especial os deputados do MpD ou do PAICV se pronunciaram sobre a questão. Pelo contrario se vê pela primeira vez a união sagrada dos dois partidos (MpD-PAICV) não para defender as causas nobres desta ilha mas sim contra os interesses de São Vicente. O mindelense está decepcionado com a sua classe política e também do conformismo dos seus intelectuais.

Enfim, ao redor do episódio percebemos mais uma vez o processo de disputas locais historicamente construídas:

> Perdurando até hoje, a suprarreferenciada bicefalia cultural vem sendo fortemente marcada, nos tempos pós-independência, pela crise aberta da alegada (e, segundo alguns cépticos, muito autossugerida) primazia cultural do Mindelo. Essa crise deve-se à circunstância de a cidade da Praia se ter tornado não só capital política da república soberana, como também no

---

[37] SILVA, Luiz. A envergonhada guerra do golf de São Vicente. *O Liberal Online*, 3/3/2009. Disponível em: < http://liberal.sapo.cv/noticia.asp?idEdicao=64&id =22468&idSeccao=527&Action=noticia. Acessado em: 26/6/2009.

principal centro populacional, social e económico de Cabo Verde e cidade detentora das mais importantes infraestruturas culturais. Esta última cicunstância começou a divisar-se com mais evidência na segunda metade dos anos oitenta do século vinte, para se tornar plenamente nítida a partir dos anos noventa do século transacto (Almada, 2007).

Seguem as tacadas

No dia 23 de maio de 2009, João Lizardo foi reeleito presidente do Clube de Golfe de São Vicente, tendo como uma de suas principais bandeiras a concretização do negócio com a Consolve. Falando em preservação da memória da agremiação e convocando os sócios à união, relembra que ainda há problemas na justiça no que se refere ao terreno da agremiação.[38]

Na verdade, os conflitos não cessaram. A Câmara Municipal de São Vicente abriu investigação para analisar irregularidades na venda de patrimônios públicos, entre os quais os terrenos do clube de golfe.[39] Um grupo de moradores, liderados por Antero Coelho, candidato a vereador pelo PAICV, se mobilizou e pela primeira vez na história local tentou usar uma prerrogativa legal para convocar a casa legislativa a discutir o tema. Como se pode ver em informe da própria instituição, ainda que se reconheça essa possibilidade, os mais diferentes subterfúgios foram utilizados para que a sessão não fosse realizada.[40]

---

[38] Clube de Golfe de São Vicente: João Lizardo toma posse para segundo mandato. *Inforpress*, 23/5/2009. Disponível em<http://www.inforpress.publ.cv>. Acessado em: 25/6/2009.
[39] Para mais informações, ver video em: <http://www.rtc.cv/tcv/index.php?paginas=13&id_cod=3289. Acessado em: 19/7/2010.
[40] Ver mais informações em: <http://www.cmsv.cv/index2.php?option=com_content&do_pdf=1&id=236>. Acessado em: 25/6/2009.

Esse artigo foi concluído em junho de 2009. Não consegui obter mais informações sobre os desdobramentos do processo. O único indício que consegui foi um *post* de Luiz Silva, datado de 3 de fevereiro de 2010:

> Vitoria dos golfistas patriotas
> [...]
> A tradição golfista continua em São Vicente, principalmente nas zonas de Monte e Dji de Sal, donde têm saído os melhores jogadores. Talvez seja o único desporto em Cabo Verde que continua a manter o seu nível d'outrora. Por isso não se pode estranhar a luta dos sócios do Golf de Sao Vicente, filhos dos sócios e antigos *caddies*, contra a venda do Club de Golf.
> A luta foi árdua tanto mais que as promessas mirabolantes feitas pelo Nelson Atanásio e Agualberto do Rosário, de criação de campos de golfe relvados e de hotéis de luxo, enganaram muita gente. Mas, afinal, não era o Club de Golf que interessava os traidores dirigentes mas sim todos os terrenos do Club. O combate foi longo mas a vitória da verdade e do nacionalismo triunfou. Temos, entretanto, a destacar a ação do advogado Dr. Pedro Rogério Delgado – "Pepera" – um dos raros advogados que aceitou o desafio honroso de defender a causa do golfe em São Vicente, patrimônio histórico de Cabo Verde. Lá nos espaços siderais, onde a luz brilha com mais força, os antigos fundadores do Golf devem estar orgulhosos do combate dos jogadores do golfe para a perpetuação desta modalidade e da sua história em Cabo Verde.

Essa mensagem leva a crer que houve alguma reversão na decisão de estabelecimento da parceria com a Consolve. Independentemente desse resultado, o que quero destacar é a continuidade dos conflitos e a consideração da relevância do Clube na construção da memória local.

O golfe, enfim, em vários momentos da história de Cabo Verde, dramatizou e segue dramatizando as tensões da nação.

Referências Bibliográficas

ABDALA JUNIOR, Benjamin. António Jacinto, José Craveirinha, Solano Trindade: o sonho (diurno) de uma poética popular. *Via Atlântica – Revista da Área de Pós-Graduação em Estudos Comparados de Literatura de Língua Portuguesa*. São Paulo, n.5, p.30-38, outubro de 2002.
ACHER, Maria. *Roteiro do mundo português*. Lisboa: Sit, 1940.
AGOSTINO, Gilberto. *Vencer ou morrer:* futebol, geopolítica e identidade nacional. Rio de Janeiro: Mauad/Faperj, 2002.
ALMADA, José Luís Hopffer C. *Capitalidades:* um olhar retrospectivo sobre alguns aspectos da cultura e da história cabo-verdiana. 2007. Disponível em: <http://asemana.sapo.cv/spip.php?article23029>. Acessado em: 20/5/2010.
ALMEIDA, Miguel Vale de. O Atlântico Pardo: antropologia, pós-colonialismo e o caso "lusófono". In: BASTOS, Cristiane; ALMEIDA, Miguel Vale de; FELDMAN-BIANCO, Bela. *Trânsitos coloniais:* diálogos críticos luso-brasileiros. Campinas: Editora Unicamp, 2007, p.27-44.
ALMEIDA, Onésimo. *Propósito da lusofonia (à falta de outro termo):* o que a língua não é. 2008. Disponível em: <http://www2.iict.pt/?idc=102&idi=13158>. Acessado em: 5/2/2010.
ALVITO, Marcos. "A parte que te cabe nesse latifúndio": o futebol brasileiro e a globalização. *Análise Social*, Lisboa, v. XLI, n.179, p.451-474, 2006.
AMADO, Leopoldo. *Simbólica de Pindjiguiti na óptica libertária da Guiné-Bissau (Parte I)*. 2006. Disponível em: <http://guinela.blogs.sapo.pt/3140.html>. Acesso: 14/12/2006.
AMARÍLIS, Orlanda. *A casa dos mastros*. Lisboa: ALAC, 1989.
AMARÍLIS, Orlanda; FERREIRA, Manuel (Orgs.). *Mensagem – Boletim da Casa dos Estudantes do Império:* coletânea de todos os números. Lousa: ALALC, 1996.

ANDERSON, Benedict. *Comunidades imaginadas*: reflexões sobre a origem e a expansão do nacionalismo. Lisboa: Edições 70, 1991.

ANJOS, José Carlos Gomes dos. Elites intelectuais e a conformação da identidade nacional em Cabo Verde. *Estudos Afro-Asiáticos*, Rio de Janeiro, v. 25, n.3, p.579-596, 2003.

_____. *Intelectuais, literatura e poder em Cabo Verde*: lutas de definição da identidade nacional. Porto Alegre: UFRGS Editora, 2006.

ANTUNES, Fátima Martin Rodrigues Ferreira. *Com brasileiro, não há quem possa!* São Paulo: Editora da Unesp, 2004.

ARMSTRONG, G. "The migration of the Black Panther: an interview with Eusebio of Mozambique and Portugal". In: ARMSTRONG, Gary; GIULIANOTTI, Richard (Eds.). *Football in Africa*: conflict, conciliation and community. New York: Palgrave Macmillan, 2004.

ARMSTRONG, Gary; GIULIANOTTI, Richard. "Drama, Fields and Metaphors: An Introduction to Football in Africa". In: ARMSTRONG, Gary; GIULIANOTTI, Richard (Eds). *Football in Africa*: conflict, conciliation and community. New York: Palgrave Macmillan, 2004.

BAKER, William J. "Political games: the meaning of international sport for independent Africa". In: BAKER, William J.; MANGAN, James A. (Eds.). *Sport in Africa*: essays in social history. New York: African Publishing Company, 1987, p.272-294.

BAKER, Willian J.; MANGAN, James. A. *Sport in África*: essays in social history. New York: African Publishing Company, 1987.

BALE, John. "Three geographies of African footballer migration: patterns, problems and postcoloniality". In: ARMSTRONG, Gary; GIULIANOTTI, Richard (Eds.). *Football in Africa*: conflict, conciliation and community. New York: Palgrave Macmillan, 2004, p.229-246.

BALE, John; CRONIN, Mike. "Introduction: sport and postcolonialism". In: BALE, John; CRONIN, Mike (Eds.). *Sport and postcolonialism*. New York: Berg, 2003, p.1-14.

BARROS, Antero. *Subsídios para a história do golf em Cabo Verde*. São Vicente: Clube de Golfe de São Vicente, 1981.

_____. *Subsídios para a história do cricket em Cabo Verde*. Praia: COC/CPV, 1998.

BARROS, Marília E. Lima. *São Vicente*: prosperidade e decadência (1850-918). Porto: CEA/UP, 2008.

BHABHA, Homi K. "A questão outra". In: SANCHES, Manuela Ribeiro (Org.). *Deslocalizar a Europa*: antropologia, arte, literatura e história na pós-colonialidade. Lisboa: Livros Cotovia, 2005, p.143-167.

BITTENCOURT, Marcelo. *Dos jornais às armas*: trajectórias da contestação angolana. Lisboa: Vega, 1999.

_____. "As relações Angola-Brasil: referências e contatos". In: CHAVES, Rita; MACEDO, Tânia; SECCO, Carmen (Orgs.). *Brasil-África*: como se o mar fosse mentira. Maputo: Imprensa Universitária/Universidade Eduardo Mondlane, 2003, p.79-110.

BITTENCOURT, Marcelo. "Jogando no campo do inimigo: futebol e política em Angola". In: MELO, Victor Andrade de; BITTENCOURT, Marcelo; NASCIMENTO, Augusto (Orgs.). *Mais do que um jogo*: o esporte no continente africano. Rio de Janeiro: Apicuri, 2010.

BORGES, Fernando. "Pontapé inicial: um estudo de caso do futebol no Cabo Verde moderno". In: MELO, Victor Andrade de; BITTENCOURT, Marcelo; NASCIMENTO, Augusto (Orgs.). *Mais do que um jogo*: o esporte no continente africano. Rio de Janeiro: Apicuri, 2010.

BRANCO, João. *Nação Teatro*: história do teatro em Cabo Verde. Praia: Instituto da Biblioteca Nacional e do Livro, 2004.

_____. *Nação Teatro*: período colonial II. 2007. Disponível em: <http://cursodeteatro12.blogspot.com/2007/04/nao-teatro-perodo-colonial-ii.html>. Acessado em: 21/3/2010.

CABRAL, Amílcar. *A prática revolucionária*: unidade e luta II. Lisboa: Seara Nova, 1977.

CAMÕES, Marcelino, Três décadas desde a Independência Nacional, desporto e política continuam de mãos dadas. *AngolaPress*, 10 de novembro de 2005. Disponível em: <http://www.portalangop.co.ao/motix/pt_pt/especiais/historico/angola-30-anos/2005/10/45/Tres-decadas-desde-Independencia-Nacional-desporto-politica-continuam-maos-dadas,e80e8852-1c31-4929-857c-30dc49ad1f97.html>. Acessado em: 5/2/2010.

CANIATO, Benilde Justo. Língua portuguesa e línguas crioulas nos países africanos. *Via Atlântica – Revista da Área de Pós-Graduação em Estudos Comparados de Literatura de Língua Portuguesa*, São Paulo, n.5, p.128-138, outubro de 2002.

CARDOSO, Katia Aline Lopes Rodrigues. *Diáspora*: a (décima) primeira ilha de Cabo Verde: a relação entre a emigração e a política externa cabo-verdiana. Lisboa, 2004. Dissertação de mestrado (Estudos Africanos: Desenvolvimento Social e Econômico em África). Instituto Superior da Ciência do Trabalho e da Empresa.

CARVALHO FILHO, Silvio de Almeida. *As relações étnicas em Angola*: as minorias branca e mestiça (1961-1992). Disponível em: <http://www.angolanistas.org/ZAZprincipal/r_etnicas.htm>. Acessado em: 5/2/2010.

CASTELO, Cláudia. *O modo português de estar no mundo*: o luso-tropicalismo e a ideologia colonial portuguesa. Porto: Afrontamento, 1999.

CHAVES, Rita. José Craveirinha, da Mafalala, de Moçambique, do mundo. *Via Atlântica – Revista da área de Pós-Graduação em Estudos Com parados de Literatura de Língua Portuguesa*, São Paulo, n.3, p.140-167, dezembro de 1999.

_____. O Brasil na cena literária dos países africanos de língua portugue sa. In: CHAVES, Rita (Org.). *Angola e Moçambique*: experiência co lonial e territórios literários. São Paulo: Ateliê Editorial, 2005a, p. 275-286.

CHAVES, Rita. "Imagens da Utopia: o Brasil e as literaturas africanas de língua portuguesa". In: CHAVES, Rita (Org.). *Angola e Moçambique*: experiência colonial e territórios literários. São Paulo: Ateliê Editorial, 2005b, p.263-274.

CLEVELAND, Tood. "Angola is not Just oil, war and poverty": reflectionson Angolan Soccer, nationalism and the run to the 2006 World Cup Finals. *Ufahamu – a journal of African Studies*, v. 33, n.2 e 3, p.14-23, 2007.

COSTA, Darc. "Estratégia nacional e imigração". In: SOUSA, Fernando de; SANTOS, Paula; AMORIM, Paulo (Orgs.). *As relações Portugal-Brasil no século XX*. Porto: CEPESE/Fronteira do Caos, 2010, p.79-98.

COSTA, Vitor Manuel Mourão Gonçalves da. *O desporto e a sociedade em Portugal – fins do século XIX – princípios do século XX*. Lisboa, 1999. Dissertação (Mestrado em História Social Contemporânea), ISCTE.

COUTO, Mia. *O fio das missangas*. Lisboa: Caminho, 2004.

DARBY, Paul. *Africa, football and FIFA*: politics, colonialism and resistance. London: Frank Cass & Co, 2002.

_____. Migração para Portugal de jogadores de futebol africanos: recurso colonial e neocolonial. *Análise Social,* Lisboa, v. XLI, n.179, p.417-433, 2006.

DÁSKALOS, Sócrates. *Um testemunho para a história de Angola*. Luanda: Veja, 2000.

DOMINGOS, Nuno. Futebol e colonialismo, dominação e apropriação: sobre o caso moçambicano. *Análise Social,* Lisboa, v. XLI, n.179, p.397-416, 2006.

_____. "Desporto moderno e situações coloniais: o caso do futebol em Lourenço Marques". In: MELO, Victor Andrade de; BITTENCOURT, Marcelo; NASCIMENTO, Augusto (Orgs.). *Mais do que um jogo*: o esporte no continente africano. Rio de Janeiro: Apicuri, 2010.

DUTRA, Robson Lacerda. *Pepetela e a elipse do herói*. Rio de Janeiro: UFRJ, 2007.

ELLERY, Daniele. *Identidades em trânsito*. Campinas: Arte Escrita, 2009.

ESTATUTO dos Falcões Portugueses de Cabo Verde. Praia: Imprensa Nacional, 1934.

ESTATUTO do Grêmio Recreativo Mindelo. Praia: Imprensa Nacional, 1940.

ÉVORA, Sabino Lino. *Fernandinho*. Sal: Editora Jaike, 2005.

FAIR, Laura. "Ngoma reverberations: Swalihi music culture and the making of the football aesthetics in early twentieth century Zanzibar". In: ARMSTRONG, Gary; GIULIANOTTI, Richard (Eds.). *Football in Africa*: conflict, conciliation and community. New York: Palgrave Macmillan, 2004.

FARIA, Antônio. *A Casa dos Estudantes do Império*: itinerário histórico. Lisboa: Câmara Municipal de Lisboa, 1995.

_____. *Linha estreita de liberdade*: a Casa dos Estudantes do Império. Lisboa: Colibri, 1997.

FERNANDES, Gabriel. *Em busca da nação*: notas para uma reinterpretação do Cabo Verde crioulo. Florianópolis/Praia: Editora da UFSC/ Instituto da Biblioteca Nacional e do Livro, 2006.

FONSECA, Ana Sofia. *Angola, terra prometida*: a vida que os portugueses deixaram. Lisboa: Esfera dos Livros, 2009.

_____. *Capoeira sou eu*: memória, identidade, tradição e conflito. Rio de Janeiro, 2009b. Dissertação de mestrado (História, Política e Bens Culturais). Fundação Getúlio Vargas.

FONTANELLI, C. Football in Angola: *La biblioteca del Calcio*. Empoli: Geo Edizioni, 2001.

FORTES, Corsino António. "Prefácio". In: BARROS, Antero. *Subsídios para a história do cricket em Cabo Verde*. Praia: COC/CPV, 1998, p.5-6.

FRAGOSO, Francisco. Do teatro em Cabo Verde: digressão histórica. *Latitude*, n.20, p. 6-10, maio de 2004.

FREIXO, Adriano de. *Minha pátria é a língua portuguesa*. Rio de Janeiro: Apicuri, 2009.

_____. "As relações luso-brasileiras e a CPLP: algumas reflexões em torno da ideia de lusofonia". In: SOUSA, Fernando de; SANTOS, Paula; AMORIM, Paulo (Orgs.). *As relações Portugal-Brasil no século XX*. Porto: CEPESE/Fronteira do Caos, 2010, p.65-78.

GASTALDO, Édison L.; GUEDES, Simoni Lahud (Orgs.). *Nações em campo*: Copa do Mundo e identidade nacional. Niterói: Intertexto, 2006.

GIULIANOTTI, Richard. *Sport and Social Development in Africa*: some major Human Rights issues. 1999 (Papers from the First International Conference on Sports and Human Rights/September/Sydney/ Australia. Disponível em: <http://www.ausport.gov.au/fulltext/1999/nsw/p18-25.pdf>. Acessado em: 05/2/2010.

_____. "Os estudos do esporte no continente africano". In: MELO, Victor Andrade de; BITTENCOURT, Marcelo; NASCIMENTO, Augusto (orgs.). *Mais do que um jogo*: o esporte no continente africano. Rio de Janeiro: Apicuri, 2010.

_____. *Sociologia do futebol*: dimensões históricas e socioculturais do esporte das multidões. São Paulo: Nova Alexandria, 2002.

_____. *Sport*: a critical sociology. Cambridge: Polity Press, 2005.

GIULIANOTTI, Richard; ROBERTSON, R. *Globalization and football*. London: Sage, 2009.

GONÇALVES, José. "Notas em sociologia desportiva de Angola". In: MELO, Victor Andrade de; BITTENCOURT, Marcelo; NASCIMENTO, Augusto (Orgs.). *Mais do que um jogo*: o esporte no continente africano. Rio de Janeiro: Apicuri, 2010.

GRAÇA, Camilo Querido Leitão da. *Cabo Verde*: formação e dinâmicas sociais. Praia: IIPC, 2007.

GUEDES, Simoni Lahud. "Futebol e identidade nacional: reflexões sobre o Brasil". In: PRIORE, Mary del; MELO, Victor Andrade de (Orgs.). *História do esporte no Brasil*: do Império aos dias atuais. São Paulo: Editora UNESP, 2009, p.453-480.

HANÁKOVA, Zuzana. *Relations between Czech Republic and Portugal*. Praga: Masaryk University, 2006.
HASSE, Manuela. *O divertimento do corpo*: corpo, lazer e desporto na transição dos séculos XIX e XX, em Portugal. Lisboa: Temática, 1999.
HAZAN, Baruch A. "Sport as an instrument of political expansion: the Soviet Union in Africa". In: BAKER, Willian J.; MANGAN, James. A. (Eds.). *Sport in África*: essays in social history. New York: African Publishing Company, 1987, p.250-271.
HOBSBAWM, Eric. *Globalização, democracia e terrorismo*. São Paulo: Companhia das Letras, 2007.
HOBSBAWM, Eric; RANGER, Terence. *A invenção das tradições*. São Paulo: Paz e Terra, 1997.
HOLLANDA, Bernardo Buarque de. *O descobrimento do futebol*. Rio de Janeiro: Edições Biblioteca Nacional, 2004.
HOLT, Richard. *Sport and the British*: a modern history. New York: Oxford University Press, 1989.
ILIFFE, John. *Os africanos*: história de um continente. Lisboa: Terramar, 1999.
IGNÁTIEV, O. *Amílcar Cabral*. Moscou: Editora Progresso, 1984.
KIRK-GREENE, Anthony. "Imperial administration and the athletic imperative: the case of the district officer in África". In: BAKER, William J.; MANGAN, James A. (Eds.). *Sport in Africa*: essays in social history. New York: African Publishing Company, 1987, p.81-113.
KLIMA, Jan. "The Cape Verdean 'Sokols' (Falcons) in the 1930's". In: KLIMA, Jan (Ed.). *Cabinet of Ibero-American Studies – Yearbook 2006*. Hradec Kralove: University of Gradec Kralove, 2006.
LIMA, Mesquitela. *A poética de Sérgio Frusoni*: uma leitura antropológica. Praia: Instituto de Cultura e Língua Portuguesa/Instituto Cabo-verdiano do Livro e do Disco, 1992.
LOPES, Baltasar. *Chiquinho*. Lisboa: Livros Cotovia, 2008.
LOPES, Baltasar (org.). *Antologia da ficção cabo-verdiana contemporânea*. Praia: Edições Henriquinas, 1960.
LOPES, José Vicente. *Cabo Verde*: os bastidores da independência. Praia: Spleen Edições, 2002.
LOPES, Manuel. "Reflexões sobre a literatura cabo-verdiana". In: JUNTA DE INVESTIGAÇÕES DO ULTRAMAR. *Colóquios cabo-verdianos*. Lisboa: Centro de Estudos Políticos e Sociais, 1959.
MACHADO, Alberto Rui. *Éden Park*: passado, presente e futuro. 2006. Disponível em: <http://saial.info/index.php?option=com_content&task=view&id=114&Itemid=37>. Acessado em: 21/3/2010.
MARANHÃO, Tiago. "Apolíneos e dionisíacos": o papel do futebol no pensamento de Gilberto Freyre a respeito do "povo brasileiro". *Análise Social*, Lisboa, v.41, n.179, p.435-450, 2006.
MARINHO, Inezil Penna. *Sistemas e métodos de educação física*. São Paulo: Cia. Brasil Editora, 1953.

MARTIN, Phyllis M. *Leisure and society in colonial Brazzaville*. Cambridge: Cambridge University Press, 1995.
MARTINS, João Augusto. *Madeira, Cabo Verde e Guiné*. Lisboa: Livraria de Antonio Maria Pereira, 1891.
MARZANO, Andrea. "Práticas esportivas e expansão colonial em Luanda". In: MELO, Victor Andrade de; BITTENCOURT, Marcelo; NASCIMENTO, Augusto (Orgs.) *Mais do que um jogo*: o esporte no continente africano. Rio de Janeiro: Apicuri, 2010.
MEA, Elvira Azevedo. Abolição do tráfego de escravos: a comissão luso-britânica da Boa Vista um Humanismo peculiar. In: *Humanismos latinos em África*: encontros e desencontros. Senegal: Fondazione Cassamarca, 2003. Disponível em: <http://www.fondacione cassamarca.it/wps/wcm/connect/f3640d804be222ba8691e7432adf1e42/dakar+gennaio+2003.pdf?MOD=AJPERES>. Acessado em 22/3/2010.
MELO, Antônio (Org.). *Colonialismo e lutas de libertação*: sete cadernos sobre a guerra colonial. Lisboa: Afrontamento, 1974.
MELO, Victor Andrade de. *Cinema e esporte*: diálogos. Rio de Janeiro: Aeroplano/Faperj, 2006.
_____. *Esporte, lazer e artes plásticas*: diálogos. Rio de Janeiro: Apicuri, 2009.
_____. *Esporte e lazer*: conceitos. Rio de Janeiro: Apicuri, 2010.
MELO, Victor Andrade de (Org.). *História comparada do esporte*. Rio de Janeiro: Shape, 2008.
MIRANDA, Nuno de. *Compreensão de Cabo Verde*. Lisboa: Junta de Investigações do Ultramar, 1963.
NASCIMENTO, Augusto. "Desporto em vez de política no ocaso do colonialismo em São Tomé". In: MELO, Victor Andrade de; BITTENCOURT, Marcelo; NASCIMENTO, Augusto (Orgs.).*Mais do que um jogo*: o esporte no continente africano. Rio de Janeiro: Apicuri, 2010.
NEVES, José. Ler desportivamente Lenine: para a história do comunismo e do desporto em Portugal. *Esporte e Sociedade*, Niterói, ano 4, n.11, 2009.
NGOMANE, Nataniel. José Craveirinha: nota biobibliográfica. *Via Atlântica – Revista da Área de Pós-Graduação em Estudos Comparados de Literatura de Língua Portuguesa*. São Paulo, n.5, p.14-18, outubro de 2002.
NOGUEIRA, Gláucia. *O tempo de B.Léza*. Praia: Instituto da Biblioteca Nacional e do Livro, 2005.
OLIVEIRA, A. *Isto de futebóis*. Maputo: Ndjira, 1998.
OLIVEIRA, João Nobre de. *A imprensa cabo-verdiana*: 1820–1975. Macau: Fundação Macau, 1998.
PAPINI, Brita. *Linhas gerais da história do desenvolvimento urbano da cidade do Mindelo*. Mindelo: MHOP, 1982.
PEPETELA. *Geração da utopia*. Rio de Janeiro: Nova Fronteira, 2000.
PEREIRA, Aristides. *O meu testemunho*: uma luta, um partido, dois países. Lisboa: Editorial Notícias, 2003.

PIMENTA, Fernando Tavares. *Portugal e o século XX*: Estado-Império e descolonização (1890-1975). Lisboa: Edições Afrontamento, 2010.
POLI, Rafaelle. Migrations and trade of African football players: historic, geographical and cultural aspects. *Afrika Spectrum,* v.41, n.3, p.393-414, 2006.
QUERIDO, Jorge. *Cabo Verde*: subsídios para a história da nossa luta de libertação. Lisboa: Veja, 1988.
RAMOS, Manuel Nascimento. *Sempre à frente – 50º aniversário*: meio século ao serviço do desporto e da cultura. Mindelo: Edição do Autor, 1987.
_____. *Mindelo d'outrora*. Mindelo: Gráfica do Mindelo, 2003.
RANGER, Terence. "Pugilism and pathology: African boxing and the black urban experience in Southern Rhodesia". In: BAKER, Willian J.; MANGAN, James. A. (Eds.). *Sport in África*: essays in social history. New York: African Publishing Company, 1987.
REIS, Daniel Aarão; ROLLAND, Denis. "Apresentação". In: REIS, Daniel Aarão; ROLLAND, Denis (Orgs.). *Modernidades alternativas*. Rio de Janeiro: Editora da FGV, 2008.
REIS, Eliana Lourenço de Lima. *Pós-colonialismo, identidade e mestiçagem cultural: a* literatura de Wole Soyinka. Rio de Janeiro: Relume Dumará, 1999.
ROCHA, Edmundo. *O Clube Marítimo Africano*: uma contribuição para a luta e independência nacional dos países sob o domínio colonial português. Lisboa: Biblioteca Museu da República, 1998.
RODRIGUES, Ernesto. *Jogos de letras*. Lisboa, 2004. Disponível em: <http://culturaport.blogs.sapo.pt/arquivo/170255.html>. Acessado em: 4/2/2009.
SAIAL, Joaquim. *Aspectos da biografia de Sérgio Frusoni*. 2006. Disponível em: <http://saial.info/index.php?option=com_content&task=view&id=121&Itemid=37>. Acessado em: 21/3/2010.
SANCHES, Manuela Ribeiro. "Introdução". In: SANCHES, Manuela Ribeiro (Org.). *Deslocalizar a Europa*: antropologia, arte, literatura e história na pós-colonialidade. Lisboa: Livros Cotovia, 2005, p.7-22.
SANTOS, Boaventura de Souza. Estado e sociedade na semiperiferia do sistema mundial: o caso português. *Análise Social,* Lisboa, v. XXI, n.87, 88 e 89, 1985.
SANTOS, Eduardo. *Terras gloriosas do império*: a viagem do senhor presidente da República a Cabo Verde, S. Tomé, Moçambique, União Sul-Africana e Angola. Lisboa: Divisão de Publicações e Biblioteca/Agência Geral das Colônias, 1940.
SILVA, Adriano Duarte. *Cultura física e cultura literária*. Praia: Imprensa Nacional de Cabo Verde, 1924.
SILVA, Antonio Leão Correia e. *Nos tempos do Porto Grande do Mindelo*. Lisboa: CNCDP, 1998.

_____. *Espaços urbanos de Cabo Verde*: o tempo das cidades-porto. Praia/Mindelo: Centro Cultural Português, 2000.

SILVA, Antonio Correia e; COHEN, Zelinda. "O sistema colonial português e a gênese do movimento protonacionalista em Cabo Verde". In: PEREIRA, Aristides. *O meu testemunho*: uma luta, um partido, dois países. Lisboa: Editorial Notícias, 2003, p.38-70.

SILVA, Luís. *Do cinema em Cabo Verde*: contribuição para sua história (I). 2006. Disponível em: <http://www.islasdecaboverde.com.ar/san_vicente/eden_park/6_do_cinema_em_cabo_verde_contribuicao_para_sua_historia_(I).htm>. Acessado em: 3/5/2010.

_____. As influências da francofonia na cabo-verdianidade. *O Liberal Online*, 15 de abril de 2010. Disponível em: <http://liberal.sapo.cv/noticia.asp?idEdicao=64&id=28272&idSeccao=527&Action=noticia>. Acessado em: 4/5/2010.

SILVA, Teixeira. *Capitão de Mar e Terra*. Lisboa: Publicação Europa-América, 1984.

SOARES, Antonio Jorge. História e a invenção de tradições no campo do futebol. *Estudos Históricos*, v.13, n.23, p.119-146, 1999.

_____. "Futebol brasileiro e sociedade: a interpretação culturalista de Gilberto Freyre". In: ALABARCES, Pablo (Org.). *Futbologías, fútbol, identidad y violencia en América Latina*. Buenos Aires: CLACSO, 2003, p.145-152.

SOARES, Carlos Eugênio Líbano. *A capoeira escrava e outras tradições re beldes no Rio de Janeiro, 1808-1850*. Campinas: Editora da Unicamp, 2004.

SOARES, Carmen Lúcia. *Educação Física*: raízes europeias e Brasil. Campinas: Editora Autores Associados, 1994.

SOUSA, Fernando de; MARQUES, A. H. de Oliveira. *Portugal e a regeneração*. Lisboa: Editorial Presença, 2004.

SOUSA, Fernando de; SANTOS, Paula; AMORIM, Paulo (Orgs.). *As relações Portugal-Brasil no século XX*. Porto: CEPESE/Fronteira do Caos, 2010.

STUART, Ossie. *Sport in África*. Oxford: Mactracks, 1993.

SUGDEN, John; TOMLINSON, Alan. "Football and FIFA in the postcolonial Word". In: BALE, John; CRONIN, Mike (Eds.). *Sport and postcolonialism*. New York: Berg, 2003, p.175-196.

TOMÁS, António. *O fazedor de utopias*: uma biografia de Amílcar Cabral. Praia: Spleen Edições, 2008.

THOMAZ, Omar Ribeiro. "Tigres de papel: Gilberto Freyre, Portugal e os países africanos de língua oficial portuguesa". In: BASTOS, Cristiane; ALMEIDA, Miguel Vale de; FELDMAN-BIANCO, Bela. *Trânsitos coloniais*: diálogos críticos luso-brasileiros. Campinas: Editora Unicamp, 2007, p.45-70.

TIESLER, Nina Clara; COELHO, João Nuno. Introdução - O futebol globalizado: uma perspectiva lusocêntrica. *Análise Social*, Lisboa, v.41, n.179, p.313-343, 2006.

TOMLINSON, Alan. "Good times, bad times and the politics of leisure: working class culture in the 1930's in a small northern English working class community". In: CANTELON, Hart; HOLLANDS, Robert (Eds.). *Leisure, sport and working class cultures*. Toronto: Canadian Press, 1988, p.41-64.
VAQUINHAS, Irene Maria. O conceito de "decadência fisiológica da raça" e o desenvolvimento do esporte em Portugal (finais do século XIX/princípios do século XX). *Revista de História das Idéias*, Coimbra, v. 14, p.365-387, 1992.
VASSALO, Simone Pondé. Capoeiras e intelectuais: a construção coletiva da capoeira "autêntica". *Estudos Históricos*, n.32, p.106-124, 2003.
VIDACS, Bea. Through the prism of sports: why should Africanists study sports? *Afrika Spectrum*, v. 41, n.3, p.331-349, 2006.
_____. "O esporte e os estudos africanos". In: MELO, Victor Andrade de; BITTENCOURT, Marcelo; NASCIMENTO, Augusto (Orgs.). *Mais do que um jogo*: o esporte no continente africano. Rio de Janeiro: Apicuri, 2010.
WAGNER, Eric. *Sport in Asia and Africa*: a comparative handbook. London: Greenwood Press, 1989.
_____. Sport in Asia and Africa: americanization or mundialization?. *Sociology of Sport Journal*, n.7, p.399-402, 1990.
YOUNG, Robert J. C. *Postcolonialism*: an historical introduction. Oxford: Blackwell Publishing, 2001.
ZAU, Filipe. *Marítimos africanos e um clube com história*. Lisboa: Paralelo Editora, 2007.

Outros títulos publicados pela coleção:

URBANIDADES DA NATUREZA: o montanhismo, o surfe e as novas configurações do esporte no Rio de Janeiro
de Cleber Augusto Gonçalves Dias

NAÇÕES EM JOGO: esporte e propaganda política em Vargas e Perón
de Maurício da Silva Drumond Costa

PEDALANDO NA MODERNIDADE: a bicicleta e o ciclismo na transição do século XIX para o XX
de André Maia Schetino

ESPORTE E CINEMA: novos olhares
Orgs.: Victor Andrade de Melo e Maurício Drumond

EQUIPAMENTOS CULTURAIS NA AMÉRICA DO SUL: desigualdades
Orgs.: Victor Andrade de Melo e Fábio de Faria Peres

ESPORTE, LAZER E ARTES PLÁSTICAS: diálogos – uma história do esporte através de obras de arte (do século XIX à Primeira Grande Guerra)
de Victor Andrade de Melo

ESPORTE E LAZER: conceitos – uma introdução histórica
de Victor Andrade de Melo

VIDA DIVERTIDA: histórias do lazer no Rio de Janeiro (1830-1930)
Orgs.: Andréa Marzano e Victor Andrade de Melo

NEM SÓ DE PÃO VIVE O HOMEM: criação e funcionamento do Serviço de Recreação Operária (1943-1945)
Angela Brêtas

GÊNERO E ESPORTE: masculinidades e feminilidades
Org.: Jorge Dorfman Knijnik

MAIS DO QUE UM JOGO: o esporte e o continente africano
Orgs.: Victor Andrade de Melo, Marcelo Bittencourt e Augusto Nascimento

OS *SPORTS* E AS CIDADES BRASILEIRAS: transição dos séculos XIX e XX
Org.: Victor Andrade de Melo

═══

1ª edição – Junho de 2011 – 1.000 exemplares
Capa: Cartão Supremo 250g/m²
Miolo: Off-set 75g/m²
Fonte: Myriad Roman